土地利用与可持续发展

张 琦 著

2012年·北京

图书在版编目(CIP)数据

土地利用与可持续发展/张琦著. —北京:商务印书馆,2012
ISBN 978-7-100-09498-6

Ⅰ.①土… Ⅱ.①张… Ⅲ.①县—土地利用—可持续发展—研究—中国 Ⅳ.①F323.211

中国版本图书馆 CIP 数据核字(2012)第 226949 号

所有权利保留。
未经许可,不得以任何方式使用。

土地利用与可持续发展
张 琦 著

商 务 印 书 馆 出 版
(北京王府井大街36号 邮政编码100710)
商 务 印 书 馆 发 行
北京瑞古冠中印刷厂印刷
ISBN 978-7-100-09498-6

| 2012 年 10 月第 1 版 | 开本 380×1240 1/32 |
| 2012 年 10 月北京第 1 次印刷 | 印张 10⅜ |

定价:24.80元

序

　　改革开放以来，中国经济发展保持了长期持续高速增长，经济实力不断增强，产业结构也不断得到优化和升级，人民生活水平大大改善，展现出了勃勃生机。然而，在我国经济高速增长的背后，也隐藏着很多问题、矛盾、隐患和巨大危机，中国土地利用正面临着越来越多的挑战。其一，中国土地的有限性、不可再生性与中国人口不断增长之间的矛盾日益加深，作为最基础性的土地资源与经济发展之间的关联性更加紧密。其二，自 2000 年以来，中国城市化推进速度不断加快，从而使得中国土地利用的城市化积聚速度不断提升，由此而引起的土地利用结构变化也出现了新特点，并由此而带来的农村与城市、农业与非农业之间的矛盾加深。其三，中国区域之间经济发展的非均衡和改革开放的时序性、差异性，使得原有土地政策与制度对经济发展的影响作用在区域间也呈现出不一致性，影响了政策作用的发挥。这一系列问题，成为影响我国未来经济发展和社会进步的严重障碍，如何解决以上问题呢？其中一项最基础性工作，就是要考察和了解中国土地利用变化与经济发展之间到底存在着什么样的内在关系和量化变动关系，通过研究分析两者之间的变化关系，揭示和分析两者的变化规律，不仅有利于掌握其发展变化的总体趋势，客观科学地评价现有政策的优缺点，而且对制定、调整现有政策，完善土地制度体系大有裨益。

北京师范大学经济与资源管理研究院张琦教授的《中国土地高效利用与区域经济可持续发展》是在承接和完成国土资源部课题基础上完成的,是一本研究中国土地利用与经济可持续发展关系的专著,也是我院研究成果之一。

本书有以下优点:第一,本书的研究成果和结论都是在大量资料基础上进行分析和研究的,且这种分析注重定性与定量结合,因此,结论还是可靠的。第二,研究的角度比较新颖。研究土地利用与经济发展关系的成果不少,但是,从中国百强县的角度进行研究还是首次,这也是对以往研究的补充和发展。第三,本书将韩国和日本作为研究的对比对象,对韩国和日本60多年的土地利用和经济发展中各要素的变化进行相关度分析,作者为了增强与中国可比性,还将日本和韩国分为工业化初期、工业化加速发展期和工业化后期三个阶段,这种分析的思路是很好的,避免很多研究者容易忽视经济发展不同阶段的比较,保证了结论的正确性和可借鉴性。第四,本书的不少研究结论是很有实际指导价值的。例如土地利用与经济发展之间的三个基本变化趋势的结论,日本和韩国土地利用与经济发展中要素变化共性与差异性变化特点,中国百强县土地利用与经济发展关系的总体特点,区域差异特点、不同模式之间的差异特点、不同排名之间的差异性特点等等,本书都做了全面的量化分析,对我国完善土地管理制度具有重要参考意义。第五,本书提出的中国土地利用与经济可持续发展的一些政策建议有可操作性。例如,建立以资源(土地)保护为国家首要安全战略目标的新型政策体系;尽快制定和实施全国和省市土地利用控制规模标准,以科学的经济社会发展标准,来完善土地管理;根据区域经济发展的不同条件,尽快制定全国和各省市区产业用地指南;通过研究和制定土地审批时的工业用地效率标准，实施对工业用地规模的有效控制。尽快建立土地利用预警系统，为我国宏观经济调控决策提供科学依据；进一步完善我国土地税收体系，对超过社会平均资源消耗量的征收特别资源占用税等政策建议，具有一定的指导性和启发性，很值得思考和重视。

我相信本书对从事土地管理的工作者及对土地高效利用与经济可持续发展问题有兴趣的读者，会很有帮助。

2011 年 10 月 15 日

目　录

第一章　导　论 …………………………………………………… 1
　　第一节　研究土地与经济发展关系的目的和意义 ………… 1
　　第二节　宏观经济背景和国际市场环境 …………………… 3
　　第三节　国内外研究动态概述 ……………………………… 10
　　第四节　本研究的重点及本书结构安排 …………………… 26
　　第五节　研究方法 …………………………………………… 27
第二章　土地利用与经济社会发展关系的国际实证
　　　　　分析研究 …………………………………………… 29
　　第一节　工业化发展与土地利用变化 ……………………… 29
　　第二节　城市化发展与土地利用变化 ……………………… 37
　　第三节　日本和韩国土地利用与经济发展
　　　　　　相关度总体测度 …………………………………… 44
　　第四节　日本工业化过程中土地利用与经济发展
　　　　　　相关度变化实证分析 ……………………………… 50
　　第五节　韩国工业化推进过程中的土地利用与
　　　　　　经济发展分析研究 ………………………………… 67
　　第六节　日本与韩国工业化推进过程中土地与
　　　　　　经济发展相关度差异比较 ………………………… 86
　　第七节　日本和韩国土地利用政策与制度变革分析 ……… 94

第八节　日本泡沫经济与土地利用 …………………… 101
第九节　结论及启示 …………………………………… 106

第三章　中国百强县社会经济发展与土地利用 …………… 111
第一节　中国百强县区域分布特征 …………………… 111
第二节　中国百强县经济发展特点 …………………… 115
第三节　百强县土地利用特征分析 …………………… 129
第四节　对中国百强县土地利用变化程度的综合测定 … 147

第四章　中国百强县土地利用与经济发展关系初步探讨 … 151
第一节　经济发展与土地利用结构演变过程的
　　　　一般性特点 …………………………………… 151
第二节　中国百强县土地利用结构变化与经济发展关系 … 153
第三节　对中国百强县经济发展的总体评判 ………… 155
第四节　中国百强县土地利用与经济发展因素间
　　　　关系初步分析 ………………………………… 157

第五章　中国土地利用与经济发展相关度测度分析 ……… 165
第一节　采用面板数据进行模型分析的基本原理 …… 165
第二节　中国百强县土地利用与经济发展
　　　　相关度总体分析 ……………………………… 168
第三节　中国百强县土地利用与经济发展
　　　　相关度排名差异分析 ………………………… 173
第四节　区域间土地利用与经济发展
　　　　关系相关度差异比较 ………………………… 180
第五节　不同经济发展模式土地利用与经济发展
　　　　相关度差异比较 ……………………………… 199
第六节　按 GDP 排名的土地利用与经济发展

    相关度差异比较……………………………………… 215
 第七节 按耕地减少速度排名的土地利用与
    经济发展相关度差异比较……………………………… 231

第六章 中国未来耕地面积变化预测及耕地保护…………… 248
 第一节 中国土地利用总体变化概述…………………………… 248
 第二节 中国土地利用结构变化概况…………………………… 250
 第三节 对未来中国耕地变化的预测…………………………… 255

第七章 土地利用与中国经济发展…………………………… 261
 第一节 土地规模与经济规模的分析研究……………………… 261
 第二节 土地利用与经济规模的分析研究……………………… 268
 第三节 土地利用与产业结构的分析研究……………………… 274
 第四节 中国土地利用与经济发展的现状与展望……………… 286

第八章 高效利用土地与经济可持续发展的对策思考……… 298
 第一节 土地与经济可持续发展结论与启示…………………… 298
 第二节 实现中国土地高效利用与经济可持续发展的
    战略对策思路…………………………………………… 304
 第三节 实现中国土地高效利用与经济可持续发展的
    政策建议………………………………………………… 309

后 记……………………………………………………………… 320

第一章 导 论

第一节 研究土地与经济发展关系的目的和意义

改革开放以来,我国经济发展保持了长期持续高速增长,经济实力不断增强,产业结构也不断得到优化和升级,人民生活水平大大改善,显示出勃勃生机。然而,在我国经济高速增长的背后,也隐藏着很多问题和矛盾、隐患和巨大危机,这一系列问题,成为影响我国未来经济发展、阻碍社会进步的巨大障碍,而其中最突出的就是土地资源开发速度过快,农村用地即耕地减少太快,这些问题构成了当前和未来我国粮食安全、经济安全的巨大威胁,如若不能妥善解决,将会影响到我国未来长期发展战略目标的实现。但是,对此,并不是所有人都能认识得到,这主要是因为其中一个关键问题就是土地资源保护与经济发展之间关系协调问题,有人总认为强调保护土地资源,就会影响经济增长速度和规模,这实际上是一种认识偏见,从长远看,保护土地资源,实际上是为了经济长期可持续发展,浪费土地资源,实际是阻碍经济增长与发展。国土资源部从国家长远发展高度出发,将土地与经济发展关系研究列入重点研究课题,是非常有意义的,对妥善处理当前我国土地积极参与国家宏观调控政策也是非常有价值的。

中国已经和正在快速跨入资源约束的新阶段,随着中国新一轮经济增长和社会发展进程的加快,中国土地利用正面临着越来越多的挑战。其一,中国土地资源的有限性、不可再生性与中国人口不断增长之间的矛盾日益加剧,而作为最基础性的土地资源与经济发展之间关联性更加紧密。其二,自 2000 年以来,中国城市化推进速度不断加快,从而中国土地利用的城市化积聚速度不断提升,由此而引起的土地利用结构变化也出现了新特点,并因此而带来的农村与城市、农业与非农业等产业之间的矛盾加深。其三,中国区域之间经济发展的非均衡和改革开放的时序性和差异性,使得原有土地政策与制度对经济发展的影响作用在区域间也呈现出不一致性。其四,中国经济高速增长和投资快速增加引起了土地扩张之势和房地产投资与消费的持续性增长、价格持续性飙升,泡沫经济风险的可能性日趋加重,这些已经严重影响着中国经济稳定、产业协调、居民生活、市场秩序和社会稳定等。其五,在我国建立和完善社会主义市场经济体制,适应加入 WTO 后的经济全球化发展趋势,中国宏观调控政策与制度完善中,土地作为"地根"对整个宏观经济调控作用和影响性增强,土地政策与制度的完善也越来越重要。

那么,要使这些矛盾化解、消除和完满的解决,其中一项最基础性工作,就是要考察和了解中国土地利用变化与经济发展和增长之间到底存在着什么样的内在联系和量化变动关系,通过研究分析两者之间的变化关系,揭示和分析两者的变化规律和原理,不仅有利于掌握其发展变化的总体趋势,客观科学的评价现有政策优缺点,而且对制定、调整现有政策,完善土地制度体系大有裨益。

本研究就是想从这方面来进行一些研究尝试和探讨,旨在为土地参与宏观经济调整提供参考和依据。

第二节 宏观经济背景和国际市场环境

一、中国已进入资源约束新阶段

不同经济发展阶段,其影响和决定经济运行的内在因素是不同的,纵观中国改革30多年来经济发展历程就会发现,我国经济共经历了三个阶段即短缺经济阶段、剩余经济阶段和资源约束阶段,目前,我国经济进入了资源(短缺)约束的阶段。

(一)1978年到1990年短缺经济阶段

众所周知,1978年到1984年中国改革重心在农村,此时,农村最短缺的要素是生产自主权,最富有的是大量土地资源和劳动力资源。1984年城市经济体制改革启动,直到1990年,中国改革完成了从农村向城市、从农业向非农产业大转变,期间东部沿海城市的率先开放,也是中国区域经济政策向重点倾斜转变,这样,东部地区得到了迅猛发展。但总的来说,1978年到1993年经济运行总体特点还是短缺经济,主要表现在:其一,全国粮食供给仍然短缺,城市居民粮油供应仍然实行定量凭票供应,即农产品统购统销体制。其二,商品供给短缺。在这一阶段,中国的商品还很缺乏,80年代曾出现的几次全国抢购风波等等,实际上就是商品短缺使然。其三,资本匮乏。可以说整个80年代到90年代中国都是在一种资本匮乏的状态下运行和发展的,企业规模、销售量、生产量都很小。其四,技术落后,生产力水平较低。在这一阶段尤其是 80 年代中国工业技术水平极其落后,技术对于工业发展的约束性很大。也就是说这一阶段的短缺是一种在经济总量很小情况下的一种消费品短缺,是一种生活产品短缺,是在生产技术落后状态下的短缺,整个经济运行是在总量较小背景下简单再生产和一定程度上的扩大在循环,整个经济就是在这种短缺背景下运行,国家的政策和制度改革也是在商品短缺状态下向前推进的。

(二)1993 年到 2000 年剩余经济发展阶段

自 1993 年,中国经济就进入到了新的增长阶段,一是改革进入新跨越,社会主义市场经济体制的改革方向在经历了长时期的改革实践探索后终于得以完全地确立,制度变革为经济运行创造了巨大动力。二是改革后的经济积累,在中国新一轮经济投资增长周期开始启动。三是以上海浦东开发为先导,长三角经济圈崛起并且与珠三角经济圈一起成为中国区域经济增长新龙头。四是经济的高速增长带来了居民收入水平的大幅度增长,居民财富增长显著,生产力水平大幅度提高,绝大多数商品供过于求,整个经济运行进入了全面的剩余态势。与短缺经济有着很大差别的剩余经济时期我国经济运行的约束转变到以下几个方面:其一,虽然资本短缺对经济的束缚还在发生作用,但束缚力在逐渐减弱,国内资本量增加很快。其二,企业及区域经济发展对市场的依赖性逐渐增强。其三,核心竞争力对提高经济效应作用越来越大,效益不再完全取决于生产和数量,而取决于营销、质量和品种。其四,在争夺国内市场的同时,拓宽国外市场对企业持续发展作用愈来愈明显。

(三)2002 年以来中国经济进入了资源约束的新阶段

在世界经济出现萎缩、复苏乏力的背景下,2000 年以来,中国经济保持了持续增长势头,目前中国经济增量已经跃居世界排名第4,人均GDP在2003年就达到了1090美元,超过了1000美元的水平,城镇居民人均纯收入由1978年的343.4元提高到了2003年8472.2元,增长24.67倍,农民人均纯收入达到了2622.2元,是1978年133.6元的19.7倍,应当说中国经济总量规模和实力在不断增强,生产量、消费量、进口量等等都在世界上处于较高水平。然而,这种巨大经济总量的背后所潜伏的巨大资源消耗量,给经济运行带来了越来越沉重的负荷,当前资源对经济发展的约束逐渐成为阻碍经济增长的最大瓶颈。资料显示,2003年中国消耗世界钢铁总产量30%、水泥总产量40%、煤炭总产量31%。2003年我国50%的铁矿石和氧化铝、60%的铜、34%的原油已经依靠进口。据国家中长期科技规划战略课题组的研究,未来20年,铁矿石缺口将达30亿吨,铜缺口将达5000万—6000万吨,铝的缺口将达1亿吨。尽管我国近几年来进行了电力投资(包括三家水库等等),发电能力大幅度提高,2003年年末全国装机容量3.85亿千瓦,2004年增加3500万千瓦,2005年将增加5000万千瓦,然而,仍然难以满足巨大经济总量和人口生活需求,全国电力供求缺口越来越大,拉闸限电的省份达到了25个,东南沿海地区电力缺乏应急造成了生产无法正常进行。在矿产资源中,据估计我国400多座矿山中的45种主要矿产20年内将只剩下8种,甚至更少;资源匮乏已经成为我国经济发展的严重障碍。

总而言之,中国目前经济运行的最大瓶颈就是资源短缺的约束性越来越大,直接构成了经济增长和社会发展的严重障碍。在新资源约束阶段情况下,研究土地资源的利用与经济发展关系出现的新变化,是非常有必要的。

二、我国经济发展与资源利用之间面临的矛盾和挑战日益突出

经济增长是在土地(资源)、资本、技术、知识信息等各种要素的高效配置下实现的,在各种要素供应充足的前提下,经济增长取决于其配置结构和效率。伴随 1978 年到 2003 年这一时期的经济增长,约束经济增长的要素也在相应地发生变化。1978—1993 年经济增长的约束因素主要是资本、技术和运用这些要素的制度约束,相对于其他要素约束而言,资源的约束最小,尤其是东南沿海地区的对外开放,各种优惠政策,使得资源就几乎在无限供给条件下来实现,即只要能够促进经济发展,政府都予以鼓励。1993 年到 2000 年在土地(资源)、资本、技术、知识、信息等各种要素中,资本要素的约束性逐渐减弱,技术、知识、信息的约束性仍然在起作用,土地等资源要素的约束性在增强,但尚未成为第一约束要素。2003 年以来,尽管技术、知识、信息等各种要素的约束性仍然继续保持原有的力量,但资源约束性已经上升成为经济增长第一约束因素,对经济增长与发展起着决定性的作用。

一般来说,在各种生产要素无限供给前提下,要素对经济增长的约束主要表现在供给形式、形态以及要素发挥作用的方式,然而,我国是一个资源匮乏的国家,在保持如此之高的经济增长的背后,是巨大的资源开发运用,即使按照正常的资源利用率,我国的资源缺口也是越来越大,何况我国经济增长是在资源未严格限制条件下进行的,目前中国能源生产和消费总量增长速度已经大大超过了当年 GDP 增速,所以,中国经济发展与资源利用之间存在着严重的不平衡性矛盾。

(一)中国的经济增长是以牺牲大量资源为代价的

在过去 20 多年中,中国是世界上经济增长最快的国家之一,平均经济增长速度达到了 10.3%,中国国内储蓄率高达 42%,比世界平均水平高出 20 个百分点。但是,中国经济增长是以资源浪费、生态退化和环境污染为代价的,即中国国内储蓄资产中相当部分是以自然资源损失和生态赤字所换来的,是以资源的超常消耗和生态环境的严重退化为代价的,据测算,中国经济增长的 GDP 中,至少有 18% 是依靠资源和生态环境的"透支"获得的。巨大消耗并不奇怪,因为这是经济运行所必需的,但关键是中国资源利用效率低下,这才是最致命的。有关研究表明,中国每创造 1 美元产值所消耗的能源,是美国的 4.3 倍,是德国和法国的 7.7 倍,是日本的 11.5 倍。而国民产总值每增长一倍,往往导致污染增加数倍,乃至数十倍。应当说,中国经济发展是资源利用效率低下的一种粗放型增长模式。按现行汇率计算,我国资源生产率只相当于美国的 1/10、日本的 1/2、德国的 1/6,能源利用率仅为 33%,机动车百公里油耗比欧洲高 20%,比美国高 10%[①]。

(二)中国经济受世界经济波动风险影响度增大

巨大的经济总量和不断增长的新投资需求,使得国内资源供给日益短缺,市场也难以容纳,而大量原料、原材料以及商品的进口,又必然形成中国经济对外依存度增强,这样就增大了中国经济

---

① 刘平:《中国国情国力》供新华社专稿《循环经济引领中国走向可持续发展》,新华网 2005—06/16http://news.xinhuanet.com/newmedia/2005—06/16/content_3093652.htm [EB/OL] LiuPing:"China National Conditions and Strength "special report to Xinhua News Agency" "Circular economy guiding China moving towards sustainable development", http://news.xinhuanet.com/newmedia/2005—06/16/content_3093652.htm。

受国际市场波动的风险度。据统计,2003年,我国50%的铁矿石和氧化铝、60%的铜、34%的原油已经依靠进口。而未来20年,铁矿石缺口将达30亿吨,铜缺口将达5000万—6000万吨,铝的缺口将达1亿吨。因此中国未来的原材料对外依存度将会更大,这势必会扩大经济脆弱性和风险性。仅2004年中国累计进口原油就达1.2亿吨,增长了34.8%,进口额339.1亿美元,增长71.4%。2004年中国占世界石油需求增长量的30%左右,然而,国际油价变化无常,而我国却对国际油价的形成机制参与权很小,价格不断攀高,就必然造成更多的外汇付出。据有关部门测算,国际油价每桶变动1美元,将影响进口用汇46亿元人民币,直接影响中国GDP增长0.043个百分点。2000年国际油价上涨64%,影响中国GDP的增长率0.7个百分点,相当于损失600亿元人民币,2004年平均每吨进口价格比2003年上涨58.9美元,中国为此多支付外汇70.68亿美元[1],2005年8月更是达到了每桶66美元历史最高价,那么2005年中国将会为此付出更大代价。

(三)越来越多的经济贸易摩擦给中国经济造成了巨大的损伤

据统计,截止到2003年年底,国外对我国出口产品发起的反倾销指控已达560多起,对我国提起反倾销指控的国家越来越多,且反倾销案涉及的产品越来越广泛,中国已成为世界上反倾销的最大受害国。1995—2003年全球的2466起反倾销案件中,对华反倾销351起,占全球反倾销比重为14%,2003年更是高达19%,由于反倾销征税时间较长而且税率过高,给我国企业造成了

---

[1] 曹新:《立足国内 解决中国能源需求》,《中国经济时报》2005年8月12日第4版。

巨大的利益损害,也带来了一系列的社会经济问题。仅2003年国外对华反倾销,就直接和间接给整个国民经济造成了600亿元(人民币)的损失,因反倾销影响中国出口行业的就业人数达20万人,影响关联企业的就业人数更高达60万人。不仅对我国扩大出口形成制约,而且也影响了我国吸引外资的环境。这一系列问题都加大了中国未来经济的风险性和波动性。

(四)生态环境日益恶化给未来经济持续增长构成严重阻碍,经济安全风险增大

土地资源尤其是农用耕地不断减少将给国家粮食战备安全带来严重的隐患,中国目前的城市化速度不断加快,城市扩张使农用耕地不断缩减,粮食供给短缺日益严重,进口粮食逐年增加。另一个影响经济安全的因素就是水资源短缺日益严重。我国水资源人均占有量本来就很小,仅为世界平均水平的1/4,是世界上13个贫水国家之一。在667个设市城市中,约有400多个城市缺水,近150多个城市严重缺水,32个100万人口以上大城市中有30个长期受缺水的困扰,每年受缺水影响的工业总产值达2300亿元。但水环境污染又加剧了水资源短缺。在我国的七大水系中42%的水质超过3类标准;全国有36%的城市河段为劣5类水质①。总之,我国生态环境日益恶化已经给经济发展和社会进步造成了严重障碍。

(五)资源匮乏也会造成国家安全隐患

要充分认识到中国经济增长运行模式和发展道路必须走循环

---

① 解振华、周生贤:《困扰中国环境十大问题.》,《人民政协报》2001年9月4日第2版。

经济发展模式,否则,将会带来严重的社会、经济和国家安全问题及后患。由资源匮乏而引起对资源的市场竞争、争夺,往往是战争爆发的重要原因之一。过去的日本就是因为资源匮乏而挑起了对邻国资源掠夺的侵略战争,近代的多次中东战争都是因为资源争夺而引发。伊拉克与伊朗8年战争同样因为资源争夺而引起,伊拉克与科威特也是因为资源纠纷引起了战争,之后伊拉克出现了长达10多年严重的贫困、饥饿和倒退,最终导致2003年伊拉克战争爆发,政府垮台,这些沉痛的教训,虽然不会在中国发生,但由于资源匮乏、能源供应紧张,而国际市场环境的竞争性愈来愈激烈,资源已经成为未来世界各国争夺重点,这些都需要我们进行认真的总结。

第三节 国内外研究动态概述

经济社会发展是土地利用变化的重要原因,而土地利用变化也促进了经济社会的发展。土地利用变化既受自然因素的制约,又受社会、经济、技术和历史等因素的制约。20世纪90年代以来,随着资源、环境和人口问题的日益突出,土地利用变化研究已成为国际上全球变化研究的前沿和热点问题。在这个大的背景下,中国也相应地开展了大量的土地利用变化研究。我们主要从土地利用变化的驱动因素和研究方法两个方面简要介绍国内外学者所做的研究,并着重介绍国内学者的研究成果。

一、关于土地利用变化的驱动因素分析与研究

从某种程度上来说,长期以来,我国在土地利用变化研究方面

更加注重实证性研究,这种研究对于现实问题解决发挥了重要作用,取得的研究成果也很多。但从综合角度来说,如何将这些因素进行系统全面分析,避免分析中出现的仅仅是对驱动因子罗列、缺乏深度研究等不足是很有好处的,对此,国内很多学者也注意到了这些问题。他们认为土地利用变化在自然层面进行较为清晰的驱动机理解析需要长时间序列的数据积累才能得出可信的结论,而人文因素驱动可以在相对较短时间取得有价值的成果,强调诸如经济、政策和人口等驱动因子研究的基础上,进而开展土地利用变化的人文因素作用综合研究是很必要的。

土地利用变化驱动力机制研究在于揭示土地利用变化的原因、内部机制和基本过程,预测其未来变化发展的趋势与结果,以便于制定相应的政策。导致土地利用方式和目的发生变化的驱动力主要存在于自然和社会两个系统。在自然系统中,气候、土壤、水分等被认为是主要的驱动力类型;而在社会系统中,驱动土地利用变化的因素主要有人口变化、经济增长、技术进步、贫富状况、政治经济结构和价值观念等。在这里主要从人口、城市化率、GDP增长率和城乡居民收入水平、投资变化率、三次产业结构的比例、粮食安全和生态安全、科技进步和农业生产效益以及制度政策八个方面来介绍国内外学者的研究(主要是国内学者的研究状况)。

(一)人口增长与土地利用关系研究动态概述

人口增长是土地利用变化的主要驱动因子之一。土地提供了人类赖以生存的基本物质条件,从而改变其生存环境。因此,人口数量的多少直接影响到土地的变化。在土地利用变化的研究中,人口因素常被作为综合参数来反映人类活动在土地利用变化中的贡献。我们一般会认为人口的增加与耕地数量增长、未利用地面积呈负相关关系,而与建设用地的增长呈正相关的关系,其理论机理便是：人口增长引起对居住、交通等用地的需求,从而导致部分耕地和未利用地转化为居住、交通等非农建设用地。

1. 人口数量的增加与建设用地面积的增长呈正相关关系,随着人口不断增长,人们对生活和生产用地需求增加,建设用地面积增加;在此期间人口的增长与未利用地面积具有明显的负相关关系。这是经济发展过程中的普遍规律,各项研究结论是一致的,如王业侨在《海南省经济社会发展与土地利用相关性分析》一文中利用 1996—2003 年的数据分析对此进行了论证[1],吴佩林等人也在《近 20 年来北京耕地面积变化相关社会经济驱动因素分析》中指出人的一切生活与生产活动都要占用一定的空间场所,人口数量与建设用地规模成正相关,人口增加是城乡建设用地扩张的根本驱动力的观点[2]。而袁俊在《湖北省土地利用变化及其驱动力分析》中利用了 1985 年和 1995 年两个时期调查的数据,运用数理统计和定性结合的方法,指出人口、工业化是湖北省城乡居民建设用地扩大的主要驱动力[3]。而朱会义等人在《环渤海地区土地利用变化驱动力分析》一文中,分析了环渤海地区 1985—1995 年土地利用方式的变化,指出农村居住用地面积的增加是耕地流失的首要原因,而农村居住用地扩张的原因主要来自人口数量增长、人口密度变化以及人均居住用地面积增加等。国际上的研究是人口的

---

[1] 王业侨：《海南省经济社会发展与土地利用相关性分析》,《地域研究与开发》2006 年第 3 期。

[2] 吴佩林等：《近 20 年来北京市耕地面积变化相关及其社会经济驱动因素分析》,《中国人口》2004 年第 3 期。

[3] 袁俊：《湖北省土地利用变化及其驱动力分析》,《国土与自然资源研究》2003 年第 6 期。

增加与耕地的增加、土地利用程度的提高呈正相关的关系(但相关程度不是很高),而分析环渤海数据得出的结论是人口数量与耕地数量呈负相关关系。①

2. 尽管人口与土地的利用和经济发展之间分别呈现着正相关和负相关关系,但是,不管正相关还是负相关,在时序还是呈现着一种变化规律,即耕地减少量与人口增长、经济发展(包括固定资产投资增长率、人均 GDP 和城市化水平)呈倒"U"形关系,也就是说总人口数随着时间的推移增长到一定阶段后,它们的提高对耕地面积减少的影响呈递减趋势。张正栋在《35 年来海南耕地变化与人口经济发展间的相关分析》一文中用海南省 1997—2004 年的数据对此进行了论证。② 这一观点同样具有广泛的适应性。不仅中国是这样,国外也是这样。

3. 梁进社等(2002)以城市用地和人口的异速增长假设为前提,对我国 40 个大城市的建成区面积和市区非农人口进行了回归分析,验证了异速增长规律:城市用地增长率与人口增长率是成比例的。他在《中国建设用地省际分布的统计分析》中的研究表明,居民点和工矿用地面积与人口数量存在幂指数的关系。③ 从这里我们就可以看出,人口与土地和经济发展之间的变化是随着不同阶段的发展变化而有所不同,不仅变化的速度呈现阶段性特点,而且变化的方向也呈现着阶段性变化规律。因此,我们要在不同阶

---

① 朱会义:《环渤海地区土地利用变化驱动力分析》,《地理研究》2001 年第 6 期。
② 张正栋:《35 年来海南耕地变化与人口经济发展间的相关分析》,《中国沙漠》2005 年第 5 期。
③ 梁进社:《中国建设用地省际分布的统计分析》,《地球科学进展》2002 年第 2 期。

段采取不同的政策,而不是千篇一律按部就班地执行同一政策。

(二)关于城市化与土地利用变化研究动态概述

关于城市化率与土地利用变化的关系,国内的学者的研究有较大的争议,尤其是城市化率与耕地的关系,我们通常会认为城市率的提升是以耕地的减少和质量的降低为代价的,而相当一部分学者认为城市化是缓解耕地压力的一个重要途径。

一些学者认为,城市化发展对耕地的影响是负面的,如赵金芸指出,"城市建设用地外延增长必然占用大量耕地,使'吃饭和建设'的矛盾更为突出,同时耕地的减少,又导致大量剩余劳动力的出现,给城市带来压力。"[1]王万茂曾在文中指出城市化的一个重要结果是城市数量的增加和城市的规模的扩大,而城市规模通常是依据城市人口和城市人口人均用地指标加以确定的,城市人口的数量又与城市化紧密相连。根据他2002年的测算,全国城市化水平每提高1‰,则要减少耕地45万平方公里,说明我国城市化的实现是以耕地为代价的。[2] 吴佩林等人在《近20年来北京耕地面积变化相关社会经济驱动因素分析》中指出经济发展和人口增加,需要一个巨大而又发展迅速的城市区域来容纳和满足人们不断提高的物质和文化需求,因而促进了北京市的城市化进程。[3]在北京城市化的进程中,大范围的以农用地为主的郊区转变为以非农用地为主的城市地区,市郊乡村的农业用地逐渐转用作工厂、商店及住宅等非农用地。部分学者认为城市化的加速不仅会减少

---

[1] 赵金芸等:《城市化工业化与耕地保护》,《中国土地》1997年第8期。
[2] 王万茂等:《城乡土地资源利用的合理规划研究》,《资源科学》2002年第1期。
[3] 吴佩林等:《近20年来北京市耕地面积变化相关及其社会经济驱动因素分析》,《中国人口》2004年第3期。

耕地，而且会对耕地质量产生深远影响。朱会义的研究曾对此分析：由于城市占用的耕地多是郊区的草地和熟耕地，耕地质量上难以由开荒等增加耕地的措施来弥补；另外城市边缘区的外推，还进一步改变临近地区的土地利用方式，导致农业生产结构的调整；城市化的发展，还使得弃农经商，人口流入城市的现象严重，使得农业投入劳动的数量和质量下降，局部地区出现土地撂荒现象。

相当一部分学者认为城市化是缓解耕地压力的有效途径。马慧曾指出，"从理论上说，农村人口城市化应能使耕地面积保持动态平衡，因为城市本身就是集约化的空间组织形式。"[①]贾超凤等经过测算，指出每增加一个城镇人口比每增加一个农村人口少用47.5%的耕地。"亦即人口城镇化，不仅不会多占用耕地，反而一定程度上能起到节约耕地的作用"。[②] 曹雪芹指出，"我国城市化发展速度与耕地的减少呈现一种相关的关系"，"使耕地流失趋向缓和"，并强调"解决我国土地短缺的重要途径就是城市化"。[③]

有些学者认为，在经济的不同发展阶段，城市化与耕地之间有着不同的关系。李丹的研究表明，自改革开放以来，随着城市化的发展，我国耕地面积总体上呈现逐年减少的趋势，但从减小的幅度看，城市化发展消耗耕地呈现明显的先上升后下降的倒"U"线形态。李丹在研究中指出，呈现倒"U"形的前提条件是土地利用集约化程度不断提高。[④]

我们认为城市化对于耕地变动有着正面效应和负面效应：(1)负

---

① 马慧：《城市化与合理利用土地资源》，《理论导刊》1998年第8期。
② 贾超凤：《我国耕地变化趋势与策略再探讨》，《地理科学进展》1997年第3期。
③ 曹雪芹：《城市化与土地制约》，《经济经纬》2001年第2期。
④ 李丹等：《我国城市化发展与耕地变动的关系研究》，《经济纵横》2003年第1期。

面效应。当城市化水平较低,城市扩张的方式是以扩大土地面积的外延式发展途径为主时,城市化水平的提高,意味着耕地总量的减少,耕地质量的下降。据史育龙推测,城镇建设对全国耕地占用的贡献率在 4%—10% 之间。该比率虽然不高,但由于城镇建设占用耕地的特点,即其占用的都是城市边缘质量好的良田,因而对农业生产的影响会很大。另据统计资料分析表明,城镇化水平每增长 1 个百分点,城市建成区面积扩大 158 万亩,耕地减少 615 万亩。对于我国目前 19.14 亿亩的耕地总面积而言,这个减少量不是一个小数目。我国在向联合国人类住区第二次大会提交的报告中,提出 2000 年城镇人口从 1995 年的 3.5 亿增加到 4.5 亿,城市化水平从 1995 年的 29% 提高到 35% 左右;到 2010 年,我国城镇人口将达到 6.3 亿,城市化水平提高到 45% 左右。我国目前的城市化水平是 36.09%(2000 年数据),基本上符合预期的水平,那么按照该报告,到 2010 年,城市化水平将增加 9 个百分点,则我国会损失约 5535 万亩耕地,会对我国的耕地保护和粮食安全产生巨大的影响。(2)正面效应。当城市化发展到一定程度时,城市土地利用方式会由粗放利用逐步转变为集约利用。这是由于城市规模扩大后,城市的中心功能增强,地价发挥调节作用所致。与农村人均用地相比较,城市土地集约度较高。很明显,城市单位土地面积人口承载量远高于农村。虽然随着时间的推移,两者都呈上升趋势,但农村单位土地面积人口承载基数大,并且增长更快。因而在城市化进程中,农业人口向城市转移,会释放一定量的农村土地。只要及时地进行合理的土地整理,释放的土地转化为耕地,就会缓解耕地压力。并且农业人口的减少,有助于农业规模经营的发展及农业生产力的提高。(3)城市化进程中的耕地变动规律。通过上面的分析,可得出的一个初步结论是:城市化与耕地保护并不一定是完全对立的关系,随着城市化的发展,土地集约利用程度的提高,耕地的减少幅度应呈现出一种先上升后下降的倒"U"形变化态势。这一规律是由城市化水平与土地集约利用度之间存在密切关系而决定的。城市规模越大,土地集约利用程度越高。城市规模越大,意味着城市化水平越高。显然,城市化建设有利于提高土地集约利用程度,从而可以减缓耕地减少的强度甚至可以扩大耕地面积。

(三)关于 GDP 增长率、城乡居民收入水平与土地利用变化研究动态概述

在不同的经济发展阶段,GDP 增长率、城乡居民收入水平与土地利用的关系是不同的。在经济发展处于工业化初中期阶段时,土地粗放经营,经济发展对土地资源的需求量大,这是我国工业化发展过程中的普遍现象;当经济发展处于后工业化时代时,整个社会经济的发展向经济全球化,产业化方向迈进,此时城市化水平与土地集约利用程度相当高,新兴产业对土地依赖程度很低,土地利用变化速度明显变小。学者们的研究表明在我国目前的发展阶段,经济的发展、GDP 的增长会带来耕地的减少与建设用地的增加。

吴佩林等人曾在研究中指出:"经济增长使城乡居民收入稳步增加,人民生活显著改善,而经济发展和生活水平提高后,人们对更舒适的居住环境提出了要求,城乡居民居住条件大为改善,住宅建设成为耕地减少的重要因素之一。"[①]陈利根等人的研究表明人均 GDP 对城镇建设用地规模扩展具有明显的正效应。[②] 根据王

---

① 吴佩林等:《近 20 年来北京市耕地面积变化相关及其社会经济驱动因素分析》,《中国人口》2004 年第 3 期。

② 陈利根等:《经济发展、产业结构调整与城镇建设用地规模控制——以马鞍山市为例》,《资源科学》2004 年第 6 期。

万茂 2002 年的测算,全国平均每增加 1 亿元 GDP 就要减少耕地 307 公顷,说明我国经济发展和工业化的实现是以耕地为代价的。[①]

李兆富等人通过对苏州 1975—2002 年的数据、常熟 1975—2002 年的数据以及全国 1978—1996 年的数据进行统计相关分析,结果表明耕地面积随人均 GDP 的增长呈显著的指数型递减。[②]

与城市化率研究对土地利用的作用有正负效应一样,也就是说,经济增长对土地利用也并非完全是坏事,关键是要根据区域实际采取耕地保护措施。如郭贯成曾在研究中指出,虽然我国目前耕地在不断减少,但是我们应当看到在我国加快经济结构战略性调整步伐的大环境下,我国耕地减少速度是在下降的。并且目前减少的耕地相当一部分是用于基础设施建设的,而基础设施的建设能够刺激内需,推动经济的良性发展。生态退耕也是目前耕地减少的一个重要原因之一,而生态退耕是保护土地资源的特殊举措,有利于生态环境和耕地安全,是有利于子孙后代的大事。从这些方面来看,经济发展过程中耕地减少不一定是件坏事。并且我们要注意经济发展过程中的耕地保护也应该区别对待,经济发达地区应转变土地利用方式,走内部挖掘的道路,加强内部拆迁改造和土地整理的力度,耕地向规模经营集中,工业向园区集中,居民向城镇集中,以提高土地配置和利用效率;经济发展比较缓慢的地区应加强规划、避免重复建设,城镇建设不能再像过去那样"摊大饼式"占用大量耕地,一些沿海地区可以因地制宜,积极、稳妥地开发滩涂以增加耕地资源。此外,还要树立整体一盘棋的概念,积极

---

① 王万茂等:《城乡土地资源利用的合理规划研究》,《资源科学》2002 年第 1 期。
② 李兆富等:《苏州市近 50 年耕地资源变化过程与经济发展关系研究》,《资源科学》2005 年第 4 期。

开展地区间的协作,如经济发达地区自身增加耕地的潜力很小,但可以凭借自己的经济优势与耕地后备资源相对富余的经济欠发达地区进行合作,投资开发土地,既解决了自己的粮食问题,又支援了欠发达地区的经济建设,相互取长补短,一举两得。总之,在保证全国耕地总量动态平衡的前提下,各个地区允许存在差异,耕地数量可以增加、不变或减少。其实持这种观点的人,还是很有一定代表性的,我们认为,这种观点是一种在经济增长为目标的前提下的结论,假如我们是以环境优美、社会和谐、生活质量提高为前提的话,显然这种观点是工业化加速阶段时期的一种经济政策基点,这种看法和政策基础只能适应于一定的阶段条件。

(四)投资与土地利用变化分析研究动态概述

投资是驱动土地利用变化的主要因子之一。认为高投资是引起土地非农化以及建设用地增加的一个重要原因的观点,使大家普遍认可的一致观点。对此,基本上是没有分歧的。联系到我国目前的投资(固定资产投资和房地产投资、还有开发区建设投资等等)与土地利用中出现的大量耕地非农化、建设用地增加过快,很多城市和地区已经没有建设用地可以审批了,事实上,在我国凡是经济增长快的地方,均是由于大量资本投资取得的成果。在这方面的研究表现在定性趋势比较和定量化的计算分析。关于定量化分析,如曲福田等人通过计算1982—2002年滞后一期的建设占用比例与固定资产投资比例的相关系数(为0.63),以及1992—1995年以省级系数计算的固定资产投资与非农建设占用耕地之间的相关系数(为0.85),指出在我国当前经济发展水平下,农地非农化对于固定资产投资具有高度的敏感性。[①] 何春阳等以建成区面积

---

① 曲福田等:《农地非农化经济驱动机制的理论分析与实证研究》,《自然资源学报》2005年第2期。

为因变量,以人口、非农人口、居民收入、基础设施投资、国家预算内投资、实际利用外资、GDP 以及第一、第二、第三产业在其中所占的比例为自变量,经正态标准化消除无量纲影响进行逐步回归分析,同样得出了国家预算内投资与城市用地规模同样密切相关的结论。① 在定性分析方面的研究则就更多了,即通过固定资产投资增长变化与耕地和建设用地变化进行数据和曲线比较,如王业侨通过定性的研究指出固定资产投资与建设用地面积增长的趋势是一致的。

(五)关于三次产业结构比例变化与土地利用结构变化研究动态概述

经济增长总是伴随着产业结构的变化与调整,有人说产业结构变化,促进了经济增长,有人说经济增长带动了产业结构的调整与变化。其实这两种观点都是正确的,但绝不能对立起来,假如对立起来的话,两者就是矛盾的,应该说,两个是密切相关,即不是因果关系,又可以说互为因果。但不管怎样,产业结构的变化总是伴随着与土地利用结构同步变化过程。从资源配置与产业结构角度来看,一定的产业结构必然存在与之相应用地结构,产业结构调整必然在用地结构上得到验证,用地结构调整对于产业结构的调整具有重要的保证作用。我们通常认为第一产业的发展会带来农用地面积的增加;第二和第三产业的发展会带来建设用地面积的增加,尤其是第二产业的发展;当第三产业高速发展的时候,此时土地利用的集约化程度比较高,经济发展的阶段也比较高,此时人们在发展经济的同时会注意环境的保护,土地的利用主要表现为农

---

① 何春阳等:《北京地区城市化过程与机制研究》,《地理学报》2002 年第 3 期。

用地向建设用地和环境用地的转移。

在这方面的研究应当说取得了很多成果,如孔祥斌等人曾在研究中指出"在以第一产业为主的阶段,土地利用变化驱动力是农用地和环境用地间竞争,其结果是农用地面积增加和耕地复种指数不断提高;在第一产业比重下降,第二、第三产业上升的阶段,既有第二、三产业内部用地竞争又有与第一产业用地竞争,表现为农用地减少和建设用地迅速增加,农用地内部则表现为耕地由种植粮食作物快速转移为种植效益高的经济作物,同时,区位条件好的农用地向建设用地转移;在第三产业迅速上升,第一产业比重很低的阶段,土地利用变化的主要特点表现为农用地迅速减少,农用地向建设用地和环境用地的快速转移"。但对于产业结构中比例和建设用地规模之间关系的研究方面,陈利根等人的研究表明三产与二产的比例与城镇建设用地规模扩展具有明显的负效应。

(六)关于粮食安全和生态安全与土地利用关系研究动态概述

其实土地利用在很大程度上是农用土地保证问题,而要保障农用土地一个最现实也最基本,同时也是最具战略意义的就是粮食安全和生态安全问题。这是所有政府生存与发展的最基本前提,也是所有学者研究的前提。可以说,经济学研究的很多成果,尽管在市场经济条件下取得了创新领域、边缘交叉学科上很多成果,但都离不开粮食安全和生态安全与土地利用之间关系的妥善解决。

粮食安全问题和生态安全问题是迫使人们在土地利用的过程中克制自身行为,保持一定数量耕地、林地和草地的重要因素。从这一角度来说,粮食安全问题和生态安全问题是土地利用变化的重要驱动因素之一。而在这方面研究成果很多,我们仅举例如:其一,王万茂撰文指出人均粮食占有量主要取决于人均耕地占有量。其二,曲福田等人曾在研究中指出一个地区耕地资源越多,农地非农化对粮食生产影响越低,则农地非农化阻力越小。这在一定程度上也间接地说明了,粮食安全问题是耕地向其他土地利用类型转化的一个重要阻力。其三,朱会义等人的研究通过相关性分析指出农业生产的发展与林地变化相关性较差,说明林草面积的增加是追求生态效益而不是经济效益的结果。

(七)关于农业生产效益与农业结构调整与土地利用研究概述

众多学者研究的一个共同结论就是,比较效益的存在是导致土地利用变化的一个重要因素,农业用地与其他利用类型效益的差异是农业用地向其他土地利用类型转化的重要动力,同时农业用地内部各种利用类型效益的差异是耕地与林地、草地、园地、水库和坑塘转化的重要动力,尽管不同学者是从不同领域和不同角度进行分析和研究,但是这一结论却是共同的。这里仅举个别研究成果,如朱会义等人通过分析耕地流向的区域差异(耕地向林地、草地的转化主要表现在辽宁和山东地区,空间分布上主要集中在山地和丘陵地区),指出由于山地、丘陵地区土地生产力低下,农业生产效益低下,为了追求经济效益从而导致耕地向林地、草地的流失;而耕地向果园、水库和坑塘的转化一定程度上反映了农业生产结构的变化,同样是追求农业生产效益的结果。[①] 蔡运龙、张安录等均指出农业土地利用比较效益低下被普遍认为是我国农地非农化的主要根源。[②]

---

① 朱会义:《环渤海地区土地利用变化驱动力分析》,《地理研究》2001年第6期。
② 蔡运龙:《中国农村转型与耕地保护机制》,《地理科学》2001年第1期;张安录:《美国农地保护的政策措施》,《世界农业》2000年第1期。

(八)关于制度与政策因素对土地利用影响研究概述

土地利用变化受到诸如经济、人口、政策等因素影响是很大的。关于制度与政策对土地利用变化的影响,国内学者做了大量研究。尤其是在中国,政策影响研究更为明显。可以说政策与制度是土地利用变化的重要影响要素,在一定程度上来说,可能还是决定性因素。但是,由于选择对不同政策和制度研究差异,加上因为区域差异,所以研究结论也是不完全相同的。如 Adam Wasilewski 等人指出,东欧国家的私有化导致了城郊土地的大规模私有化,说明了制度因素是引起土地利用变化的重要原因之一。[①] D. W. Bromley[②]、D. Zhang 和 P. Pearse 等人的研究均表明,制度因素在土地利用结构变化中起重要作用。[③] 朱会义等人在《环渤海地区土地利用变化驱动力分析》中的区域土地利用变化的核心类型与流向分析表明,在耕地大量流向农村居民用地、林地、草地、城市建设用地、果园、水域等类型的同时,存在着反向的流动类型。流向耕地的土地利用类型主要有林地、草地和城乡居住建设用地等三类。作者文中的分析表明,耕地流出量大的地区其耕地流入量也随之增加,这说明国家保护耕地的政策尤其是耕地总量动态平衡的政策在土地管理中发挥了重要作用,并且其作用远远超过人均居住

---

① Adam Wasilewski and Krzysztof Krukowski. "Land Conversion for Suburban Housing: A Study of Urbanization Around Warsaw and Olszyn, Poland" [ED/OL]. http://www.ceesa.de/DiscussionPapers/DP8_Wasilewski.pdf ,2002/12/9.

② Bromley, D. W. "Property Relations and Economic Development: The Other Land Reform". *World Development* ,1989,17,6: 867—877.

③ Zhang, D. and Pearse, P. "Differences in sivicultural Investment Under Various Types of Forest Tenure in British Columbia." *Forest Science*, 1996,42,4:442—449.

面积变化、农业经济增长以及城市化对土地利用变化的影响。杨晓平等人运用因子分析法对土地利用变化的社会经济因素进行定量分析,证实了经济主成分、土地政策主成分、人口及其政策主成分是影响杭州湾南岸土地利用变化的主要驱动力。张永民等人通过文献调研和定量研究得知,50年来赤峰市耕地变化主要受五次大的政策因素驱动,并与人均国内生产总值、总人口、年末牲畜存栏总头数、粮食单产和人均粮食占有量等人口与经济发展因素显著相关。袁俊利用了1985年和1995年调查的数据,运用数理统计和定性结合的方法,指出交通条件的改善和政府政策的出台是城乡居民建设用地扩大的主要驱动力。曲福田等人认为,中央政府的管制减少了农地非农化的数量,而地方政府的短期管制应对行为将会降低管制的效率;扭曲的市场价格扩大了土地的需求,促成了耕地的过速非农化,随着土地资源市场化配置程度的提高,土地真实的市场价格将会回归,在价格机制的作用下,农地非农的需求将会下降;虽然我国集体土地所有权主体在法律上被界定为集体经济组织,但由于我国目前的集体经济组织名存实亡,导致了集体土地所有权主体的易位和虚位的问题,随着土地产权主体的日益明晰,(土地产权的完善对农地非农化的影响是双重的:一是随着产权的完善,产权人能自由处置财产,从而促使农地非农化加快,另一种可能是随着土地产权的完善,谈判地位的提高增加了土地的取得成本,从而抑制了土地的非农需求)土地权能的逐步完善,农民在土地征用中的谈判意愿和地位将会逐步提高,从而提高农地非农化的成本,抑制农地的非农需求。①

---

① 曲福田等:《农地非农化经济驱动机制的理论分析与实证研究》,《自然资源学报》2005年第2期。

二、研究方法概述

关于研究方法,研究各因素对土地非农化的影响,可以归纳为定性和定量两大类。

(一)定性分析

结合图形、对比等方法进行定性的分析,通过对土地利用与经济社会发展间的数据变化,结合图形、数据比较等方法进行了定性分析,研究变化方向是否一致、变化速度快慢、增减幅度大小。这种分析方法也可以应用于对不同区域和不同发展阶段比较研究之中,以探讨不同区域和不同经济发展阶段下土地利用变化与经济发展之间的互动关系。

(二)定量分析

一般是在定性分析基础上为了能从量化的角度进一步研究分析变量之间存在内在关系,以便所制定的相关政策能更有把握,提高政策针对性和有效性。但定量分析方法很多:如线性回归法,这种方法是国内学者研究的主流方法,被广泛应用于很多经济分析研究中。还有主成分及因子分析方法,主成分分析与因子分析是处理多变量资料的多元统计分析方法,它们用降维分析技术来解释原变量的协方差结构。因子分析可以看做是主成分分析的一种推广,虽然两者都是逼近协方差矩阵,但因子模型的解释更精细一些。另外还有典型相关分析方法。它是一种揭示两组多元随机变量之间相关系数的统计模型方法。而将偏最小二乘回归引入到土地利用变化相关研究中,主要是基于土地利用变化研究中存在的数据间多重相关性和样本量不足的问题。例如张旸等人以苏州、无锡、常州地区为例,用偏最小二乘回归方法对土地利用结构及影响因子进行了定量分析,结果表明,偏最小二乘回归方法是进行土地利用结构研究的一种十分有效的工具。[①] 杨武等人在相关的研究中以上海嘉定区为例,首先分别应用最小二乘回归、主成分分析和典型相关分析三种方法进行建模分析,然后应用偏最小二乘回归方法,对该区域土地利用结构变化建立数学模型。[②] 结果表明:偏最小二乘回归模型的整体性较强,结论较为合理,回归系数易于解释,提供的系统信息也更丰富。

第四节 本研究的重点及本书结构安排

本研究是从以下几个方面来展开的:第一,分析和研究市场经济国家的土地利用与经济发展变化特点和演变历程,以揭示内在关系和变化规律,为研究中国土地利用和经济发展关系提供参考和比较,并通过对比,了解中国可能所处的发展阶段,为政策优化提供借鉴。第二,以中国百强县为研究对象,对其 2000 年以来的土地利用与经济发展之间关联性进行全面的量化分析,揭示其规律。之所以选择百强县主要是基于百强县是最能代表我国经济发展特点,同时,在一定程度上,他还代表了未来经济发展的方向,绝大多数县都将会经历这一过程,以此研究,不仅可以掌握历史发展过程,而且可以把握未来发展趋势。第三,本研究将定性分析与定量分析相结合,通过一系列的土地利用指标和经济发展指标进行

[①] 张旸等:《偏最小二乘回归方法在土地利用结构研究中的应用》,《自然资源学报》2004 年第 6 期。

[②] 杨武等:《偏最小二乘回归分析在土地利用变化研究中的应用——以上海市嘉定区为例》,《南京农业大学学报》2005 年第 1 期。

——对应关系分析与多因素分析相结合办法，提供一个百强县土地利用与经济发展指标之间的内在关联性和弹性关系，并对此经济综合性分析与评价。第四，本研究还将对百强县的经济发展和土地利用特点与全国进行比较，以考察其代表性（与全国之间的差异性大小）和其所处的历史阶段（与国外比较），分析其所处阶段和存在问题，以借鉴国外经验和有益做法。第五，中国耕地面积预测及耕地保护问题。第六，对我国土地高效利用与经济持续发展提出一些对策思路和政策建议。

第五节　研究方法

研究方法选择是任何研究的最基本前提，选择正确研究方法，则可以为科学研究及其正确的结论奠定基础。

第一，动态分析与静态分析相结合。土地利用与经济发展在不同时序和空间上的静态分析，可以为我们提供一个截面上的系统全貌。同时土地利用与经济发展本身是一个动态发展的过程，因此，我们在研究中将土地和经济发展置于一个动态的发展过程中进行研究。

第二，对比分析方法。我们不仅选择了与国外进行分析，同时为了增强可比性，我们选择了同属亚洲的韩国和日本与我国进行比较。同时在土地利用与经济发展关系分析研究中，我们既进行了总体上的分析，又分别进行了区域间、不同经济发展模式间、不同排名之间等等之间的分析，还将工业化分为起步、加速和工业化后期进行阶段性的对比，这样，对土地与经济发展内在的关系就更加系统和深入。

第三,定性和定量分析相结合。我们在分析土地利用与经济发展关系研究中,不但采取了传统的定性分析,同时,我们通过收集的数据和资料进行量化分析,从而,使我们的研究分析及既展示了分析逻辑关系上合理性必然性一面,同时也反映了定量化的准确性一面。

第四,规范研究与实证研究相结合。规范研究是为了进行科学合理的评价和判断,这是研究的最基本方法。而实证研究则通过反映客观实际的数据资料进行分析,能够与实际相结合,解决实际问题,保证政策建议、制度完善措施思路更有操作性和实践意义。

第二章 土地利用与经济社会发展关系的国际实证分析研究

目前,我国工业化和城市化进程开始加速推进,已经进入"双中"阶段,即工业化和城市化中期阶段,工业和城市建设用地压力巨大,土地需求异常强烈,这对于土地利用和管理提出了日益严峻的挑战。如何在保持经济持续快速健康发展的同时克服业已存在的并防治可能出现的土地利用问题,并清晰把握土地利用与经济社会发展的关系,成为这一时期我国土地利用和管理必须考虑的问题。鉴于国际上其他工业化国家或地区在走向发达市场经济国家的过程中,积累了大量土地利用的经验和教训,我们可以选取有关特定国家在特定时期的发展过程,通过分析比较来参考借鉴相关经验。为了提高可比性,我们决定选取同属东亚的日本、韩国作为对象,分别研究它们在走向发达市场经济国家的过程中,经济社会发展与土地利用之间的相互关系。

第一节 工业化发展与土地利用变化

工业化有人解释为工业由不发达状态向发达状态发展,并成为国民经济主导产业的过程。也有人将工业化定义为工业(特别是其中的制造业)或第二产业产值(或收入)在国民生产总值(或国民收入)中比重不断上升的过程,以及工业就业人数在总就业人数中比重不断上升的过程,如巴格奇(A. K. Bagchi)、刘易斯(W. A. Lewis)、钱纳里(H. Chenery)、库兹涅茨(S. Kuznets)等人也都持相同或类似的观点。

虽然工业发展是工业化的显著特征之一,但工业化绝不能狭义地理解为工业发展。因为工业化是现代化的核心内容,是传统农业社会向现代工业社会转变的过程。在这一过程中,工业发展绝不是孤立进行的,而总是与农业现代化和服务业发展相辅相成的,总是以贸易的发展、市场范围的扩大和产权交易制度的完善等为依托的。

一、工业化历程

追溯历史,把18世纪60年代英国产业革命的发生作为工业化阶段开始的话,那么,一般来说,整个工业化过程分为早期、中期和晚期三个阶段。

(一)早期工业化阶段(18世纪60年代至19世纪50年代)这一阶段最明显的特点就是以蒸汽机为代表的一系列工业机器的发明和使用。在这一阶段的初期,农业在国民经济中仍占主导地位,此后,劳动密集型的轻纺大工业逐渐取代农业成为国民经济的主导部门,这一阶段社会消费基本特征是温饱而略有剩余。

(二)中期工业化阶段(19世纪60年代至20世纪50年代)这一阶段以电发明和广泛使用以及钢铁、机械、电力、化工等现代产业部门确立为标志。在这一阶段中,制造业成为国民经济的主体,资金密集型的重化工业取代早期工业化阶段劳动密集型的轻纺工业成为国民经济的主导产业。农业比重下降,服务业比重上升,劳动力相应地从第一产业向第二、第三产业转移。社会消费的基本特征是"小康",居民生活消费品基本上得到满足,但各个发达国家消费水平的提高速度远不及生产资料工业增长的速度。

(三)晚期工业化阶段(20世纪50年代至90年代)这一阶段始于战后新科技革命的兴起,新科技革命以原子能的使用,电子计算机和空间技术的发展为主要标志。这一阶段是向现代化社会过渡的阶段,产业结构特点主要是第一产业比重日趋缩小,第二产业比重下降,技术密集型的新型产业取代资金密集型的传统产业成为主导产业,第三产业的比重大幅上升。应该看到这一阶段中支持经济发展的产业仍是重化工业,但重化工业的内部结构发生很大变化,机械、化工等传统的生产资料生产部门开始直接提供以耐用消费品为核心的消费资料。

二、工业化模式

工业化模式不同,经济增长方式、资源配置结构、生产组织方式、经济运行机制也就会有所差异。但是工业化发展模式,可以有不同的分类方法,我们依次介绍几种:

(一)按生产力行业布局可划分两种推进模式

一、重工业发展模式。这种模式是指以重工业为优先发展产业,通过产业联系带动国民经济其他部门的发展,以此来实现工业化。但经验表明,优先发展重工业,忽视农业和轻工业,不仅影响了人民生活的改善,而且也由于重工业资金占用多,建设周期长,效益相对差。因此,这种模式缺乏后劲,并非长期有效。二、轻工业发展推进模式。这种模式是指以轻工业为优先发展产业,通过产业联系带动国民经济其他部门的发展,推进国民经济工业化的进程。一般来说,轻工业多属劳动密集型产业,不但有利于发挥劳动力优势,而且也因为轻工业规模小,投资少,建设周期短,资金周转快,因此,轻工业发展模式更有利于迅速推进工业化进程。

(二)按区域布局划分模式

一、区域均衡型工业化发展推进模式。这种模式是以区域间相对均衡发展为目标,实现区域同步工业化。这种模式对于推进整个国家的工业化来说是有利的,但区域间的条件差异,使得区域内企业之间分工协作难度加大,会造成一定程度的重复建设等资源浪费现象。二、集中型工业化推进模式。这种模式是指集中配置在某一区域,积极据点的辐射作用,带动相邻地区进而带动更大区域工业化共同发展,促进工业化进程。这种模式有利于工业化本身的推进速度,但很容易造成地区间的差距。

(三)按经济贸易及其经济开放程度划分

一、开放型工业化推进模式。这种模式是指在工业化推进过程中,整个经济系统运行中的各种资源要素、生产要素和市场要素都可以完全自由出入,相当于目前建立的自由贸易区。推行这种工业化模式,有利于资源要素、生产要素和市场要素配置效率的提高,但缺点是难以形成独立保护体系,必须有较好风险防范机制。二、自我独立型工业化推进模式。该模式是指完全依靠自我力量来推进工业化进程,这种模式只有在资源相对丰富的国家才更具可行性,但这种模式,由于与系统外的市场要素、经济要素和资源要素缺乏流通,因此,阻碍了效益提高程度和可能,且推行这种模式比较封闭,不利于长期发展。三、进口替代型工业化发展推进模式。这一模式是指在开放性的经济运行系统中,通过用本国产品替代过去的制成品进口,以"进口替代"工业带动经济发展,实现工业化发展推进。四、出口外向型工业化发展推进模式。这种模式有人又称为出口导向推进模式,是指通过发展出口工业,从而,依靠工业品出口来替代农矿初级产品出口;用出口所得外汇引进国内生产所需的先进技术设备和管理经验;通过出口工业发展与其他工业之间的产业联系,带动整个经济的发展,促进工业化推进速度。五、进出口均衡的工业化发展推进模式。这种模式就是结合了进口替代性和外向出口型两种模式的优点,即能发挥经济系统开放性,又能更好地利用国外的资金、技术,从而取得良好的经济效益,同时,又能避免对国内工业竞争所造成的冲击和破坏。

三、工业化与土地利用变化的一般性规律

研究发现,农村耕地减少,工业、商业等非农建设用地扩大,是经济发展的必然规律,而这种变化一般都会呈现倒"U"形曲线变化规律。

工业化对土地资源数量的影响主要有两方面,一是农地面积的减少,二是建设用地面积的增加。在国土面积和后备土地资源一定的情况下,两者互为消长。

在整个工业化过程中,发达国家的经济发展与工业化的相关系数极高。快速工业化过程中经济发展必然导致第二第三产业比重增加和城市化进程加快,而这两个后果的最直接后果就是消耗大量农地资源并将其转化为建设用地。

根据美国经济学家西蒙·库兹涅茨[①]等人的研究成果,工业在国民经济中的比重将经历一个由上升到下降的倒"U"形变化。

---

① 库兹涅茨著、常勋等译:《各国经济增长》,商务印书馆 1999 年版。

在工业化起始阶段,第一产业比重较高,第二产业比重较低;随着工业化进程的推进,第一产业比重持续下降,第二产业和第三产业比重都相应有所提高;工业化进入后期阶段后,第二产业比重转为相对稳定或有所下降。在工业化的前期阶段,土地资源消耗主要由第二产业的发展引起;在工业化后期及后工业化时期,土地资源消耗的动力主要来自于为改善居住条件而引发的居住用地需求增加。据测算,单位产值的第二产业用地要大于第三产业用地,所以,到了后工业化阶段,第三产业占据主导地位时,如果人口增长维持在较低水平,土地资源的消耗也因产业用地的减少而减少。

工业化发展以及消费结构的升级和城市基础设施建设的发展,对土地需求与日俱增,这必然带来耕地数量的减少。根据工业化普遍规律,农地非农转移速度在工业化前期较缓,但在快速发展时期有所加剧,而到了工业化后期则又渐趋缓;与农地变化相对,工业化过程中工业用地增加呈现出类似的由缓到快再转缓的总体态势。工业化前期和中期,产业结构进行必要的转变和调整,不仅传统工业从内涵和外延上迅速扩大再生产,而且大量兴建新兴产业的工厂,实现以重工业、化学工业为中心的工业化,这就需要大量的工业用地。这一规律体现在耕地变化数量上,表现为耕地减少数量在工业化前期出现激增,耕地数量大幅度减少,而在工业化后期,耕地减少数量相对变缓,减少幅度逐渐变小。这个规律又被称作倒"U"形曲线规律,在许多工业化国家的发展进程中均得到了体现,在人口密度较大的国家里这种特征尤为明显。首先,耕地减少是经济发展的普遍规律。从世界各国市场经济国家发展过程都可以发现这种变化规律。如图2—1和图2—2分别是日本和韩国1961年到2002年耕地变化曲线。

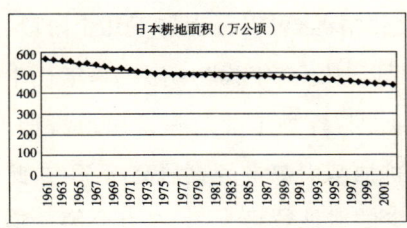

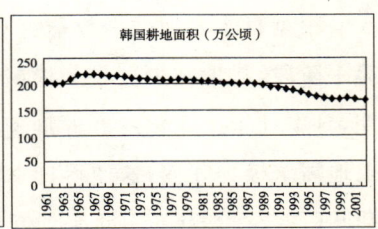

第二章 土地利用与经济社会发展关系的国际实证分析研究

图 2—1 日本耕地变化　　图 2—2 韩国耕地变化

资料来源：根据中宏数据库资料计算整理

从图 2—1 和图 2—2 的变化曲线可以看出，无论是日本还是韩国，从 1961 年到 2002 年耕地变动曲线都呈现从左上方向右下方倾斜特征，即耕地逐年减少趋势，而日本倾斜度更大一些，说明日本比韩国耕地减少速度更快。

其次，耕地减少速度呈现倒"U"形变化规律。如日本耕地减少数量的变化有着相当明显的规律性，即耕地减少数量是先增加随后有所减少。

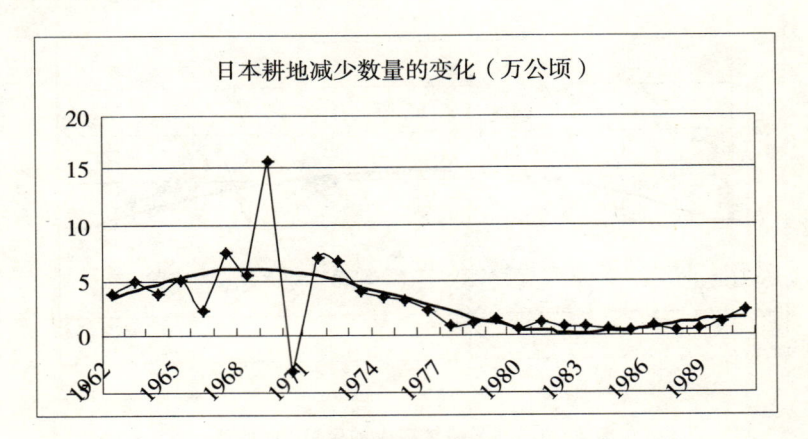

图 2—3 日本耕地减少的倒"U"形曲线

资料来源：根据中宏数据库资料计算整理

根据日本耕地减少数量的变化情况,可以分为如下几个阶段:第一阶段,耕地减少数量激增时期。从60年代初期到70年代中期,日本处于工业化发展的加速时期,各种工业及建设用地激增,土地需求极为旺盛,这使得日本耕地减少数量一直居高不下,在此期间(1962—1976),每年平均减少的耕地数量为4.93万公顷。第二阶段,耕地减少数量下降时期。随着日本基本完成其工业化进程,土地的需求开始逐渐减少,日本耕地的减少数量也出现下降,根据计算,1977年到1990年这段时期,每年耕地的平均减少数量为0.99万公顷,仅为前一阶段的1/5左右。由上述分析,我们可以认为日本的土地数量变化基本遵循着倒"U"形规律,虽然在90年代后耕地减少数量又开始上升,但这是日本在完成了工业化进程后出现的情况。

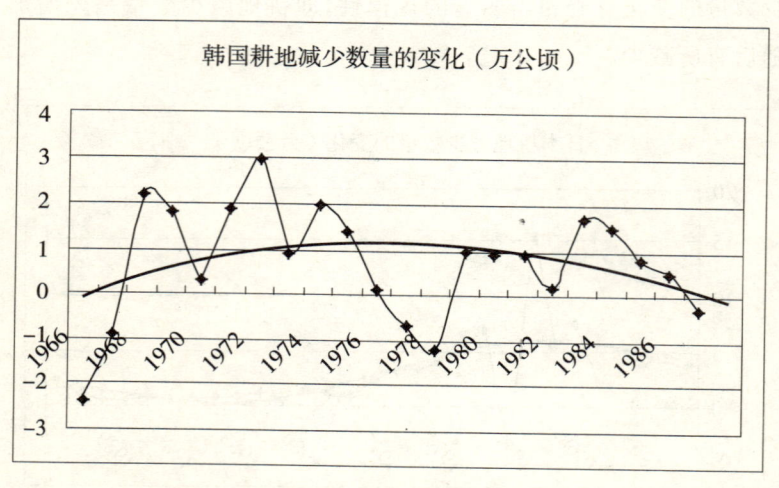

图2—4 韩国耕地减少的倒"U"形曲线

韩国耕地减少变化也同样呈现这一规律。韩国耕地减少数量可以分为如下几个阶段：第一阶段是在上个世纪60年代以前，由于韩国采取了严格的耕地保护制度，再加上垦荒等农业政策，耕地的数量不断增加。第二阶段是从60年代末期开始，韩国进入了工业化的起步阶段，各种工业用地以及建设用地不断增加，给耕地的保护带来较大的压力，耕地数量不断减少。在此期间（1968—1975），耕地年平均减少数量增加为1.69万公顷。第三阶段，在随后的一个时期里（1976—1989），韩国进入了工业化中后期，耕地的减少数量出现了明显的下降，根据计算，这一时期年平均耕地减少数量仅为0.49万公顷。

第二节 城市化发展与土地利用变化

世界最早的城市出现在今伊拉克境内，沿幼发拉底河和底格里斯河两岸而立。随着18世纪欧洲产业革命的开始，工业化的兴起和发展，城市化进展速度迅速加快。1800年全世界的城市人口占总人口的比例仅为3%，1900年上升为13.6%。从世界范围看，1800年，世界城市人口只有3%，发展到1900年，也只有14%。而经过1900—2000年，这100年的时间，城市人口达到了55%，人类历史上第一次出现了城市人口超过了农村人口的情况，根据美国《全球2000年报告》，发展中地区有400个城市突破了100万人口大关。而且发展中国家城市化增长的势头有增无减，持续而迅猛，而发达国家大都已经高度城市化。而今人类进入21世纪，世界城市化进程仍然保持这种态势，所以很多人说，世界进入了一个城市化时代，21世纪的世界将是城市化的世界。

一、不同国家类型的城市化进程

(一)发达国家的城市化历程

由于经济发展水平和工业化的发展过程长短不一,形成发达国家之间城市化发展时间不一致现象。欧洲国家尤其是英国,城市化进程最早,从 1760 年开始到 1851 年,90 年间,英国城市人口超过了总人口的 50%,而当时世界人口中,城市人口只占总人口的 6.5%。到 1921 年,其城市化水平已达 77.2%。美国城市化要比西欧晚得多,直到 1860—1920 年间,美国城市化进程才开始迅速发展,城市人口从 1860 年不到 20% 提高到 1920 年已超过了全国一半以上。据世界银行《2000 年世界发展指标》显示,美国城市人口占总人口比重达 77% 以上。日本城市化进程虽比一些西方国家晚百余年,但城市经济发展只用了几十年时间,就达到了西方发达国家的城市化水平。1920 年,日本城市人口只占总人口的 18%,但是,到二战后的 1955 年其城市人口比重上升为 58%,目前其城市人口比重为已达 79% 以上[1]。

(二)发展中国家的城市化进程

和发达国家城市化相比,发展中国家起步晚,历史短。有资料表明,从 1800 年到 1930 年,发展中国家的城市人口只由 3000 万人增加到 1.35 亿,而农村人口却由 6.7 亿增加到 11.67 亿。自 1950 年,发展中国家城市化进程不断加快。有关资料表明 1950—1985 年 35 年间,城市人口比重也由 17.3% 增加到 31.7%。而且仍以相当高的加速度发展。

---

[1] World Bank, *World Development Indicators 2000*.

亚洲发展中国家城市化进程也呈现出很大的地区差异。中国1978年还只有不到18%,1995年上升到29%。而今,城市人口比重已上升为39%。根据《2000年世界发展指标》显示,其他国家如印度城市人口大约28%、越南20%、菲律宾57%、马来西亚56%、土耳其61%、中亚地区66%。在拉丁美洲,近20—30年来都保持了相当高的城市人口增长速度。目前玻利维亚城市人口占61%、阿根廷89%,乌拉圭和委内瑞拉达到91%,中美洲国家的城市人口处在45%—60%之间[1]。

非洲城市化进程要慢了许多。1856年,非洲有2万人口以上的城市9个,6万人口以上的城市3个。大多分布在近海的地方。1990年,非洲城市人口只占25%。而且非洲内部不同地区城市化水平差距十分明显。以1995年城市化水平为例,东非城市人口比重占21%、中非占33.2%、北非45.9%、南非48.1%、西非占36.6%。非洲较大的城市有开罗,其人口为1100万,其次是阿尔及尔270万、开普敦240万。非洲国家共同的特点是都只拥有一个以出口为主的、面向国际市场的百万人口的大城市。与亚洲、南美洲相比,其城市人口增长率具有更高的水平。

二、城市化基本规律

(一)城市化过程的阶段性规律

尽管世界各国城市化的起步时间、发展速度和目前的城市化水平有很大的差异,但总体来说,世界的城市化过程有一个比较明显的规律,呈初始、加速和终极三个不同阶段的特征。

---

[1] World Bank. *World Development Indicators 2000*.

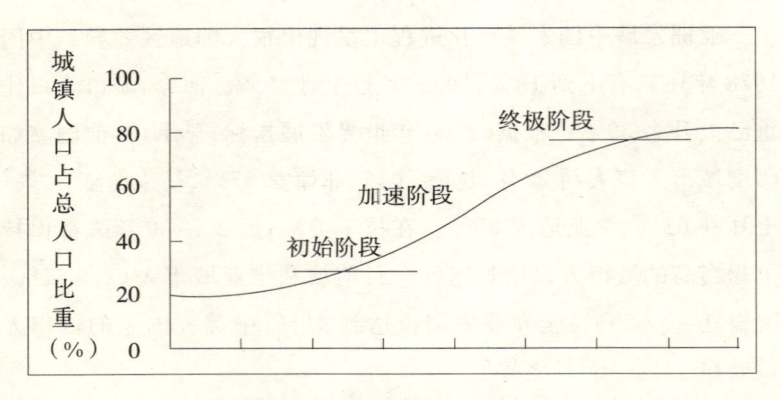

图 2—5 城市化过程的"S"形曲线

资料来源：Ray M. Northam, Urban Geography, John Wiley & Sons, New York, 1979, p. 66.

在初始阶段，农业经济占主导地位，比重较大，农业人口占有绝对优势，这一时刻农业生产率较低，农产品的剩余量较少，同时，人口增长处于高出生率、高死亡率的缓慢增长阶段，农村对劳动力的"推力"还不太紧迫。而现代工业则刚刚起步，规模较小，发展中受到资金和技术的制约，城市对农村人口的"拉力"也还不太大。"推力"和"拉力"的缓慢释放，必然使得农村人口向城市转移的速度较为缓慢，表现在城市化进程上，也就是需要有一个相当长的时期，城市化水平才能够从百分之几上升到百分之二三十。事实上，世界城市化的这个过程，从两河流域的城市出现至世界城市化水平达到20.5%的1925年，历时5400多年。

在加速阶段，随着现代工业基础的逐步建立，经济得到相当程度的发展，工业规模和发展速度明显加快，城市的就业岗位增多，拉力增大。而农村生产率也得到相应提高，使更多的劳动力从土地上解放出来。同时，由于医疗条件的逐步改善，人口增长进入了高出生率、低死亡率的快速增长阶段。农村的人口压力增强，乡村的推力明显加大。在这种条件下，农村人口向城市集中的速度明显加快，城市化进入加速发展阶段。城市化水平在相对较短的时间里从百分之二三十达到百分之六七十。世界发达国家大约用了100年的时间达到这个水平。就整个世界而言，当前城市化正处于高速过程之中。

在终极阶段，城市化水平达到百分之六七十之后，发展速度又转向缓慢。这时，全社会的人口进入低出生率、低死亡率、低增长率的阶段。同时农村人口经过前一时期的转移，压力减小，农业生产率进一步提高，农村的经济和生活条件大大改善，乡村人口向城市转移的动力较小。在城市的工业发展中资金、技术投入越来越重要，就业岗位增加速度减缓剩余劳动力开始走向第三产业。由于农村的推力和城市的拉力都趋向减小，城市化进程开始放慢，城市化水平徘徊不前，直到最后城乡间人口转移达到动态平衡。

世界发达地区和美国的城市化发展轨迹基本上与这一曲线相吻合，从而验证了城市化发展速度的这一基本规律。城市化过程的缓慢与迅速，取决于社会的经济发展。

(二)城市化聚集与扩散规律

就是指城市由于劳动技术、资金、交通运输、通讯设施、市场容量、人力资源以及居住条件等方面比周围地区拥有更多明显市场竞争优势，使得区域市场经济活动不断向城市聚集，从而产生聚集了规模效应和经济效益，成为区域经济增长点。城市不仅是经济集聚中心，也是人口、商业、市场和信息的集聚中心，正因为这样，才使得城市化的速度加快，城市的集聚规模越来越大，集聚的过程既是人、财物、信心、技术等几种过程，同时也是土地利用集聚过程，而集聚增大的过程,也是城市规模扩展和扩散的过程。但在城市化不同阶段,聚集和扩散有着一定差异。在城市化迅速发展阶段,占主导地位是聚集效应,城市化终极阶段,则开始出现扩散效应,城市化水平越高,城市等级规模越大,扩散的作用就越强,扩散范围就越广。

三、城市化与土地利用变化

城市化水平在30%—70%时,是一个国家或地区城市化高速发展阶段,同时也是建设用地增加和耕地减少最快时期。

按照美国著名经济地理学家诺瑟姆的观点,随着经济的发展,城市化发展进程呈"S"形曲线:当一国经济处在起步阶段,城市化进程比较缓慢;而当一国经济进入高速发展时期,突飞猛进的工业发展造成大量的就业机会,在"推拉效应"的作用下,城市化步入一个高速发展时期;到了第三阶段,即城市人口达到70%以后,城市与农村的差别日趋缩小,城市化进程呈现出停滞甚至下降的趋势。城市化方面使一部分农业劳动力和农村人口转化为非农业劳动力和城市人口;另一方面使部分农业用地和农村用地转化为非农业用地和城市用地,从而导致城市人口和城市用地的扩大。世界主要发达国家的经历证明,城市化加速的过程就是农地面积大量减少的过程,城市化的高速度必然伴随着农地消耗的高速度。美国学者唐纳德·丁·博格对美国1929—1954年农地流转的研究表明,这一期间,每增加一个城市人口,农地转为建设用地的数量增加0.26英亩[1]。

---

[1] 刘丽:国土资源网《发达国家工业化消耗了多少地》(2004年8月18日),http://www.clr.cn/front/read/read.asp? ID=29281。

通过大量研究成果表明,城市化水平在30%—70%时,是一个国家或地区城市化高速发展阶段,同时也是建设用地增加和耕地减少的最快时期。一个国家工业化的进程也往往伴随着城市化水平的提高。城市化的基本特征是人口的聚集以及由此产生的对土地的需求,因此,城市化既是人口城市化的过程又是土地城市化的过程。通过人口的流动和转移,改变不同地域上的用地需求和用地格局,产生增加占地和减少占地的不同结果,进而对耕地的变化产生影响。因此,人口城市化过程对耕地变动产生的是一种复合影响。根据已有研究成果和国际经验表明,城市化水平在30%—70%时是一个国家或地区城市化高速发展阶段。城市化是现代经济社会发展的内在要求和必然趋势,最直观的表现就是城市建成区面积扩大,但这需有一定数量土地作保证。无论采用何种模式,城市周边部分农地都免不了被蚕食占用,特别是当制度建设或执行不力时,无序城市化对农地占用的负面影响更突出。在城市化前、中期,由于发展水平较低并有巨大力量继续推动其快速提高,城市建设用地规模往往出现加速趋势,年均耕地流失速率相对较高,耕地保护难度增加,在后备耕地资源匮乏时必定存在较大安全隐患。日本和韩国的城市化发展进程也体现了这个规律。

根据统计数据计算可知,在1968—1988年,韩国城市化水平从35.47%提高到70.26%,每年平均提高1.66个百分点,而在此前的1960—1967年,韩国城市化水平年平均提高水平仅为0.88个百分点,而之后的1989—2003年,韩国城市化水平年平均提高水平也仅为0.77个百分点。由此可见,1968—1988年,是韩国城市化水平提高最快的时期,而保证韩国城市化水平提高的重要因素之一就是城市土地的扩大、农村土地的减少,特别是耕地的减少。尤其是1968—1988年间,韩国的耕地从217.4万公顷减少至206.1万公顷,年平均减少数量达到1.69万公顷,远大于前期和后期的水平。

  日本的变化同样如此,由于日本是一个较早进入发达市场的经济国家,因此,早在1960年,日本城市化水平就达到了62.5%,尽管如此,到1974年日本城市化水平进一步提高到了74.77%,每年平均提高0.88个百分点,而之后的1975—2002年,日本城市化水平年平均提高水平大幅放缓,仅为0.13个百分点。从耕地变化看,在此阶段中,日本耕地数量也在此期间迅速减少,从1961年561万公顷减少至1974年的497.8万公顷,年平均减少数量达到4.51万公顷,减少速度相当惊人,之后,耕地年平均减少数量开始下降,仅为1.88万公顷。可见,城市化水平从30%到70%这一阶段是耕地减少最快速时期,是一个普遍性的特点。

第三节 日本和韩国土地利用与经济发展相关度总体测度

  在前面的分析中,我们可以看到,由于工业化、城市化以及消费结构的升级和城市基础设施建设的发展,对土地需求与日俱增,这必然带来耕地数量的减少。但是,这只是一个定性分析,为了能更清楚这些因素之间的内在关系,尤其是耕地与城市化、工业化、资本、经济增长、产业结构等等因素之间量化关系,我们将对土地利用与经济发展相关度进行测度。测度分为两个层次进行,第一层次是对各种变量因素做一对一回归分析,检验其相关显著性,并分析其中存在的相关关系,然后,再将多个显著性较强的因素综合起来,进行多元回归分析,从中得出不同因素与土地利用之间的定量关系。

一、耕地数量与经济增长(GDP)之间的测度

耕地与经济增长之间的关系呈现显著的负相关关系,是不可置疑的。实际上耕地增减变化反映着社会科技进步和工业化、城市化过程的快慢,耕地减少实际上就是农业减少,而非农产业比重提高,尤其是工业、商业发展所创造的价值要远远高于农业。因此,GDP的增加会带来耕地数量的减少,无论日本还是韩国都存在这种现象;所不同的只是两者内在量化关系即弹性系数存在一定的差异罢了。通过回归分析后,日本GDP和耕地数量之间存在显著的线性关系,$L=567.6566-2.32E-05GDP$。即GDP每增加1亿日元,耕地减少2.32公顷(或GDP每增加1亿美元,土地减少265.5公顷)。而韩国GDP和耕地数量之间的线性关系为:$L=214.8660-7.40E-06GDP$。也就是说韩国的整个经济发展过程中,GDP增加1亿韩元,耕地减少0.74公顷。即GDP每增加1亿美元,耕地减少740公顷。显然,在GDP增加同等数量的情况下,韩国耕地的减少数量要远大于日本的耕地减少数量,约为日本的三倍。这说明日本的土地集约利用程度要比韩国高得多,也说明了日本的土地利用更有效率。

二、耕地与工业增加值及服务业增加值之间相关度测定

耕地与工业增加值及服务业增加值之间变化比耕地与GDP的关系更加紧密,因为,他剔除了农业本身,这样更能反映耕地非

农化后的替代关系程度和大小变化。图2—6和图2—7是日本和韩国的工业增加值以及服务业增加值的变化情况:

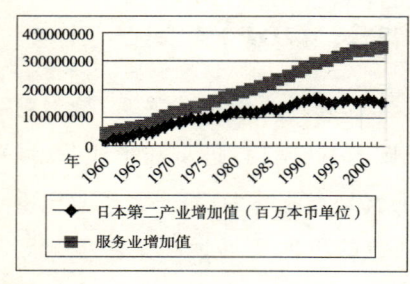

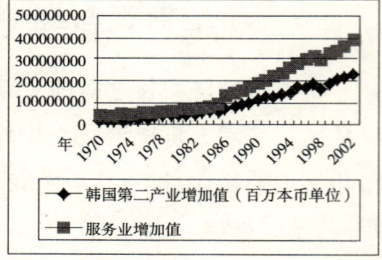

图2—6 日本二、三产业增加值变化状况

图2—7 韩国二、三产业增加值变化状况

资料来源:根据中宏数据库资料计算整理

通过回归计算,日本工业增加值与耕地数量之间存在显著的线性关系,$L=574.2009-7.24E-07IN$,即工业增加值每增加1亿日元,所带来土地的减少数量为7.24公顷;或者说,工业增加值每增加1亿美元,土地减少828.55公顷。韩国则是$L=214.6971-2.13E-07IN$。这说明韩国工业增加值每增加1亿韩元,耕地就会减少2.13公顷;或者说,工业增加值每增加1亿美元,耕地减少2130公顷。

而服务业增加值与耕地的线性关系中,日本为$L=559.9429-3.33E-07SE$。即服务业增加值每增加1亿日元,所带来土地的减少数量为3.33公顷。即服务业增加值每增加1亿美元,土地减少381.01公顷。而韩国则是$L=214.8072-1.26E-07SE$。这说明,在韩国服务业增加值每增加1亿韩元,耕地就会减少1.26公顷。即服务业增加值每增加1亿美元,耕地减少1260公顷。

同样可以看出:在工业以及服务业增加值与耕地数量之间存

在相当显著的负相关关系,而且,在工业以及服务业增加值增加同等数量的情况下,韩国的耕地减少数量均要大于日本,约为日本的3—4倍,这和GDP与耕地数量之间关系的分析结果比较吻合,这也从另外一个角度说明了耕地数量与工业化水平密切相关,其相关度随着工业化水平的不同而不同。

三、耕地数量与城市化水平相关度测定

城市化同样是影响土地利用变化最直接的因素之一,城市化程度越高,城市化推进速度越快,农用土地转变成城市土地的速度就越快,规模就越大。相反,城市化程度越低,城市土地利用规模就会小。由于不同国家城市化水平和推进速度不同,因此,耕地数量与城市化水平相关度也就有所不同。经回归计算,日本耕地数量与城市化水平相关度关系是:$L=1037.225-7.299595CC$,这就表明,日本城市化率每提高一个百分点,耕地的减少数量为7.3万公顷。韩国耕地数量与城市化水平相关度关系 $L=239.4647-0.705872CC$。即韩国城市化水平每提高1个百分点,耕地数量减少7059公顷。

结论:观察日本和韩国的分析结果,可以发现,城市化水平的提高必然带来耕地数量的减少,而且通过比较,在城市化率提高一个百分点的情况下,日本耕地的减少数量要远高于韩国,这可能是因为日本城市化水平的基数已经很高,城市化水平的提高相对比较难一些,所以每提高一个百分点所要减少的耕地数量也要更多一些。另外,我们还可以看到,韩国的城市化水平后来居上,在90年代末赶上并且超过了日本的城市化水平。

四、耕地数量与固定资产投资之间的关系测度

耕地变化与固定资产投资有着密切相关,一方面耕地减少或者建设用地增加过程实际上就是资本投资增加的过程,这不仅仅是因为工业投资本身就高于农业投资;另一方面,工业、服务业发达后必然会带来市场交易的活跃,价格上涨。而城市化的过程不仅是人口的集聚,更是资本、服务和市场的集聚,因此,投资对耕地变化会产生很大影响。反过来,耕地变化过程实际上就是投资运动的过程。日本和韩国的固定资产投资的变化情况参见图2—8。

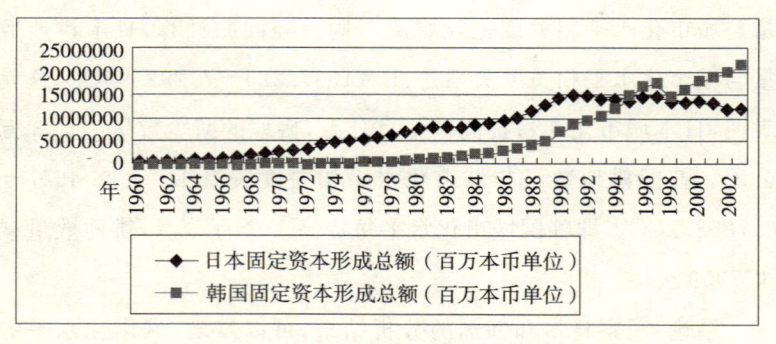

图2—8 日本、韩国的固定资产投资的变化情况

经过回归计算得出,日本耕地数量与固定资产投资之间的关系是:$L=540.6572-6.01E-07I$,即代表投资额每增加1亿日元,耕地数量减少为6.01公顷。即投资每增加1亿美元,耕地减少687.78公顷。韩国耕地数量与固定资产投资之间的关系是$L=209.6550-2.20E-07I$。这说明,投资每增加1亿韩

元,耕地就会减少 2.2 公顷;即投资每增加 1 亿美元,耕地减少 2200 公顷。

结论:对比日本和韩国的分析结果可以发现,固定资产投资的增加会带来耕地数量的减少,而且在等量固定资产投资的情况下,韩国耕地数量的减少要大于日本,约为日本的 3—4 倍。

五、耕地与经济发展的综合测度分析

经过上面的单变量回归分析,我们有必要将一些相关性较强的因素综合起来,分析它们对耕地数量变化的影响。在进行多元回归分析之前,我们需要剔除一些可能存在相关关系的变量,以提高回归分析的准确程度。由于 GDP 和工业及服务业增加值存在密切关系,所以先剔除工业及服务业增加值变量,对 L、GDP、CC、P、I 进行回归分析。然后经过两次回归,剔除了一些因为变量之间的内在联系导致的不合理现象后,经过综合性回归,得出日本的耕地与经济增长之间的相关关系式为:$LOG(L) = 8.737365 - 0.022970 LOG(GDP) - 0.516105 LOG(CC)$。上式表明,在其他情况不变时,GDP 增加一个百分点,会使耕地数量减少 0.022970 个百分点,同时,城市化水平增加一个百分点时,将带来耕地数量减少 0.516105 个百分点。对照前面对耕地与经济发展中的各项指标一一对应相关分析结果,显然,结论是一致的。都说明了耕地与 GDP 和城市化是极其相关的。而投资等因素,与耕地增长也是及其相关的,但是,这种相关可能因为因素之间的原因而使其作用不是很显著。或者可以理解为,耕地与投资是一种反方向关系,耕地减少、非农建设用地的增加,带来的必然就是投资增长,两者之间是内生性比较强的。

第四节 日本工业化过程中土地利用与经济发展相关度变化实证分析

一、日本工业化推进时期耕地减少的阶段性特点

(一)工业化加速阶段(1962—1975)是耕地减少最快时期

自上世纪60年代初期至70年代中期(1962—1975),日本进入工业化加速发展阶段,工业化和城市化水平迅速提高。城市化水平超过了70%,人均GDP越过5000美元大关,人均收入也得到了快速提升,人们消费结构升级,政府为了增加经济发展的后劲和动力,加大对基础设施的投资力度,这一切都使得对土地的需求激增,大量农用耕地被转化为非农用地,土地转化压力极大。在这一时期,日本共消耗农地资源80万公顷,平均每年消耗5.7万公顷。大大高于日本工业化后期平均年消耗1.9万公顷速度。

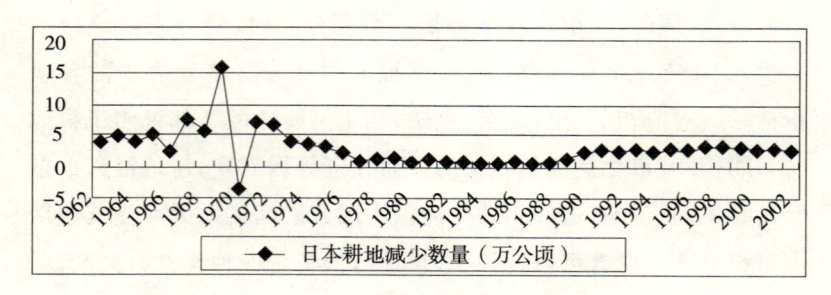

图 2—9 日本耕地减少数量的变化情况

资料来源:根据中宏数据库资料计算整理

第一,经济持续高速增长是农地资源消耗的主要推动力。1961—1975年间11个年份的GDP年增长率在6.5%以上,在这一时期,由于产业发展迅速,强盛的民间投资大量流向制造业,工业用地需求急剧扩大;同时,经济的高速增长带来国民收入的增加,人口向城市集中,住宅的需求也开始大幅度增长。工业和城市用地需求的增加,激发了土地需求的增长,导致了这一时期农地资源锐减。同时,引起土地投机活动的活跃,造成住宅用地和商业用地乃至农地、林地低价的飞涨,并于1961—1964年发生战后第一次全国性地价大暴涨,1973年前后发生了第二次地价大暴涨。

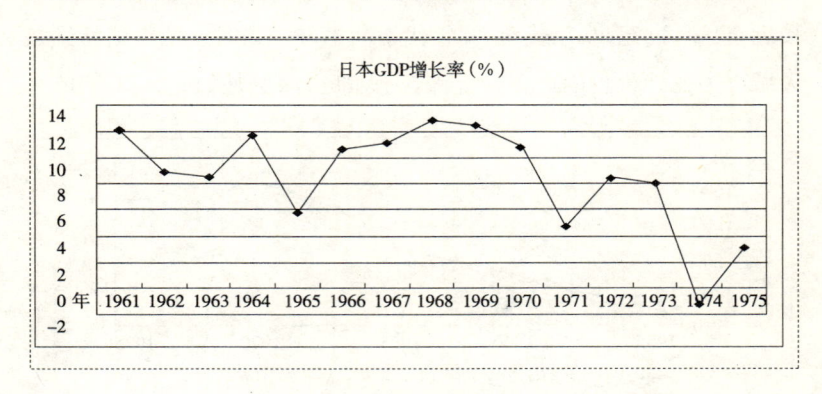

图2—10 1961—1975年日本GDP增长率

资料来源:根据中宏数据库资料计算整理

第二,工业化、城市化进入关键阶段,成为农地非农化主要原因。始于19世纪80代的日本工业化虽因二战而倒退,但在上世纪50年代后迅速恢复。其中,1956—1973年是日本工业发展黄金时期,而1966—1973年更是关键阶段,除重化工业得到大发展(占工业总产值60%左右)外,农业劳动力年均非农转移40万以上,为日本在80年代初期基本完成工业化奠定了基础。此外,

1966 年日本城市化水平已达 67.8%,再经近 10 年年均提高 0.87 个百分点的较快发展,到 1973 年时城市化水平已达 73.9%。在经济高速增长的这段时期,日本进入重工业阶段,对土地的需求也伴随着经济的快速发展急剧上升。同时,随着工业生产和城市化的发展,又需要大量的住宅用地和商业用地。此外,日本政府大力兴办公用事业、基础设施,也需要大量公共用地。所有这一切,都要求在短时期内迅速增加城市用地。但在日本的自然条件下,要使大量山地转为城市和道路用地,是不现实的,因此农地转用在这一时期增长明显。从下图可以发现,新建住宅用地与农用地的转用趋势非常接近,自 20 世纪 50 年代至 70 年代不断攀升。当时土地价格特别是大城市中的地价也因此迅速上涨,三大都市圈更是如此。

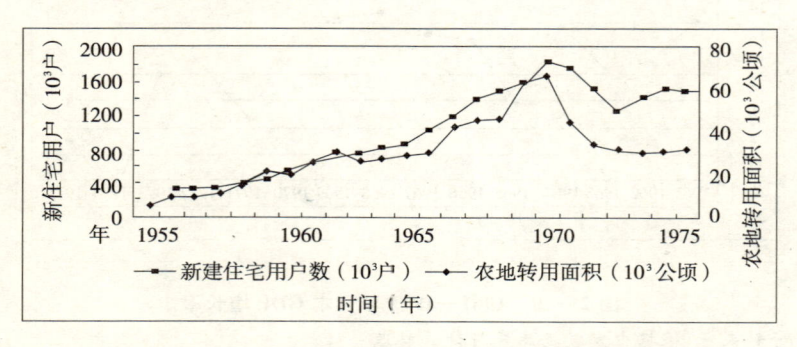

图 2—11　1955—1975 年日本农地转用面积和新建住宅户数
资料来源:根据中宏数据库资料回归计算整理

第三,基础设施投资力度加大,加剧农地非农化。日本政府在此时期加大基础设施建设投资力度,以增强国家经济发展后劲,而这又最终落实到土地上,所以在此阶段,日本居高不下的投资额往往对应着基础设施建设大发展,同时也使得耕地数量锐减。而居民消费结构升级变化也在一定程度上对所在国家或地区土地利用变化起着决定性作用。在人们满足了生存需求转而追求生活质量后,不可避免地引起农地之外能显著提高生活质量的诸如休闲居住娱乐等消费用地需求扩大,对农地特别是耕地保护造成很大压力。日本此间每年因住宅建设而占用的耕地在5万公顷以上,1968年甚至达到15万公顷,占当年全部耕地总量的2.54%。

(二)工业化后期耕地减少速度减缓

经过上个世纪70年代中期之前的快速发展,日本基本完成了其工业化进程,从70年代中期开始,日本进入了工业化后期的发展阶段。而这一阶段(1975—2001年间)消耗农地50万公顷,平均年消耗1.9万公顷,是前一时期的1/3,耕地减少速度大大减缓。耕地减少速度放缓的原因主要有:

第一,由于1974年出现了第一次石油危机,受此影响,日本在这个阶段的经济增长速度开始变慢。1975—2001年日本经济的年平均增长速度只有2.5%。经济的放缓直接导致了日本农地非农化的速度下降。

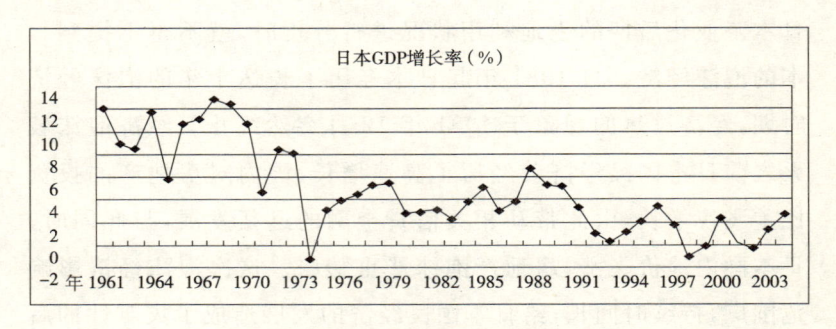

图2—12 日本GDP增长率

资料来源:根据中宏数据库资料计算整理

第二,城市化速度放缓。资料显示,在工业化加速阶段,日本城市化从 1960 年的 62.5% 提高到 1975 年的 75.69%,年均增长水平达到了 0.88 个百分点。而在工业化后期,日本的城市化水平提升幅度很小,从 1976 年到 2003 年,城市化水平从 75.79% 提高到 79.24%,提高了不到 4 个百分点,年均提高仅为 0.13 个百分点。图 2—11 直观地反映了日本在工业化后期城市化水平的变化情况。

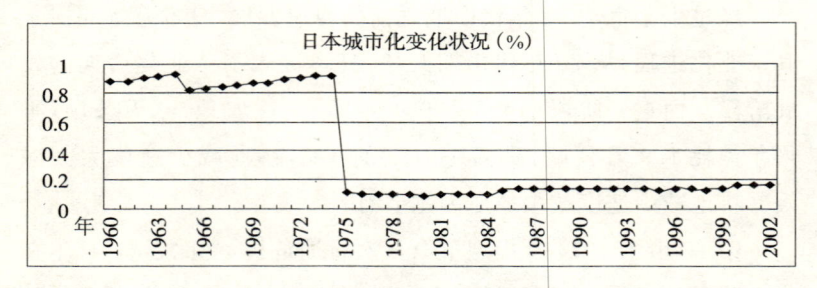

图 2—13　日本城市化水平变化状况

资料来源:根据中宏数据库资料计算整理

第三,90 年代后期日本泡沫经济破灭所带来的冲击。在对日本工业化后期的土地利用状况进行分析时,就不得不提到日本的泡沫经济。自 1981 年起日本经历了长达十年的泡沫经济时期,经济过热的现象于 1991 年 12 月突然终止。经济泡沫破灭之前日本国民经济曾经历了高速增长,国内对房地产的投资比重飞快增长,由此带动相关信贷金融的迅猛发展,与此同时,日本国内地价飞涨,房地产泡沫严重膨胀。这次泡沫经济影响范围广,持续时间长,给日本国民经济的发展造成了灾难性的后果,整个 90 年代,日本经济委靡不振,成为日本经济发展过程中"失去的十年"。

第四,在工业化后期,日本政府加大土地管理力度,加强土地市场的调控引导等因素也对日本农地转用率下降起到了重要作用。

二、日本工业化不同阶段中耕地与经济发展各因素相关度比较

(一)工业加速阶段耕地与经济发展各因素相关度比较

通过对不同阶段内耕地与经济发展因素的比较,可以对其相关度大小进行比较,从而看看哪个因素在工业化加速阶段与耕地相关度最大,或者说弹性敏感度最强。

表2—1 工业化加速阶段与经济发展各指标相关度比较

	绝对变化弹性系数	相对变化弹性系数
耕地与GDP	耕地减少1万亩,GDP增加0.03亿美元。	耕地减少1个百分点,GDP增加15.6个百分点。
耕地与工业增加值	耕地减1万亩,工业增加值增加6.36亿美元。	耕地减少1个百分点,工业增加值增加10.5个百分点。
耕地与服务业增加值	即耕地减少1万亩,服务业增加值增加7.7亿美元。	耕地每减少1个百分点,工业增加值增加7.8个百分点。
耕地与固定资产投资	即耕地减少1万亩,固定资产投资额增加3.1亿美元。	耕地每减少1个百分点,固定资产投资额增加15个百分点。
耕地与城市化	耕地减少1万亩,日本城市化率提高0.01个百分点。	耕地每减少1个百分点,日本城市化率变化1.2个百分点。
多元回归	在其他情况不变时,耕地减少1个百分点,GDP增加0.7个百分点,同时,固定资产投资增加1个百分点时,GDP增加0.98个百分点。	

资料来源:根据中国宏观经济网提供的数据回归计算整理

从表中可以看出,工业化加速阶段,耕地与服务业绝对弹性系数最大,说明在耕地减少过程中,服务业增加值最大,而GDP增加

量最小。其次是对工业增加值和固定资产投资分别为 6.36 亿美元和 3.1 亿美元。但是从相对弹性系数来看,耕地减少 1% 对 GDP 影响最强烈为 15.6%,其次是投资 15%,最后才是工业和服务业增加值增加 10% 左右。

(二)工业化后期耕地与经济发展各个指标相关度比较

如果将工业化后期耕地与经济发展的各因素的回归结果进行整理,我们就可以发现其相关度特点:通过对工业化后期耕地与经济发展各个指标相关度比较可以发现,耕地绝对量减少,引起服务业增加量最大为 23.5 亿美元。其次是固定资产投资增加量 9.5 亿美元,再次是工业增加值增加量 7.2 亿美元。GDP 最小 0.51 亿美元(表 2—2)。

表 2—2 工业化后期耕地与经济发展各个指标相关度比较

	绝对变化弹性系数	相对变化弹性系数
耕地与 GDP	即耕地减少 1 万亩,GDP 增加 0.51 亿美元。	耕地每减少 1 个百分点,GDP 增加 18.2 个百分点。
耕地与工业增加值	耕地减少 1 万亩,工业增加值增加 7.2 亿美元。	耕地每减少 1 个百分点,工业增加值增加 4.4 个百分点。
耕地与服务业增加值	即耕地减少 1 万亩,服务业增加值增加 23.5 亿美元。	耕地每减少 1 个百分点,服务业增加值增加 7.6 个百分点。
耕地与固定资产投资	日耕地减少 1 万亩,固定资产投资额增加 9.5 亿美元。	耕地每减少 1 个百分点,固定资产投资额增加 7.9 个百分点。
耕地与城市化	即耕地减少 1 万亩,城市化率提高 0.004 个百分点。	耕地每减少 1 个百分点,城市化率变化 0.4 个百分点。
多元回归	在其他情况不变时,耕地减少一个百分点,GDP 增加 4.97 个百分点,同时,固定资产投资增加一个百分点时,GDP 增加 1.69 个百分点。	

资料来源:根据中国宏观经济网提供的数据回归计算整理

从相对弹性系数来看,单位耕地减少1%变化引起变化增大的就是GDP达到18.2%,其次是固定资产投资增加达到7.9%,再就是服务业增加值增长7.6%,最后才是工业增加值增长4.4%。

结论:从绝对量变化比较来看,无论是工业化加速阶段还是工业化后期,耕地减少影响绝对量增加变化最大的是服务业。其次是工业增加值和固定资产投资。对GDP绝对量增加是所选取指标中最小的。从这里我们似乎可以看出,耕地减少对GDP的绝对增加量是所有指标中最小的。

从相对变化影响系数来看,无论是工业化加速阶段还是工业化后期,耕地引起弹性系数增加最大的是GDP,其次是固定资产投资。最后才是工业和服务业增加值。

三、日本工业化推进过程中土地利用与经济发展相关度变化分析

上面对工业化不同阶段耕地与经济发展的各因素进行了相关度分析和比较,但这只是一种静态分析,而不是动态分析,下面我们就对日本在工业化推进过程中的耕地与城市化、工业化等因素之间相关度变化分析进行动态分析,揭示其发展变化规律。

(一)耕地与GDP之间相关度弹性系数不断提高和增强

工业化推进过程中耕地与经济增长始终存在着密切的相关关系,我们通过对1961年到2002年日本耕地与GDP的数据进行的回归分析也充分证明了这一点。但工业化后期比工业化初期的相关度即弹性系数继续扩大(表2—3)。

表 2—3　日本工业化过程中耕地与 GDP 之间相关度弹性变化

工业化加速阶段	工业化后期阶段
GDP＝2935290—5170.524L	GDP＝44207127—87571.31L
耕地每减少 1 万公顷，GDP 就会增加 51.7 亿日元，约为 0.45 亿美元。	每减少 1 万公顷，GDP 就会增加 875.7 亿日元，约为 7.65 亿美元。
耕地每减少 1 个百分点，GDP 增加 15.6 个百分点。	耕地每减少 1 个百分点，GDP 增加 18.2 个百分点。

资料来源：根据中国宏观经济网提供的数据回归计算整理

与一般人们的普遍观点相反，日本工业化加速阶段的耕地与 GDP 相关度并不比工业化加速阶段小，相反却高于工业化加速阶段相关度系数。即绝对弹性系数为 0.45，相对弹性系数为 15.6。但是到了工业化后期，耕地与 GDP 的绝对弹性系数提高到了 7.65 亿，工业化后期是工业化加速时期弹性系数的近 15 倍，说明日本在工业化后期经济规模已经很大，单位面积所含经济价值高，因此，耕地减少并转化为工业、商业等用地后的价值创造量很高。另外也说明了土地利用效率提高，耕地转变为非农用地代价相应增加了。如果从相对弹性系数来看，工业化后期的耕地每减少 1 个百分点，GDP 增加 18.2 个百分点，比工业化加速期阶段提高了 2.6 个百分点。即在耕地减少同比例情况下，工业化后期带来 GDP 增加比例比工业化加速时期要高。这似乎说明了日本工业化加速阶段时，虽然工业化速度快，但是由于土地非农化速度更快，规模过大，从而，土地利用效率和土地集约化程度要比工业化后期低。因为工业化后期的土地利用增量减少，当然，工业化后期产业已经基本趋于成熟，产业结构以及增长方式等也要比工业化加速阶段更加注重质量和效益，这样，弹性系数比以前有所提高。也是很自然的了。

（二）耕地与工业增加值之间的绝对相关度上升,但相对弹性系数趋减

工业化发展一般会经历三个阶段:第一阶段是起步阶段,工业在经济结构中比例逐渐增加;第二阶段是工业化加速阶段,工业在经济结构的比重迅速提高,并超过了农业;第三阶段则是工业化后期阶段,工业所占比重趋于稳定,服务等第三产业比重增加。而伴随这一过程的土地利用结构变化方向也是很一致的,包括土地与工业增加值之间弹性系数变化。我们通过对日本工业化加速和工业化后期的土地与工业增加值进行回归分析(表2—4)。

表2—4　日本工业化过程中耕地与工业增加值之间相关度弹性变化

工业化加速期	工业化后期
IN=6.40E+08—1091865.L	IN=7.26E+08—1241446.L
耕地数量每减少1万公顷,工业增加值增加10918.7亿日元,约为95.4亿美元。即耕地减少1万亩,工业增加值增加6.36亿美元。	耕地数量每减少1万公顷,工业增加值增加12414.5亿日元,约为108.5亿美元。即耕地减少1万亩,工业增加值增加7.2亿美元。
耕地每减少1个百分点,工业增加值增加10.5个百分点。	耕地每减少1个百分点,工业增加值增加4.4个百分点。

资料来源:根据中国宏观经济网提供的数据回归计算整理

从上表可以清楚看到以下特点:第一,耕地与工业增加值之间绝对相关度系数上升。日本在工业化加速时期,耕地数量每减少1万公顷,工业增加值增加10918.7亿日元,约为95.4亿美元。即耕地减少1万亩,工业增加值增加6.36亿美元。而在工业化后期时,耕地数量每减少1万公顷,工业增加值增加12414.5亿日元,约为108.5亿美元。即耕地减少1万亩,工业增加值增加7.2亿美元,这比起工业化加速时期的6.36亿美元有所增加。说明工业化后期土地利用效率比以前更高,或者说工业化产值效率较高。

第二,耕地与工业增加值之间的相对相关弹性系数趋减。回归结果显示,工业化后期阶段,耕地每减少1个百分点,工业增加值增加4.4个比工业化加速阶段时的10.5个百分点减少了6.1个百分点。说明工业化后期由于工业增加值的增加速度减弱,从而,土地与工业增加值的弹性系数即单位耕地减少带来的工业增加值增加比例也比以前有所下降。

(三)耕地与服务业增加值间绝对相关度系数大幅提升,相对弹性系数稍有下降

服务业在工业化发展中的作用和结构,是伴随着三个阶段推进过程有所差异,在工业化起步阶段时,服务业比例较小,工业化加速阶段,服务业发展速度得以提高,主要是工业化带动服务业需求增加,工业化后期,相对于工业化加速减弱,服务业则同样以较高速度提高。这样产业之间的结构也相应出现了新变化。但对应的土地利用即耕地与服务业的相关度变化却有自身特点。我们通过对日本工业化加速和工业化后期的土地与服务业增加值进行回归分析,结果如表2—5:

表2—5 日本工业化过程中耕地与服务业增加值之间相关度弹性

工业化加速期	工业化后期
SE=7.94E+08−1316554L	SE=2.17E+09−4035827L
耕地数量每减少为1万公顷,服务业增加值就会增加13165.5亿日元,约为115亿美元。即耕地减少1万亩,服务业增加值增加7.7亿美元。	土地数量每减少为1万公顷,服务业增加值就会增加40358.3亿日元,约为352.6亿美元。即耕地减少1万亩,服务业增加值增加23.5亿美元。
耕地每减少1个百分点,服务业增加值增加7.8个百分点。	耕地每减少1个百分点,服务业增加值增加7.6个百分点。

资料来源:根据中国宏观经济网提供的数据回归计算整理

从上表可观察到日本工业化过程耕地与服务业增加值之间相关

度弹性特点是:第一,耕地与服务业增加值之间的绝对相关度系数大幅提高。日本工业化加速时期,土地数量每减少为1万公顷,服务业增加值就会增加13165.5亿日元,约为115亿美元。即耕地减少1万亩,服务业增加值增加7.7亿美元。但在工业化后期,土地数量每减少为1万公顷,服务业增加值就会增加40358.3亿日元,约为352.6亿美元。即耕地减少1万亩,服务业增加值增加23.5亿美元,这和工业化加速时期的7.7亿美元比起来,有了很大的提高。说明耕地减少带来的服务业增加值的绝对增加额提高,隐含在工业化后期,单位土地上(已转变为非农用地)的服务业产值量已经很大,耕地减少并转化为非农用地过程中,给服务业带来的增加值就会增加23.5亿。第二,耕地与服务业增加值之间的相对相关弹性系数稍有下降。根据弹性分析的结果,工业化加速阶段耕地每减少1个百分点,工业增加值增加7.8个百分点,工业化后期,耕地每减少1个百分点,服务业增加值增加7.6个百分点,比工业化加速阶段下降了0.2个百分点。说明在工业化后期阶段,由于工业化发展速度下降,服务业比重提高,但是相对于工业来说,服务业用地基本上是在工业基础上的存量用地,增量用地相对少一点。所以,耕地减少与服务业增加值的相对弹性系数稍有下降是很好理解的。

下图是日本的工业增加值以及服务业增加值的变化情况:

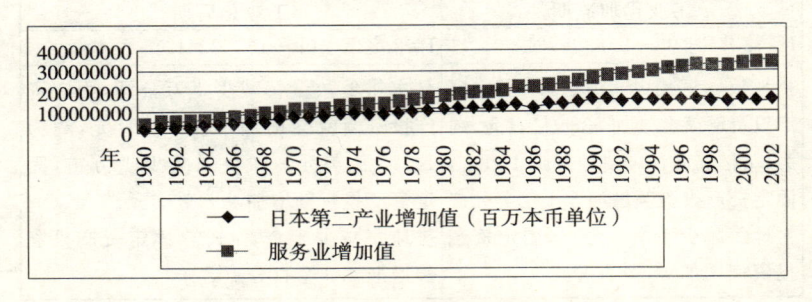

图2—14 日本二、三产业增加值变化状况

(四)耕地与固定资产投资间绝对弹性系数快速上升,但相对弹性系数明显下降

在工业化发展过程中,土地与投资存在着很强的相关关系,虽然两者不存在因果关系,但相关程度却很高。投资对经济增长既有供给效应,又有需求效应。其供给效应主要指为消费提供产品。而需求效应主要指对下游产业及资源(如能源、土地资源、水资源)的需求拉动。投资对供给的促进作用一般需要一定的时滞期才能显现出来,但投资对能源、土地等需求的拉动作用可以在很短的时间内体现出来。反过来说,土地是经济社会发展的基础和保障,土地资源丰裕程度将直接影响一国经济社会发展方向与模式,土地获取与利用条件是确定投资方向和规模的一个重要因素。在投资对土地起拉动作用的同时,土地也会对投资起反作用。但是,工业化发展的不同阶段,两者间的作用和相关度也是有差异的。通过不同时段的回归分析,日本在工业化加速到工业化后期推进过程中,耕地与固定资产投资的绝对弹性系数快速上升,但相对弹性系数明显下降(表2—6)。

表2—6 日本工业化过程中耕地与固定资产投资之间相关度弹性

工业化加速期	工业化后期
$I=3.07E+08-538399.3L$	$I=8.82E+08-1633224L$
耕地数量每减少1万公顷,固定资产投资额就会增加5384亿日元,约为47亿美元。即耕地减少1万亩,固定资产投资额增加3.1亿美元。耕地每减少1个百分点,固定资产投资额增加15个百分点。	日本耕地数量每减少1万公顷,固定资产投资额就会增加16332亿日元,约为142.7亿美元。即耕地减少1万亩,固定资产投资额增加9.5亿美元。耕地每减少1个百分点,固定资产投资额增加7.9个百分点。

资料来源:根据中国宏观经济网提供的数据回归计算整理

从上表可以看出,日本在工业化加速时期,耕地数量每减少1万公顷,固定资产投资额就会增加5384亿日元,约为47亿美元。即耕地减少1万亩,固定资产投资额增加3.1亿美元,而在工业化后期,日本耕地数量每减少1万公顷,固定资产投资额就会增加16332亿日元,约为142.7亿美元。即耕地减少1万亩,固定资产投资额增加9.5亿美元,相当于工业化加速时期的三倍,说明日本工业化后期单位耕地的资本密集程度有了很大提高。这样体现了工业化发展过程中,投资量在不断提高,资本密集度和集聚度不断提升了。但从相对弹性系数来看,工业化加速阶段耕地每减少1个百分点,固定资产投资额增加15个百分点。

日本工业化后期耕地每减少1个百分点,固定资产投资额增加7.9个百分点。前不久有所下降,说明在工业化后期,同一比例的耕地减少量带来的投资增加量比加速阶段有所下降。这似乎说明一个道理,工业化发展推进过程中,土地与投资的相对弹性系数呈现着一个从小到大再从大到小的变化曲线轨迹。

(五) 耕地数量与城市化水平间的相关度弹性系数明显由强到弱

工业化过程实际上也是城市化过程,城市化与工业化是一个相互影响、相互促进的关系。首先是工业化带动了城市化,工业化的兴起,生产规模的扩大,人口的增加,使小城市逐渐发展成为大城市。从而进一步带动了城市化。而城市化促进了工业化。按照美国著名经济地理学家诺瑟姆的观点,随着经济的发展,城市化发展进程呈"S"形曲线:当一国经济处在起步阶段,城市化进程比较缓慢;而当一国经济进入高速发展时期,突飞猛进的工业发展造成大量的就业机会,在"推拉效应"的作用下,城市化步入一个高速发展时期;到了第三阶段,即城市人口达到70%以后,城市与农村的差别日趋缩小,城市化进程呈现出停滞甚至是下降的趋势。城市化方面使一部分农业劳动力和农村人口转化为非农业劳动力和城市人口;另一方面使部分农业用地和农村用地转化为非农业用地和城市用地,从而导致城市人口和城市用地的扩大。世界主要发达国家的经历证明,城市化加速的过程就是农地面积大量减少的过程,城市化的高速度必然伴随着农地消耗的高速度。美国学者唐纳德·丁·博格对美国 1929—1954 年农地流转的研究表明,这一期间,每增加一个城市人口,农地转为建设用地的数量增加 0.26 英亩。而日本工业化过程中耕地与城市化水平间的相关度,经回归结果如表 2—7。

表 2—7 日本工业化过程中耕地与城市化之间相关度弹性

工业化加速期	工业化后期
CC=150.8397−0.153570L	CC=107.9366−0.064799L
耕地数量每减少 1 万公顷,日本城市化率就会提高 0.15 个百分点,即耕地减少 1 万亩,日本城市化率提高 0.01 个百分点。	日本耕地数量每减少 1 万公顷,日本城市化率就会提高 0.06 个百分点,即耕地减少 1 万亩,日本城市化率提高 0.004 个百分点。
耕地每减少 1 个百分点,日本城市化率变化 1.2 个百分点。	耕地每减少 1 个百分点,日本城市化率变化 0.4 个百分点。

资料来源:根据中国宏观经济网提供的数据回归计算整理

从上表可以明显看出,无论是绝对弹性系数还是相对弹性系数,日本从工业化加速阶段到工业化后期的推进过程中,耕地与城市化间相关度弹性系数都呈现出由强到弱、由大到小的变化趋势。工业化加速时期,绝对弹性系数 1 万公顷,日本城市化率就会提高 0.15 个百分点,即耕地减少 1 万亩,日本城市化率提高 0.01 个百分点,工业化后期,日本耕地数量每减少 1 万公顷,日本城市化率就会提高 0.06 个百分点,即耕地减少 1 万亩,日本城市化率提高

0.004个百分点,提高幅度非常微小,这比工业化加速时期的0.01大幅下降,说明日本城市化水平在工业化加速时期已经得到很大的提高,基本完成了城市化进程。从相对弹性系数工业化加速阶段的耕地每减少1个百分点,日本城市化率变化1.2个百分点。到工业化后期耕地每减少1个百分点,日本城市化率变化0.4个百分点。同样看出变化弹性系数减弱的趋势。说明日本城市化水平在工业化加速时期已经得到很大提高,基本完成了城市化进程。

四、多元综合回归考察与验证

以上分析是基于已对应的回归分析,从中我们可以看出因素之间一一对应关系的关联度情况,但在实际生活中,往往是多种因素共同作用的结果,这样就需要通过多元回归来综合观察其相关关系程度,但是,就可以验证以上分析的结果。但在进行多元回归分析之前,我们需要剔除一些可能存在相关关系的变量,以提高回归分析的准确程度。考虑到因素之间的可能内生性关系,在此我们主要对L、GDP、I进行回归分析。首先看工业化加速时期的分析结果(表2—8):

表2—8 日本工业化推进中耕地与经济发展多元回归结果

工业化加速阶段	工业化后期
LOG(GDP)=0.028406−0.709101 LOG(L)+0.9849011LOG(I)	LOG(GDP)=14.06921−4.966042 LOG(L)+1.687021LOG(I)
在其他情况不变时,耕地减少1个百分点,GDP增加0.7个百分点,同时,固定资产投资增加1个百分点时,GDP增加0.98个百分点。	在其他情况不变时,耕地减少1个百分点,GDP增加4.97个百分点,同时,固定资产投资增加1个百分点时,GDP增加1.69个百分点。

资料来源:根据中国宏观经济网提供的数据回归计算整理

经过多元回归结果,无论是工业化加速阶段还是工业化后期阶段,弹性回归分析的拟合度都比较高,工业化加速阶段为0.989306,工业化后期阶段为0.969579,各种检验也都顺利通过。因此,此次回归分析的结果相当理想,说明分析变量之间存在明显的线型关系。

在多元回归分析结果可以看出,在日本工业化从加速阶段到工业化后期过程中,虽然耕地和投资对GDP的影响力都有所增强,耕地减少对GDP的影响度从0.7个百分点提高到了4.95个百分点,提升了4.25个百分点,投资对GDP的影响力从0.98个百分点,提高到了1.69个百分点,提升了0.71个百分点。但是,却出现了两个变化,其一,耕地影响力的提高幅度大于投资影响力的提高幅度。耕地减少对GDP的影响度,提升了4.25个百分点,但是,投资对GDP的影响力仅仅提升了0.71个百分点。其二,耕地影响程度已经从工业化加速阶段影响力小于投资转变为大于投资影响力,且两者之间的差距较大。从这里我们就可以看出,日本耕地对GDP的边际贡献率大幅度提高,说明日本土地的集约利用程度加速深化,而固定资产对GDP的贡献率也有所提高。

第一,日本工业化过程中土地与经济发展间的相关度不断增强,耕地对经济发展的影响力已经超过了投资等其他因素的影响力。这向我们展示了工业化发展越成熟,资源约束型就越强,因此,节约资源、提高资源利用是工业化发展的不二选择。任何浪费资源的行为,都不是最佳选择。正像前面所说,工业化发展到后期,尽管耕地减少速度下降了,但是,每单位耕地所拥有的资产价值量却是很高的,耕地等资源对于人类发展的约束性就更强了。因此,保证资源高效利用是必然选择,否则,任意的资源浪费将会给人们的生活带来严重的损害。

　　第二,工业化推进过程中,耕地减少引起服务业绝对变化最大,也就是说,耕地减少中的更多份额是服务业在整个产业结构中比重的快速提升。也反映了服务业的资产价值对于耕地减少变化最敏感,绝对弹性系数最大。我国工业化发展正处于工业化的中期阶段,因此,以工业化发展带动整个经济全面启动的核心动力作用仍然在继续发挥作用。而对于我国的百强县来说,则处于向工业化后期转化阶段,因此,在这一过程中,我国要特别注意,应适时地实施产业结构调整,增加服务业比重,通过服务业发展,带动经济增长,顺利推进工业化,实现向工业化中期和工业化成熟期的转化。

第五节　韩国工业化推进过程中的土地利用与经济发展分析研究

一、韩国工业化发展中土地与经济发展基本情况

　　为了能更清楚地了解和分析工业化发展中土地与经济的变化情况,我们将针对韩国工业化推进的阶段性特点,分别对起步阶段、加速阶段和工业化后期三个阶段的基本情况。

(一)工业化起步阶段土地利用状况分析

　　韩国工业化进程起步于上世纪 60 年代,在 60 年代初至 70 年代中期这段工业化的起步时期,韩国的工业化和城市化水平迅速提高,人均收入也得到了较大的提升。其中,城市化水平达到了 50%,人均 GDP 也超过了 1500 美元。

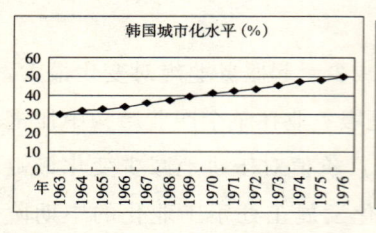

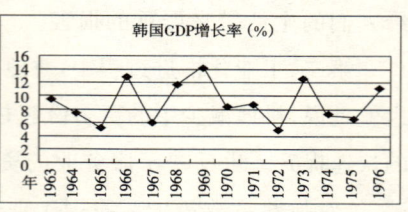

图 2—15　1963—1976 年韩国城市化水平

图 2—16　1963—1976 年韩国 GDP 增长率

资料来源：根据中国宏观经济网提供的数据计算整理

根据统计资料在 1963—1976 年 13 年间，韩国年均 GDP 增长率达到了 9%，创造了经济增长的奇迹。在这一时期，由于产业发展迅速，强盛的民间投资大量流向制造业，工业用地需求急剧扩大；同时，经济的高速增长带来国民收入的增加，人口向城市集中，住宅的需求也开始大幅度增长。工业和城市用地需求的增加，激发了土地需求的增长。另外，在 60 年代，韩国政府采取了以支持大规模经济建设，高速发展经济为目标的土地政策，结果使得 60 年代后期出现地价猛涨、土地投机盛行的现象，仅 1969 年地价就上涨了 80.8%，农地开始大量转化为建设用地。根据国际经验，当一个国家或地区人均 GDP 从 1000 美元向 3000 美元迈进时，居民消费结构往往明显升级，基础设施和消费用地需求日益旺盛。在此时期，政府加大基础设施建设投资力度，以增强国家经济发展后劲，而这又最终落实到土地上，所以在此阶段，居高不下的投资额往往对应着基础设施建设大发展。而居民消费结构升级变化也在一定程度上对所在国家或地区土地利用变化起着决定性作用。在人们满足了生存需求转而追求生活质量后，不可避免引起农地之外能显著提高生活质量的诸如休闲居住娱乐等消费用地需求扩大,对农地特别是耕地保护造成很大压力。

就韩国而言,在工业化的初期,由于农地保护政策的存在,农地资源的占用收到较大的限制,而且韩国政府通过各种方式如开垦、填海造田等增加了部分可用农地,使得农地数量的减少并不明显。直到从 1970 年开始,韩国农地的数量减少现象才显现出来。在 1971—1975 年期间,韩国农地每年平均减少 0.87 个百分点。

(二)工业化加速时期土地利用状况分析

20 世纪 70 年代中后期到 80 年代中后期,是韩国工业化的加速发展时期,韩国经济进入了一个高速发展的时期。在这一时期,韩国重点发展重化工业,着重扶持钢铁、石油化工、有色金属、造船、电子和机械等"具有战略意义"的部门,并在 80 年代后期抓住世界产业结构调整和新科技革命机遇,利用信息技术促进工业化进程基本完成。至此,韩国用了 30 余年的时间实现英国花了 200 多年时间才完成的工业化进程。在韩国的这段工业化进程中,70 年代中后期到 80 年代中后期是关键,1975 年重化工业产值占工业总产值的比重尚为 47.9%,到 1985 年时就已上升到 56.5%。通过此阶段发展既实现了工业原料自给自足,又完成了向技术密集型转变的产业结构升级。

1. 工业化、城市化进程加速,土地需求剧增。国际经验表明,城市化水平在 30%—70% 时是一个国家或地区城市化高速发展阶段。在工业化的起步阶段,韩国将城市化水平从 1963 年的 30.5% 提高到 1976 年的 49.7%,年均提高 1.48 个百分点。而在工业化的加速时期,韩国的城市化水平更是从 1977 年的 51.6% 提高到 1987 年的 68.5%,年均提高 1.69 个百分点,比前一个时期增加了 0.21 个百分点,城市化水平的提高速度惊人。

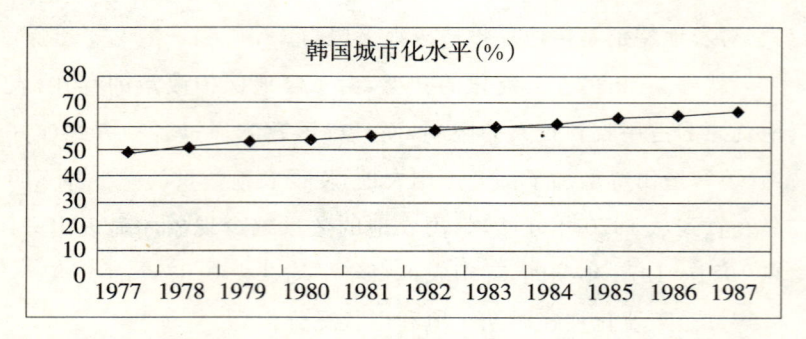

图 2—17 1977—1987 年韩国城市化水平

韩国的城市化发展是现代工业经济飞速发展和土地利用制度改革两者共同推动的必然结果。从 60 年代到 90 年代短短 30 几年中,韩国的城市化水平由 15% 一下扩展到 85% 以上,估计平均每年有近 50 万农村人口转移到城市,这对于人口只有几千万的国家来说速度是惊人的。当然,如此快的发展首先得益于韩国的制造业和服务业等这些城市特色的行业的蓬勃发展。这样,一方面农村土地的自由出租转让使得大量农村劳动力成为一种能够自由择业的潜在资源;另一方面城市经济的日益发展提供了大量的就业机会,其结果必然是农村人口源源不断地流向城市。当然,城市化的代价是巨大的。在过去 30 几年中,韩国已有 20% 的耕地消失在大片的城市住宅和高速公路网中,平均每年丧失约 10119 公顷,这对于一个只有 990 万公顷的小国来说是一个惊人的数字。

2. 耕地总量持续减少,人地矛盾尖锐。韩国工业化和城市化期间农地总面积在期初和期末变化不大,但在此阶段的减少却很快,年均减幅 0.21%,占全部土地面积的比重由期初的 22.96% 降到期末的 22.48%,而且除牧草地外,耕地和林地均有所减少,年减幅分别为 0.40% 和 0.14%。其次,各类建设用地面积迅速增加,占土地总面积比重快速上升,如韩国工厂建筑面积在1977—1987年间

表 2—9 韩国工业化加速时期农地变化情况 （单位：1000公顷，%）

时　期	土地总面积	耕地		牧草地		林　地	
		面积	比重	面积	比重	面积	比重
1977年	9873	2231	22.60	36	0.36	6593	6.78
1987年	9873	2143	21.71	76	0.77	6499	65.83

资料来源：根据中国宏观经济网提供的数据计算整理

增加1.34倍。

另外，韩国虽然在进入起飞阶段后人口增速有所降低，由前一阶段年增长2.0%降至1.3%。但由于人口基数已较为庞大，总量仍持续快速增加，由期初的3641万增加到期末的4158万，增幅高达14.20%。

随着人口总量持续增加，单位土地承载人口迅速提高，在此阶段增加了52.37人/平方公里，由期初的368.78人/平方公里激增至期末的421.15人/平方公里，远高于当时30人/平方公里的世界平均水平，人地矛盾进一步尖锐。以人均耕地为例，韩国在这阶段减少了0.01公顷左右，由期初的0.061公顷/人降到0.052公顷/人，减幅高达16.7%。因此，就总体情况而言，韩国在经历了先前发展之后，进入此阶段时，因人口压力持续增加，人地矛盾呈现出较之以往更为尖锐的态势。

图 2—18 韩国总人口变化趋势

此外，耕地大量减少还造成了韩国的农业危机。韩国的农业基本经历了由快速平稳增长到微增长再到负增长的历史过程。六七十年代农业年均增长幅度是4%左右，80年代约为0.78%，80年代末至90年代中几乎是负增长。主要原因有三方面：一是过快的城市化发展导致耕地每年锐减，农地价格飞涨，经营成本上升；二是多数土地利用单元（家庭农场）的规模过小，制约了农业现代化的进程；三是由于政府将农业一直置于次要地位，其发展步伐长期落后于工业甚至其他产业，造成城乡收入差距甚大，农业劳动力缺乏。

3.工业化后期土地利用状况分析。20世纪90年代以后，韩国经济又进入了一个高速发展的时期，1990年经济增长速度达到了9.16%，该年韩国人均GDP为7511美元，城市化水平为73.85%。随着工业化进程的深入，农工争地逐渐成为经济发展进程中的一个重要问题。为了适应国际经济环境的变化以及韩国经济建设的需要，满足非农产业部门对土地的需求，降低非农产业发展的土地成本，在土地资源有限的条件下，韩国开始放宽耕地转用限制，因为政府认为"土地制度以保护国土的利用限制和遏制投机为主要目的，这制约了土地的积极开发、供给、利用、往来"，主张把一部分耕地转化为工厂和住宅，以降低土地价格，解决土地短缺问题。于是，尽管在20世纪末韩国的人均GDP已经达到了8711美元，城市化水平也高达81%，但农地资源的消耗速度相比前几个阶段不仅没有下降，反而出现大幅度的上升（图2—19。）

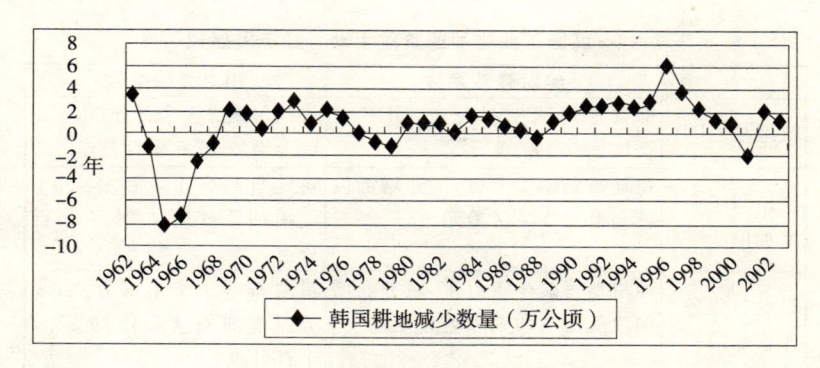

图 2—19　韩国耕地减少数量变化情况

由此可以看出，即使到了工业化后期，如果不能继续实施严格的农地保护制度，而过分强调平抑地价，降低土地供给成本，那么农地资源消耗速度仍将持续走高，不会自动进入农地资源消耗的平稳期。

二、韩国工业化不同阶段中的土地利用与经济发展关系

（一）韩国在工业化加速阶段土地利用与经济发展关系比较

在这里我们对经韩国在工业化加速阶段的耕地变化与 GDP、工业增加值、服务业增加值、固定资产投资、城市化水平分别进行了一一对应回归分析，并经过检验，结果显著。而在回归过程中，我们分别进行了绝对变化的相关度和相对相关度弹性两种结果。目的在于考察绝对弹性系数和相对弹性系数。也即影响度或者叫影响系数。

从表 2—9 可以看出，工业化加速阶段，在耕地面积减少 1 万亩的情况下，影响度最大的是服务业增加值是 6.1 亿美元，其次是工业增加值 3.7 亿美元。再就是对固定资产投资增加影响为 2 亿美元。对 GDP 的增加影响最小为 0.1 亿美元。这与日本在工业化加速阶段绝对影响顺序是完全一致的，尽管影响的大小有差异。

表 2—9 韩国工业化加速阶段土地与经济发展相关度

	绝对弹性系数	相对弹性系数
耕地与 GDP	即耕地每减少 1 万亩,GDP 就会增加 0.1 亿美元。	耕地每减少 1 个百分点,GDP 就会增加 19.8 个百分点。
耕地与工业增加值	耕地每减少 1 万亩,工业增加值就会增加 3.7 亿美元。	耕地每减少 1 个百分点,工业增加值就增加 21.5 个百分点。
耕地与服务业增加值	即耕地每减少 1 万亩,服务业增加值就会增加 6.1 亿美元。	耕地每减少 1 个百分点,服务业增加值就会增加 21.7 个百分点。
耕地与固定资产投资	即耕地每减少 1 万亩,固定资产投资就会增加 2 亿美元。	耕地每减少 1 个百分点,固定资产投资就会增加 38 个百分点。
耕地与城市化水平	即耕地每减少 1 万亩,城市化水平就会增加 0.13 个百分点。	耕地每减少 1 个百分点,城市化水平就会变化 6.6 个百分点。
多元回归	耕地减少 1 个百分点,GDP 增加 10.2 个百分点,同时,固定资产投资增加 1 个百分点时,GDP 增加 0.25 个百分点。	

资料来源:根据中宏网提供的数据进行回归计算结果整理

从相对弹性系数影响度来看,耕地减少 1%,带来增加幅度最大的就是固定资产投资增加达到了 38 个百分点,其次是服务业增加值就会增加 21.7 个百分点。再就是工业增加值增加 21.5 个百分点。增加幅度最小的是 GDP 增加 19.8 个百分点。这在日本是完全不同的。日本在工业加速阶段,耕地减少 1% 对 GDP 影响最强烈,但也仅仅是 15.6%,其次是投资为 15%。再次才是工业增加值和服务业增加值增加 10% 左右。显然,韩国在工业化加速阶段,对整个经济发展影响度大大超过了日本耕地对经济发展的影响度。从这里我们就可以看出:在韩国,耕地减少(建设用地增加)对投资影响弹性最大,尽管绝对弹性系数服务业最大。说明投资对于韩国工业化的加速阶段作用和影响是最大的。

(二)韩国在工业化后期阶段土地利用与经济发展关系比较

我们同样对韩国在工业化后期阶段的耕地变化与经济发展中的各项指标分别进行了绝对量和相对量的回归分析,经过对结果分析我们发现以下特点。耕地绝对变化影响最大的是服务业增加值,即耕地减少1万亩,服务业增加4亿美元,其次是固定资产投资为2.7亿美元(表2—10),再次是工业增加值为2.4亿美元。最后才是GDP增加0.07亿美元。这与韩国在工业化加速阶段的影响度排序基本一致。尤其是服务业最高,GDP影响度最低。所不同的是投资和工业增加值影响度的排序有所变化以及影响度大小有所差异罢了。

表2—10 韩国在工业化后期阶段土地利用与经济发展关系比较

	绝对弹性影响度	相对弹性影响度
耕地与GDP	耕地每减少1万亩,GDP就会增加0.07亿美元。	耕地每减少1个百分点,GDP就会增加4个百分点。
耕地与工业增加值	耕地每减少1万亩,工业增加值就会增加2.4亿美元。	耕地每减少1个百分点,工业增加值就会增加4个百分点。
耕地与服务业增加值	即耕地每减少1万亩,服务增加值就会增加4亿美元。	耕地每减少1个百分点,服务增加值就会增加4个百分点。
耕地与固定资产投资	耕地每减少1万亩,固定资产投资就会增加2.7亿美元。	耕地每减少1个百分点,固定资产投资就会增加5.9个百分点。
耕地与城市化水平	耕地每减少1万亩,城市化水平就会增加0.02个百分点。	耕地每减少1个百分点,城市化水平就会变化0.7个百分点。
多元回归	耕地减少1个百分点,GDP增加1.38个百分点,同时,固定资产投资增加1个百分点时,GDP增加0.45个百分点。	

资料来源:根据中宏网提供的数据进行回归计算结果整理

如果从相对弹性系数影响度来看,耕地减少1个百分点,引起固定资产投资增加的幅度最大为5.9%,而很有意思的是它对工业增加值、服务业增加值和GDP增加的影响幅度均为4%。这一特点与工业化加速阶段,与日本在工业化后期的相对弹性系数变化(单位耕地减少1%变化引起变化增大的是GDP18.2%,其次是固定资产投资增加7.9%,再次是服务业增加值增长7.6%,最后才是工业增加值增长4.4%)是很不一样的。

结论:第一,从绝对弹性影响度来看,不管是工业化加速阶段还是工业化后期,耕地单位绝对量减少,对服务业的绝对增加量影响最为明显,对GDP绝对量影响最小。第二,从相对弹性影响度系数来看,不管是工业化加速阶段还是工业化后期,耕地减少1%,对固定资产投资影响最大(加速阶段是38%,后期是5.9%)。其他影响则有所差异。而从工业化两个阶段相比较,土地对经济发展影响在工业加速阶段相对影响影响力系数很强。而到了工业化后期,影响度则比以前大大减弱。

三、韩国在工业化推进过程中土地利用与经济发展相关度变化分析

前面我们对韩国在不同时期耕地与城市化、工业化等相关度差异进行了内部因素比较分析,但是,未对工业化推进过程中土地利用与经济发展相关度的变化程度进行了动态分析,为了更清楚了解这种动态变化特点,我们通过比较后发现了以下变化新特点:

(一)耕地与GDP相关度呈现由高到低、快速趋弱

我们通过对韩国在工业化加速阶段和工业化后期阶段分别进

表 2—11　韩国工业化不同阶段耕地与 GDP 之间相关度及其弹性系数

工业化加速阶段	工业化后期阶段
GDP=32538438－152170L	GDP=22979124－101539.4L
耕地每减少 1 万公顷,GDP 就会增加 1521.7 亿韩元,约为 1.52 亿美元。即耕地每减少 1 万亩,GDP 就会增加 0.1 亿美元。	耕地每减少 1 万公顷,GDP 就会增加 1015.4 亿韩元,约为 1.02 亿美元。即耕地每减少 1 万亩,GDP 就会增加 0.07 亿美元。
耕地每减少 1 个百分点,GDP 就会增加 19.8 个百分点。	耕地每减少 1 个百分点,GDP 就会增加 4 个百分点。

资料来源:根据中宏网提供的数据进行回归计算结果整理

行了回归分析,耕地与 GDP 相关度呈现由高到低逐渐趋弱(表 2—11)。

从表 2—11 明显看出以下特点:第一,耕地与 GDP 呈现明显的显性相关系。从回归结果看,工业化加速阶段,数量回归和弹性回归分析拟合度比较高,分别为 0.766603 和 0.766603,工业化后期速阶段分别为 0.860690 和 0.908524。各种检验也都顺利通过,说明分析变量之间存在明显的线型关系。第二,耕地与 GDP 相关度由高到低有所变弱。计算结果显示,工业化加速阶段,耕地每减少 1 万公顷,GDP 就会增加 1521.7 亿韩元,约为 1.52 亿美元。即耕地每减少 1 万亩,GDP 就会增加 0.1 亿美元。而到工业化后期阶段,耕地每减少 1 万公顷,GDP 就会增加 1015.4 亿韩元。即耕地每减少 1 万亩,GDP 就会增加 0.07 亿美元。从相对弹性系数来看,工业化加速阶段耕地每减少一个百分点,GDP 就会增加 19.8 个百分点。而到工业化后期,耕地每减少一个百分点,GDP 增加降到了 4 个百分点,比以前降低了 15.8 个百分点。这个比例是很大的。这也揭示了一个普遍的规律,一方面是耕地减少或者建设用地的增加速度并不会带来比以前一样的 GDP 增加速度,相反,GDP 增加速度呈现递减趋势;另一方面说明,随着工业化完成,到了工业化后期,经济增长对土地依赖性正在逐渐减弱。这也给我们一个启示,当工业化发展加速并到了工业化完成阶段,或者工业化后期,大量的耕地减少对经济增长的贡献度大大较弱,靠增加土地来促进工业增长作用是不显著的。

(二)耕地与工业增加值相关度弹性系数呈现由高到低快速趋弱

通过对韩国耕地与工业增加值进行回归分析发现,耕地与工业增加值相关度很强,但在工业化加速阶段到工业化后期推进过程中,相关度弹性系数呈现由高到低快速趋弱态势(表2—12)。

表 2—12 韩国工业化不同阶段耕地与工业增加值相关度系数变化

工业化加速阶段	工业化后期阶段
IN=1.17E+09－5501447	IN=8.02E+08－3551144L
数量每减少1万公顷,工业增加值就增加55014.47亿韩元,约55亿美元。即耕地每减少1万亩,工业增加值就会增加3.7亿美元。	耕地每减少1万公顷,工业增加值就增加35511.44亿韩元,约35.6亿美元。即耕地每减少1万亩,工业增加值就会增加2.4亿美元。
耕地每减少1个百分点,工业增加值就会增加21.5个百分点。	同时根据弹性回归分析的结果,耕地每减少1个百分点,工业增加值就增加4个百分点。

资料来源:根据中宏网提供的数据进行回归计算结果整理

从表2—12可以看出,韩国工业后期阶段,韩国土地数量每减少1万公顷,工业增加值就会增加35511.44亿韩元,约为35.6亿美元。即耕地每减少1万亩,工业增加值就会增加2.4亿美元。分别比工业化加速阶段下降了9403亿韩元(相当于19.4亿美元)。而绝对弹性系数则从增加21.5个百分点下降到了经济增加4个百分点。减弱速度相当明显。这与前面耕地与GDP变化是完全一致的。我们已可以这样解释正是由于耕地对工业增加值边际贡献率的下降,从而直接导致了耕地减少对GDP边际贡献率下降的后果。

(三)耕地与服务业增加值相关度弹性系数同样呈现由高到低快速变小

实践证明,越是发达的国家,服务业的比重和服务业产值规模增就越大。而服务业比重很高,但整个GDP总量较小,所以工业化比重较低,这一般是工业化不发达阶段或地区的表现。在工业化加速阶段和工业化后期阶段,服务业比重和结构是不同的。加速阶段中,服务业比重和提升速度小于工业增加比重,工业化后期阶段,服务业比重提高速度和规模要大于工业化提高速度。因此,耕地与服务业增加值在工业化不同阶段的相关度和弹性系数也是不同的。

表2—13 韩国工业化不同阶段耕地与服务业增加值相关度系数变化

工业化加速阶段	工业化后期阶段
SE=1.94E+09−9108391L	SE=1.36E+09−5996018L
土地数量每减少为1万公顷,服务业增加值就会增加91083.91亿韩元,约为91亿美元。即耕地每减少1万亩,服务业增加值就会增加6.1亿美元。	土地数量每减少为1万公顷,服务业增加值就会增加59960.18亿韩元,约为60亿美元。即耕地每减少1万亩,服务增加值就会增加4亿美元。
耕地每减少1个百分点,服务业增加值就会增加21.7个百分点。	耕地每减少1个百分点,服务增加值就会增加4个百分点。

资料来源:根据中宏网提供的数据进行回归计算结果整理

从表 2—13 可以看出,韩国工业化推进过程中不同阶段耕地与服务业增加值间相关度及其弹性系数同样是呈现快速下降趋势。土地数量每减少 1 万公顷,服务业增加值就会增加 59960.18 亿韩元,约为 60 亿美元。即耕地每减少 1 万亩,服务增加值就会增加 4 亿美元,比工业化加速阶段同比下降 2.1 亿美元。而相对弹性系数则显示出下降的速度极其惊人,从 21.7 个百分点,一下子下降到了 4 个百分点。

(四)耕地与固定资产投资相关度弹性系数加速下降,但绝对弹性系数呈上升态势

通过不同时段的回归分析,韩国在工业化加速到工业化后期推进过程中,耕地与固定资产投资的绝对弹性系数快速上升,但相对弹性系数明显下降(表 2—14)。

表 2—14 韩国工业化不同阶段耕地与固定资产投资间相关度系数变化

工业化加速阶段	工业化后期阶段
$I=6.25E+08-2980130L$	$I=8.69E+08-4065248L$
耕地每减少 1 万公顷,韩国固定资产投资就会增加 29801.3 亿韩元,约为 30 亿美元。即耕地每减少 1 万亩,固定资产投资就会增加 2 亿美元。	耕地每减少 1 万公顷,韩国固定资产投资就会增加 40652 亿韩元,约为 40.6 亿美元。即耕地每减少 1 万亩,固定资产投资就会增加 2.7 亿美元。
耕地每减少 1 个百分点,固定资产投资就会增加 38 个百分点。	耕地每减少 1 个百分点,固定资产投资就会增加 5.9 个百分点。

资料来源:根据中宏网提供的数据进行回归计算结果整理

表 2—14 显示了耕地与固定资产投资存在着密切相关关系。从回归结果可以看出,工业化加速阶段和工业化后期,数量回归和

弹性回归分析拟合度比较高,而且各种检验也都顺利通过,说明分析变量之间存在明显的线型关系。

耕地与固定资产投资关系变化特点是:绝对弹性系数呈现上升态势,而相对弹性系数则呈现大幅下降趋向。韩国工业化加速阶段耕地每减少1万公顷,约为30亿美元。但工业化后期阶段,耕地每减少1万公顷,韩国固定资产投资就会增加40652亿韩元。显然,比以前有所提高。但是,从相对弹性系数来看,工业化加速阶段是耕地每减少1个百分点,固定资产投资就会增加38个百分点,这说明在工业化加速时期,韩国的单位耕地的资本投入无论是总量还是增长幅度上都有了很大程度的提高。但到了工业化后期阶段,耕地每减少1个百分点,固定资产投资就会增加5.9个百分点,比起工业化加速时期的2亿美元和38个百分点,固定资产投资数量上有所增加,但是增长幅度出现大幅下降,说明随着韩国工业化进程的基本完成,韩国单位耕地的资本密集程度也在逐渐提高,只不过增长幅度在逐渐变小。这一特点还说明了,尽管由于土地利用效率提高,耕地非农化带来投资总量比以前还有所提高。但耕地非农化速度提高对于投资的吸引力却在下降。

(五)耕地与城市化相关度弹性系数随着工业化完成,相关度由大变小

工业化过程实际上也是城市化过程,城市化与工业化是一个相互影响、相互促进的关系。计算韩国工业化过程中耕地与城市化水平间相关度,经回归结果如表2—15所示。

表 2—15　韩国工业化推进中耕地与城市化增加值间相关度变化

工业化加速阶段	工业化后期阶段
CC＝456.7010－1.944493L	CC＝132.0889－0.298183L
韩国耕地数量每减少1万公顷,城市化水平就会提高1.94个百分点,即耕地每减少1万亩,城市化水平就会增加0.13个百分点。	韩国耕地数量每减少1万公顷,城市化水平就会提高0.29个百分点,即耕地每减少1万亩,城市化水平就会增加0.02个百分点。
耕地每减少1个百分点,城市化水平就会变化6.6个百分点。	耕地每减少1个百分点,城市化水平就会变化0.7个百分点。

资料来源:根据中宏网提供的数据进行回归计算结果整理

从以上可以看出:第一,韩国工业化推进过程中不同阶段耕地与城市化增加值间相关关系明显。第二,耕地与城市化相关度弹性系数随着工业化完成,相关度由大变小。工业化加速阶段,韩国耕地数量每减少1万公顷,城市化水平就会提高1.94个百分点,同时根据弹性回归分析的结果,耕地每减少1个百分点,城市化水平就会变化6.6个百分点,提升幅度远大于其他时期。这恰恰证实了工业化加速时期正是城市化水平快速提高的关键时期。而到了工业化后期,韩国耕地数量每减少1万公顷,城市化水平就会提高0.29个百分点,同时根据弹性回归分析的结果,耕地每减少1个百分点,城市化水平就会变化0.7个百分点,这与工业化加速时期的0.13和6.6个百分点相比差距悬殊。这主要是因为随着韩国工业化和城市化进程的不断推进,城市化水平的基数已经很高,城市化水平的继续提高相对比较难一些,所以减少同等的耕地数量,城市化水平的提高程度也要更小一些。

(六)多元回归分析检验

以上分析是基于对应的回归分析,从中我们可以看出因素之间一一对应关系的关联度情况,但在实际生活中,往往是多种因素共同作用的结果,这样就需要通过多元回归来进行性综合观察其相关关系程度,就可以验证以上分析的结果。但在进行多元回归分析之前,我们需要剔除一些可能存在相关关系的变量,以提高回归分析的准确程度。考虑到因素之间的可能内生性关系,在此我们主要对 L、GDP、I 进行回归分析。

表 2—16　韩国工业化不同阶段耕地与城市化增加值间相关度系数变化

工业化加速阶段	工业化后期阶段
LOG(GDP)=64.24115－10.20020 LOG(L)+0.252732LOG(I)	LOG(GDP)=14.17553－1.384264 LOG(L)+0.446882LOG(I)
耕地减少 1 个百分点,GDP 增加 10.2 个百分点,同时,固定资产投资增加 1 个百分点时,GDP 增加 0.25 个百分点。	耕地减少 1 个百分点,GDP 增加 1.38 个百分点,同时,固定资产投资增加 1 个百分点时,GDP 增加 0.45 个百分点。

资料来源:根据中宏网提供的数据进行回归计算结果整理

从多元回归分析结果可以看出,韩国工业化从加速阶段到工业化后期的推进过程中,耕地减少对 GDP 的影响程度都大于固定资产投资影响度,这与日本特点相同。但影响度变化方向出现了不同,耕地影响度从增加 10.2% 减少到了增加 1.38%,而固定资产投资增加对 GDP 的影响则从增加 0.25% 提高到了 0.45%。综合以上就可以看出,随着工业化发展推进,投资的贡献度有所提高。耕地的减少对 GDP 的边际贡献度则大幅度下降,这一点与日本有所不同。

四、结论与启示

第一,从绝对弹性影响度来看,不管是工业化加速阶段还是工业化后期,耕地单位绝对量减少,对服务业的绝对增加量影响最为明显,对 GDP 绝对量影响最小。从相对弹性影响度系数来看,不管是工业化加速阶段还是工业化后期,耕地减少 1％,对固定资产投资影响最大(加速阶段是 38％,后期阶段是 5.9％)。其他影响则有所差异。而从工业化两个阶段相比较,土地对经济发展影响程度在工业加速阶段相对影响影响力系数很强,而到了工业化后期,影响度则比以前大大减弱。

第二,韩国工业化从加速阶段到工业化后期推进过程中,一个与日本明显不同的就是,韩国耕地与 GDP、工业服务业增加值、与城市化水平与固定资产投资(除了绝对弹性系数呈上升态势外)的影响度都是呈现快速下降态势,而日本则绝对弹性系数基本全部(除城市化因素外)都呈现上升态势,但相对系数则全部呈现减弱态势。

第三,虽然一般来说耕地利用结构及其规模变化将经历与工业化的倒"U"形变化类似的耕地减少速度先慢再快再慢的变化曲线。但是,这种变化并不是一种自然的变化过程,在工业化后期仍然会有耕地减少速度加快的可能。因此,加强土地调控与管理并不能因为倒"U"变化趋势而有所减弱,相反必须不断加强。根据美国经济学家西蒙·库兹涅茨等人的研究成果,工业在国民经济中的比重将经历一个由上升到下降的倒"U"形变化。伴随这一过程的土地利用变化也会呈现出相对应规律,在工业化的前期阶段,土地资源消耗主要由第二产业的发展引起;在工业化后期及后工业化时期,土地资源消耗的动力主要来自于为改善居住条件而引发的居住用地需求增加。据测算,单位产值的第二产业用地要大于第三产业用地,所以,到了后工业化阶段,第三产业占据主导地位时,如果人口增长维持在较低水平,土地资源的消耗也因产业用地的减少而减少。这样,与工业化的倒"U"形变化类似,在人均耕地资源较少、后备资源有限,而要保持经济持续增长,那么,耕地减少(或者建设用地增加)同样呈现出以下变化规律,工业化前期,通过各种方式增加耕地量的速度快于耕地资源消耗(建设开发利用)速度。工业化加速时期,即经济发展快速阶段耕地减少速度大于耕地增加速度,而在工业化后期农地的消耗速度逐渐缓慢。但从韩国土地利用变化看,在工业化的初期,由于农地保护政策,农地资源占用受到较大限制,而且韩国政府通过各种方式如开垦、填海造田等增加了部分可用农地,使得农地数量的减少并不明显。直到从1970年开始,韩国农地的数量减少现象才显现出来,在1971—1975年期间,韩国农地每年平均减少0.87个百分点。但在随后的30年中,韩国已有20%的耕地消失在大片的城市住宅和高速公路网中,平均每年丧失约10119公顷,年均减幅0.21%,占全部土地面积的比重由期初的22.96%降到期末的22.48%,20世纪90年代以后,韩国经济又进入了一个高速发展的时期,农工争地矛盾加剧,所以,农地资源的消耗速度相比前几个阶段不仅没有下降,反而出现大幅度的上升。由此可见,即使到了工业化后期,如果不能继续实施严格的农地保护制度,而过分强调平抑地价,降低土地供给成本,那么农地资源消耗速度仍将持续走高,不会自动进入农地资源消耗的平稳期。

第四,工业化推进过程中,耕地减少引起服务业绝对变化最大,也就是说,耕地减少中的更多份额是服务业在整个产业结构中比重中的快速提升。也反映了服务业的资产价值对于耕地减少变化最敏感,绝对弹性系数最大。我国工业化发展正处于工业化的中期阶段,因此,以工业化发展带动整个经济全面启动的核心动力作用仍然在继续发挥。而对于我国百强县来说,则处于向工业化后期转化阶段,因此,在这一过程中,我国百强县则应注意适时的实施产业结构的调整,增加服务业比重,通过服务业发展,带动经济增长,并实现向工业化后期的转化。

第六节 日本与韩国工业化推进过程中土地与经济发展相关度差异比较

日本和韩国虽然同属亚洲,也都是发达的市场经济国家,但日本和韩国的工业化过程并非完全一致,日本是世界经济强国,韩国则是新兴的发达国家。日本1961年前是工业化起步阶段,1961年到1975年是工业化加速阶段,1975年到2001年这一阶段则是工业化后期阶段。韩国工业化起步于上世纪60年代,20世纪70年代中后期到80年代中后期,是韩国工业化的加速发展时期;20世纪90年代以后,韩国经济才进入到工业化后期阶段。因此,我们的分析主要是工业化加速阶段和工业化后期阶段。

一、工业推进过程中土地与经济发展变量间的总体变化特点

第一,工业化推进过程中,不管是工业化加速还是工业化后期,耕地单位绝对量减少,对服务业的绝对增加量影响最为明显,对GDP绝对量影响最小。我们通过对所有耕地绝对量变化后对经济发展过程中的GDP、工业增加值、服务业增加值、城市化水平、固定资产投资等等按照工业化加速阶段和工业化后期阶段分

别进行回归分析后,日本和韩国都表现出惊人的一致性。即耕地单位绝对量减少,对服务业的绝对增加量影响最为明显,对GDP绝对量影响最小。工业化过程除了工业结构变化外,实际上是伴随着这一过程最大的变化是服务业在整个经济结构中比重的提高,也就是说,单位耕地减少引起绝对变化最大的是服务业增加值。同时也说明了服务业资产价值在工业化过程中的含量较大。引起的GDP绝对量都是最小,就说明了耕地减少绝对变化中由于产业间的变化方向和规模差异,从而所表现出的GDP可能有相互抵消成分在内,从而绝对量变化是同时期中变化最小的。

第二,工业化推进过程中,不管是工业化加速还是工业化后期,耕地相对减少1%,日本与韩国均有差异。日本无论是工业化加速阶段还是工业化后期,耕地引起弹性系数增加最大的是GDP(加速阶段是15.6%,工业化后期是18.2%,均要高于其他因素的弹性系数),其次是固定资产投资(加速阶段是15%,工业化后期是7.9%),最后才是工业和服务业增加值。而韩国不管是工业化加速阶段还是工业化后期,耕地减少1%,对固定资产投资影响最大(加速阶段是38%,后期是5.9%)。其他影响则在工业化加速阶段和工业化后期有所差异。

第三,从工业化加速阶段到工业化后期阶段最近过程中,耕地减少引起经济变化呈现出明显的国家差异。韩国耕地减少带来的影响度(除了固定资产投资绝对弹性系数呈上升态势外)与GDP、工业服务业增加值、城市化水平的无论是绝对还是相对弹性影响度都是呈现快速下降态势,而日本则是相对系数(除了GDP外)则全部呈现减弱态势,绝对弹性系数基本全部(除固定资产和城市化水平外)都呈现上升态势。这反映了日本和韩国在工业化过程中土地利用与经济发展之间是有所差异的,在土地管理方面也有不同的特点和差异。再就是韩国与日本工业化过程的时间段是不一致的,在 1961 年到 2001 年 40 年当中,日本从 1961 年就开始进入了工业化加速阶段,而韩国到了 70 年代中期才进入到了加速阶段,日本的加速阶段有 15 年,韩国只有 10 年左右,在我们的分析中,韩国后工业化阶段有 10 多年,而日本有近 30 年时间。再就是在后工业化阶段中,日本经历了泡沫经济的洗礼,尤其是 1990 年到以后长期的经济萎缩也构成了对整个国家经济关系破坏,土地利用也同样因此而发生变化。

表 2—17　韩国、日本工业化不同阶段变化的比较

	韩　　国	日　　本
耕地与 GDP 之间的关系	减少 0.5 亿美元	增加 7.2 亿美元
	减少 15.8 个百分点	增加 2.6 个百分点
耕地与工业增加值	减少 19.4 亿美元	增加 13.1 亿美元
	减少 17.5 个百分点	减少 6.1 个百分点
耕地与服务业增加值	减少 31 亿美元	增加 237.6 亿美元
	减少 17.7 个百分点	减少 0.2 个百分点
耕地与固定资产投资	增加 10.6 亿美元	减少 95.7 亿美元
	减少 32.1 个百分点	减少 7.1 个百分点
耕地与城市化水平	减少 1.65 个百分点	减少 0.09 个百分点
	减少 5.9 个百分点	减少 0.8 个百分点

资料来源:根据中宏网提供的数据进行回归计算结果整理

第四,工业化过程中的一个共同特点就是:随着工业化的完成,耕地减少对于 GDP 的影响度在减弱,固定资产投资对 GDP 的影响度在增强。韩国耕地减少引起 GDP 减少了 8.82 个百分点;

日本耕地减少引起 GDP 减少 4.27 个百分点,韩国固定资产投资引起 GDP 变化值增加了 0.2 个百分点,日本固定资产投资引起 GDP 变化值增加 0.71 个百分点(表 2—18)。

表 2—18 韩国、日本工业化不同阶段多元回归结果变化比较

	韩　　国	日　　本
多元回归	耕地减少引起 GDP 减少 8.82 个百分点;固定资产投资引起 GDP 变化增加 0.2 个百分点。	耕地减少引起 GDP 减少 4.27 个百分点;固定资产投资引起 GDP 变化增加 0.71 个百分点。

资料来源:根据中宏网提供的数据进行回归计算结果整理

从日本和韩国工业化过程的这一特点可以看出,土地对经济增长的影响并不是无止境的,而不是永恒不变的,随着产业结构的升级和调整,资源利用效率提高,区域经济一体化和经济全球化发展速度的加快,土地对经济贡献度将会随着工业化完成,而逐渐减弱。而投资在经济增长中的贡献度将会不断加大。我国目前正处在工业化的双中期阶段,工业化中期和城市化中期即工业化加速阶段中期,也正是耕地减少速度最快的时期,因此,我们必须正视这个现实,但也绝不能因为这是一个自然过程而放松土地的管理,相反,要更加重视提高土地利用效率,这样才能在保持经济可持续发展中高效利用有限的土地资源。

二、日本和韩国在工业化不同阶段中的相关度差异比较

(一)工业化加速阶段的比较

工业化加速阶段实际上就是经济国工业化初期的积累,经济

发展实力增强,工业资本实力也随之增强,这一阶段的工业增长速度不断加快,从产业结构来看,就是农业的份额不断下降,且下降速度很快,工业份额和比重迅速提高,服务业增长加快,比重也不断提高,但相对于工业速度来说,服务业增长速度还不是很快。从而,土地利用结构也发生了巨大变化,即农业用地比例开始下降,非农产业的工业用地不断扩大。我们通过分别进行日本和韩国在工业化加速阶段的耕地与经济发展中的各项指标相关度计算并进行比较后,可以看出以下特点:

表 2—19　工业化加速时期日本、韩国土地利用对比分析

	韩　国	日　本	1—2 比较
耕地与GDP之间的关系	耕地每减少 1 万公顷,GDP 就会增加约为 1.52 亿美元。	耕地每减少 1 万公顷,GDP 就会增加约为 0.45 亿美元。	+1.07 亿美元
	耕地每减少 1 个百分点,GDP 增加 19.8 个百分点。	耕地每减少 1 个百分点,GDP 增加 15.6 个百分点。	+4.2 个百分点
耕地与工业增加值	耕地数量每减少为 1 万公顷,工业增加值就会增加约为 55 亿美元。	耕地数量每减少 1 万公顷,工业增加值增加约为 95.4 亿美元。	−40.4 亿美元
	耕地每减少 1 个百分点,工业增加值就会增加 21.5 个百分点。	耕地每减少 1 个百分点,工业增加值增加 10.5 个百分点。	+11 个百分点
耕地与服务业增加值	耕地每减少为 1 万公顷,服务业增加值就会增加约为 91 亿美元。	耕地每减少为 1 万公顷,服务业增加值就会增加约为 115 亿美元。	−14 亿美元
	耕地每减少 1 个百分点,服务业增加值就会增加 21.7 个百分点。	耕地每减少 1 个百分点,服务业增加值增加 7.8 个百分点。	+13.9 亿美元

续表

耕地与固定资产投资	耕地每减少1万公顷,韩国固定资产投资就会增加约为30亿美元。	耕地每减少1万公顷,固定资产投资额就会增加约为47亿美元。	−17亿美元
	耕地每减少1个百分点,固定资产投资就会增加38个百分点。	耕地每减少1个百分点,固定资产投资额增加15个百分点。	+23个百分点
耕地与城市化水平	耕地数量每减少1万公顷,城市化水平就会提高1.94个百分点。	耕地数量每减少1万公顷,日本城市化率就会提高0.15个百分点。	+1.79亿美元
	耕地每减少1个百分点,城市化水平就会变化6.6个百分点。	耕地每减少1个百分点,日本城市化率变化1.2个百分点。	+5.4亿美元
多元回归	在其他情况不变时,耕地减少1个百分点,GDP增加10.2个百分点,固定资产投资增加1个百分点时,GDP增加0.25个百分点。	在其他情况不变时,耕地减少1个百分点,GDP增加0.7个百分点,同时,固定资产投资增加1个百分点时,GDP增加0.98个百分点。	9.5个百分点 −0.63个百分点

资料来源:根据中宏网提供的数据进行回归计算结果整理

第一,在工业化加速阶段,耕地分别与GDP、城市化水平的相关度中,不管是绝对弹性系数还是相对相关系数,韩国均大于日本。也就是说,在工业加速阶段,韩国土地对韩国GDP和城市化水平影响度要远远大于日本。

第二,在工业化加速阶段,韩国耕地与工业增加值、服务业增加值、固定资产投资的相对影响度(弹性系数)均大于日本,但是绝对影响度系数却小于日本。这似乎说明了尽管日本工业化加速阶段中单位耕地减少(建设用地增加)所含的价值量是很高的,但是,韩国耕地减少对于工业增加值、服务业增加值和固定资产投资的弹性敏感度是大于日本的。

第三,从多元回归结果看,工业化加速阶段,韩国和日本特点很不相同。首先,韩国耕地对于经济增长影响度大大高于固定资产投资的影响度(10.2个百分点和0.2个百分点),但日本正好相反,耕地对于经济增长影响度小于固定资产投资的影响度,但影响度相差不大(0.7个百分点和0.98个百分点)。其次,韩国耕地对于经济增长影响度高于日本9.5个百分点,是日本的15倍。而固定资产投资对经济增长影响度要低于日本0.63个百分点。

(二)工业化后期阶段比较与分析

工业化后期也就是相当于工业化即将完成,走向工业成熟期。在此阶段上工业增长速度开始减弱,工业在经济结构中的比重保持在一定程度,不再提高,但工业增长依然保持着较高速度,工业化的规模较大,而在这一阶段中一个明显特点就是服务业比重和规模提高很快。那么,相对应的土地利用即耕地的减少速度也出现了变缓的趋势,耕地与经济发展中的各因素的相关度也出现了新的变化。韩国和日本在这一阶段上特点有着很大区别(表2—20)。

表2—20 韩国和日本工业化后期阶段耕地与经济各因素间相关度差异比较

	韩 国	日 本	1—2比较
耕地与GDP之间的关系	耕地每减少1万公顷,GDP就会增加约为1.02亿美元。	耕地每减少1万公顷,GDP就会增加约为7.65亿美元。	—6.63亿美元
	耕地每减少1个百分点,GDP就会增加4个百分点。	耕地每减少1个百分点,GDP增加18.2个百分点。	14.2个百分点
耕地与工业增加值	土地数量每减少为1万公顷,工业增加值就会增加为35.6亿美元。	耕地数量每减少1万公顷,工业增加值增加约为108.5亿美元。	—72.9亿美元

续表

	耕地每减少1个百分点,工业增加值就会增加4个百分点。	耕地每减少1个百分点,工业增加值就会增加4.4个百分点。	0.4百分点
耕地与服务业增加值	土地数量每减少为1万公顷,服务业增加值就会增加约为60亿美元。	耕地每减少为1万公顷,服务业增加值就会增加约为352.6亿美元。	－292.6亿美元
	耕地每减少1个百分点,服务增加值就会增加4个百分点。	耕地每减少1个百分点,服务业增加值就会增加7.6个百分点。	－3.6百分点
耕地与固定资产投资	耕地每减少1万公顷,固定资产投资就会增加约40.6亿美元。	耕地每减少1万公顷,固定资产投资额就会增加约为142.7亿美元。	－102.1亿美元
	耕地每减少1个百分点,固定资产投资就会增加5.9个百分点。	耕地每减少1个百分点,固定资产投资额就会增加7.9个百分点。	－2个百分点
耕地与城市化水平	耕地数量每减少1万公顷,城市化水平就会提高0.29个百分点。	耕地数量每减少1万公顷,城市化率就会提高0.06个百分点。	＋0.23百分点
	耕地每减少1个百分点,城市化水平就会变化0.7个百分点。	耕地每减少1个百分点,日本城市化率就会提高0.4个百分点。	＋0.3百分点
多元回归	在其他情况不变时,耕地减少1个百分点,GDP增加1.38个百分点,同时,固定资产投资增加1个百分点时,GDP增加0.45个百分点。	在其他情况不变时,耕地减少1个百分点,GDP增加4.97个百分点;同时,固定资产投资增加1个百分点时,GDP增加1.69个百分点。	－3.59百分点－1.24百分点

资料来源:根据中宏网提供的数据进行回归计算结果整理

第一,工业化后期韩国的耕地与经济发展的各因素(除了城市化水平外)的影响程度(相关度)均小于日本。耕地与GDP分别少了 6.63 亿元和小于 14.2 个百分点,工业增加值分别少了 72.9 亿美元和小于 0.4 百分点,服务业增加值少了 292.6 亿元和小于 3.6 百分点,固定资产投资少了 102.1 亿元和小于 2 个百分点。多元回归中,耕地和固定资产投资分别小于 3.59 个百分点和 1.24 个百分点。

第二,工业化后期韩国与日本耕地与经济各因素中影响度差距(绝对)最大的是服务业增加值和固定资产投资,韩国影响度分别是 60 和 40.6 亿美元,而日本则分别是 352.6 和 142.7 亿美元,分别相差了 292.6 和 102.1 亿美元。差距相当明显。相对影响度差距最大的是 GDP 韩国是增加 4 个百分点,日本是增加 18.2 个百分点,两者相差 14.2 个百分点。

第三,工业化后期,韩国耕地对城市化水平影响度大于日本。回归结果显示,韩国耕地数量每减少 1 万公顷,城市化水平就会提高 0.29 个百分点。耕地每减少 1 个百分点,城市化水平就会变化 0.7 个百分点。而日本耕地数量每减少 1 万公顷,城市化率就会提高 0.06 个百分点。耕地每减少 1 个百分点,日本城市化率变化 0.4 个百分点,均低于韩国。这主要是因为相对于韩国来说,日本的城市化水平不仅比韩国要快,而且在工业化后期城市化水平已经很高了,再想提高不仅难度较大,而且意义也不大。

第七节 日本和韩国土地利用政策与制度变革分析

一、日本土地政策及制度分析

1946 年,日本政府为了提高农民的积极性,以实现增加粮食产量为目的,制定了《农地改革法》,实行土地改革,并于 1952 颁布并实施《农地法》,限制土地交易。随着日本经济的迅速复苏,工业用地和住宅用地需求迅猛增加。由于《农地法》对土地转让的严格限制,使得土地供给不能充分满足迅速扩大的需求,导致地价急剧上升。50 年代后期到 60 年代初期,每年地价的上升率平均超过了 20%,超过了国民生产总值的增长。

在这种情况下,1959 年农林省颁布了"允许农地转用基准"。这个基准在开发政策上对必要的农地转让做出了相应的规定,承认了农地转用从国民经济上看是不得已的事情。农地政策从原来的限制农地转让转变为确保优良农地。

在日本经济起飞阶段,为了增加土地供给,满足工业用地和住宅用地急剧上升的需求,1969 年进一步放宽长期转让税。长期转让税指的是对 1968 年 12 月以前取得的、保有超过 5 年的土地征收的转让税。这一政策使农地转让的面积大幅攀升(图 2—20)。

自 1953 年农地转用放开到 1973 年农地转用高峰,这期间共转

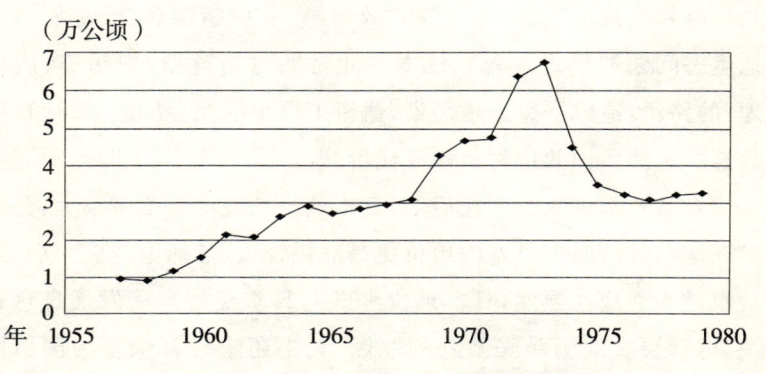

图 2—20 1955—1979 年日本农地转用面积

资料来源:根据中宏网提供的数据进行整理

用农地50.86万公顷,约为1950年日本耕地面积总量的1/10。这些农地转用最初用于工业用地,之后用于住宅用地,最后用于土地投机。随着日本经济状况的不断变化,以前的土地政策已经不再符合当时的实际状况,土地投机已经愈演愈烈,但日本政府并未作出及时反应,并对土地政策进行调整,这一切为日本后来泡沫经济的发展埋下了隐患。应该说,这是日本土地政策的一个重大失误。

此外,日本人多地少矛盾突出,在土地利用数量较快变化同时,由于经济高速增长,人类活动加剧,土地生态环境质量在总体上呈现恶化态势。首先,日本在经济高速增长时期不仅农地非农化严重,而且从消失农地质量来看,大部分属优质农地,除提供直接的粮食等产品,还具有生命支持、生物多样性维护、开敞空间保存等生态功能,而一旦转为建设用地,这些功能立即丧失。其次,重化工业化阶段工业活动产生的大量废气、废水和固体废弃物直接或间接污染毗邻农地,城市化持续发展也导致大量增加的生活垃圾对耕地产生严重污染,城市边缘的耕地质量日益下降。再加之当时片面追求"生产优先"和"效率第一"的错误观念,也使得土地生态问题被严重忽视。日本在此时期也是遵循"先污染、后治理"的路子,造成严重土地污染,遗留了严重的社会问题,致使日后为消除这些负面效应付出惨重代价。

自从日本进入工业化后期,日本地价的波动幅度就很大,尤其是在泡沫经济时期日本的地价更是涨幅惊人,然而泡沫破灭后,地价也跌入谷底。当然,日本地价涨跌与日本经济高速发展息息相关,但深层次剖析暴涨暴跌的原因,其中还隐含着众多的国情因素。一是由于日本土地属于私有化,土地所有者可自由对其使用、收益、处分。因此,人们对自由市场经济过分相信。二是日本不动产制度使得土地与建筑物权属相分离,市场对土地价格过于敏感。三是在日本地价财务管理体系中存在一些致使地产价格存在"泡沫"成分的因素,而且土地价格的构成也常常不明确。四是日本的金融系统从来都偏重于土地担保。五是日本经济受国外因素影响巨大,某些时候这些国际因素会成为日本国内地价高涨的导火线。此外日本政府为实现财政健全化,采取的增加税收、发行国债等通货膨胀措施,也会影响地价暴涨。

需要强调的是,日本长期以来实行的土地政策缺乏调整,政策上的滞后性在一定程度上造成了土地的资产功能过强,从而促成房地产泡沫的产生。日本泡沫经济的产生很大程度上源于人们对"土地神话"的过分相信,认为土地是很好的投机对象,只要对土地投机就能赚钱。在当时市场上流动资金过剩的情况下,土地投机必然引起地价上涨,而地价上涨又引起如下的连锁反应:地价上升→土地担保价值上升→信用扩大→增加借入→因期待地价上升而盲目购买土地→土地需求增大→地价上升。连锁反应的结果,使投机资金无限扩大,产生恶性循环。同时,在这一时期,日本专业机构发布了用地面积将大增的预测报告,加剧了建筑业和不动产业大规模开发,扩大了土地需求。政府对银行的低息政策姑息迁就,导致信用无秩序扩大,金融机构也给风险投资家提供了大量投机资金,而且政府相关抑制地价的政策也助长了人们对地价的上涨预期。为了抑制地价暴涨,政府采取了金融紧缩和土地税制政策,但这项银根紧缩措施直接导致了1991年夏季开始的泡沫崩溃,使日本经济处于长期不景气的状态。

日本在泡沫经济崩溃前后实施了两种不同的政策,以控制地价。泡沫经济崩溃前主要实施的是抑制地价的政策,崩溃后逐步转向促进土地有效利用。

日本政府抑制地价上涨的主要政策：一是 1974 年制定的《国土利用计划法》，在都道府县设置限制区域，在限制区域内实行土地转让的许可制和申请制。这些政策只对小规模土地交易限制，对大规模的土地交易限制很弱，因此 1987 年日本政府修改法律，开始实施监视区域制度，并在同年制定《紧急土地对策纲要》，强化国土利用计划法在监视区的运用，对大小规模土地交易都进行严格限制，居住用地财产买换制度大幅缩减，同时对土地交易融资进行指导。二是 1989 年政府制定《土地基本法》，其理念主要包含土地优先用于公共福利、合理利用和按照计划利用、制止投机交易、根据升值带来的利益适当承受经济负担等。三是提高土地保有税、抑制临时需要或者促使未利用地供给，设立地价税和特别土地保有税，强化对土地转让过程中违规行为的重罚制度。四是 1990 年日本内阁制定了《综合土地政策推进纲要》，纲要允许地价在适当标准内下浮，并把适当、合理地利用土地作为政策目标。五是修改《城市计划法》，细分地域用途，特别是把住宅地由原来的 8 类细分为 12 类。制订反映居民意图的市町村城市计划，对城市中心和街区进行整备。六是按照政府指导，银行根据土地购入的总量，限制贷款。

出现泡沫经济之后，日本经济开始停滞，以大都市圈为中心的地价持续下跌，土地需求也陷于低迷。这虽对日本纠正内外价格差距、配置社会资本方面有正面效应，但却成为个人、企业经营状况恶化的重要原因。为此，日本政府 1997 年制定了《新综合土地政策推进纲要》，土地政策一改"抑制地价"的主调，变为"从拥有转向利用"。这一观念的主要方向为：促进土地有效利用，建立和充实综合土地利用计划制度，活跃土地交易，保障土地政策综合性和灵活性，完善地价监视体制,建立国有土地评价制度。同时,1998年6月对作为日本重要政策的《国土利用计划法》进行了修正,放宽了土地贸易限制,对想要交易的土地,将事前申请改为事后申请,停止了对土地利用目的的审查,废止价格审查等。此外,日本对土地税制也进行了修改,扩大了从收入中扣除贷款的余额,冻结地价税。

从总体上来说,日本所制定的稳定地价的政策是很有成效的,但由于这些政策不是在泡沫经济的前期而是在后期制定的,日本经济为此付出了巨大的代价。

二、韩国土地政策及制度分析

1949年,韩国颁布《土地改革法》,韩国政府对日本殖民时期遗留下来的土地问题进行了彻底改革,将地主手中的土地有偿收回后平均分给农户所有,让耕者有其田,并规定每一家庭农场最大拥有面积不得超过3公顷,法律禁止土地的租赁转让。

1962年和1963年韩国相继颁布了《城市规划法》和《土地规划法》,这两部法律对韩国的城市布局和土地利用结构起了深远的影响。《土地规划法》的出台是为了保证和规范大规模的工业建设征用土地,这部法令的核心主要是为了使大规模的城镇建设和工业征用土地律法化,符合当时的中央直属管理体制和工业至上的思想。

由于工业经济和城市化的迅速发展,社会中逐级出现了一部分富有阶层;另一方面,政治气氛也相对自由了。因此这一时期的土地利用制度出现了一些新的特点:

首先,农地出租转让现象的悄悄出现。虽然法律仍然禁止农地的自由出租转让,但实际上并没有相应的惩罚措施,以致这一现象愈来愈普遍。1970年80%以上的农场仍为独立拥有产权(约占总面积的 83%),而到 1983 年下降至 40.2%,其他 56.9% 属于部分拥有产权,接近 3% 的则为完全租赁农场。这样一来,原来一家一户的小农场经营模式逐渐被一些租赁农场所取代。主要原因是受城市中飞速发展的经济形势所诱惑,相当一部分农民放弃土地而转入城市,他们的土地则被出租或卖给临近农场主;此外,城市中的少数富人也买进一部分农地再转手出租以求保值。因此,这一期间土地的租赁形式实际上已成为农场重新组合兼并的主要手段。

其次,房地产业发展迅速,导致大量农地流失,土地价格飞涨,农场经营的成本越来越高。据统计,农地价格在 70 年代平均以 6.4% 速度上涨。同时,土地利用方式选择的市场倾向性和随意性日益明显,除了传统的稻田外,一般农地基本以经济作物为主,其中瓜果蔬菜所占比例最大,且每年的波动很大。这些问题直接导致了农业的不稳定和滑坡。

第三,由于农村城市化发展的需要,1971 年至 1980 年韩国政府开展了全国范围的"新农村运动",1972 年颁布《国土利用管理条例》,紧接着又在 1980 年至 1984 年实施了农村综合开发计划(简称 RAD 计划),其主要目的是土地整理开发和美化乡村景观,以及对城市化过程中所造成的一些诸如乱占耕地、城乡差距拉大等问题进行政府统一干预。但是由于仍受旧的土地规划法的影响,政府并没有在宏观尺度上和法律上解决土地问题,也没有对过热的土地市场进行调控,仅在微观尺度上做了具体的土地整理、规划与设计工作,进行了系统的村镇基础设施建设。当然,耕地锐减的趋势仍在发展。

一方面,由于私下进行土地出租转让已是一种普通社会现象,原来土地法规中禁止租赁等的条款实际上成了一纸空文;另一方面持续的房地产业过热,土地价格狂涨,使得整个土地市场处于一种无序状态。于是,1986年韩国政府终于出台了《农地租赁法》。部分地承认了土地以出租形式转让的合法性。《农地租赁法》是韩国土地制度变革的重要转折点,其意义在于:解决了长期以来现实存在的土地出租转让现象由无序到规范、由非法到合法的问题;促进了农村劳动力向城市转移。加速城市化的进程;打破了传统的一家一户的小农场经营模式,为加速实现农业的规模化、产业化提供了法律保障。

1990年又正式颁布了《农地法》,1996年颁布该法修正案。从此系统地规范了农地的征用、转让和保护等一系列活动。其中特别对占用耕地方面作出了严格控制,改变了过去以建设部门和行政管理为主的审批模式,取而代之的是由地方行政长官、部门代表以及土地拥有者共同组成的"农地管理委员会"。土地管理正式从原来以开发、建设为主转到了以保持和严格控制为主的管理目标上。

第八节 日本泡沫经济与土地利用

分析日本土地利用和经济发展,必然要提到日本泡沫经济,日本的泡沫经济是一个最典型的案例。在前面的分析中,我们已经有所涉及,但还是很有必要专门对此进行简要分析,这对中国土地利用和土地价格与房地产价格研究与分析是很有好处的。

一、日本泡沫经济基本特征

土地价格和房地产价格持续高涨是泡沫经济最明显特征。自本的泡沫经济从 1981 年开始出现,到 1991 年结束,共经历了 10 年左右时间。而在这 10 年泡沫经济中的一个重要特点就是国内土地价格飞涨和房地产泡沫严重膨胀。如表 2—21 显示的日本"地价指数和物价指数之比"。

表 2—21　日本 1956 年到 1990 年地价指数与物价指数比

时　间	地价指数/物价指数	时　间	地价指数/物价指数
1956 年 3 月	1.0	1973 年 3 月	20.2
1959 年 9 月	2.2	1986 年 3 月	25.2
1962 年 3 月	6.1	1990 年 3 月	68.2
1970 年 3 月	13.2		

资料来源:都留重人《地价论》

从表 2—21 中可以明显看出,如果以 1956 年 3 月两种指数比值为 1.0,那么,1986 年之前一直是稳定扩大,但此后的短短 4 年里,两者差距由 25.2 倍猛增至到 1990 年的 68.2 倍,地价上涨的严重程度显而易见。

二、日本泡沫经济时期的土地利用状况

(一)泡沫经济造成了土地市场交易量的大起大落

1980—1985 年间,日本的土地交易数量稳定在 32541—35087 公顷之间,随后在泡沫经济驱动下急剧上升,并在 1991 年达到顶点,随后便开始下降。1985 年为 33963 公顷,1991 年为 117222 公顷,在 7 年间增长了 250%。在 1991 年末泡沫经济破灭后,土地交易数量迅速下降,到 2002 年达到 9958 公顷,仅为 1991 年的 1/12,还不足泡沫经济前的 1/3。因此,泡沫经济对于 90 年代中期以来的低水平的土地交易数量有着显著的负面影响。

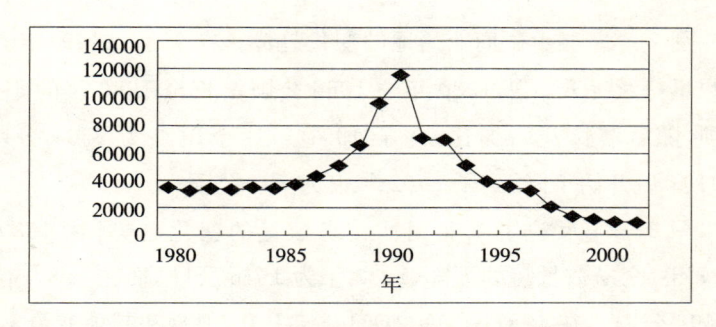

图 2—21　日本土地交易数量的变化趋势

(二)泡沫经济造成了土地利用结构的严重扭曲

一般来说,住宅用地、商业用地和农业用地变化最能反映土地利用结构变化。而泡沫经济发生后,对土地利用结构变化将会产生巨大冲击。

图 2—22 显示了住宅用地的变化趋势。在 1980 年为 12234 公顷,但是到 1985 年逐渐减少为 9470 公顷,随后由于泡沫经济开始急剧上升,1991 年达到 44757 公顷。1991 年末泡沫经济的破灭,带来交易数量的下降,同时土地价格也开始下降。在 1993 年退回至 40231 公顷,2002 年为 3201 公顷,仅仅是 1991 年的 7%。

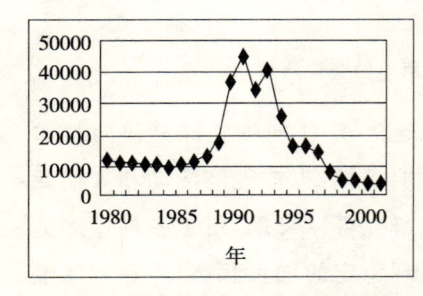

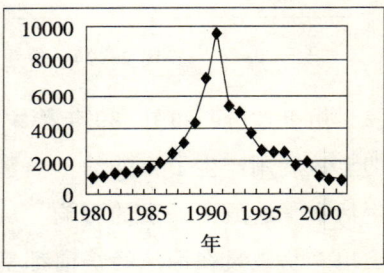

图 2—22　日本住宅用地的变化趋势　　图 2—23　日本商业用地的变化趋势

图 2—23 显示了商业用地的变化趋势。在 1980—1991 年,交易数量持续上升。从 1980 年的 1066 公顷增长至 1986 年的 1916 公顷,随后增长开始加速,并于 1991 年达至顶点为 9534 公顷。1991 年后开始下降,到了 2002 年仅为 795 公顷。

图 2—24 反映了农业用地交易数量的变化趋势,在 1980—1987 年,交易数量持续下降,1980 年为 1516 公顷,而在 1987 年仅为 498 公顷。在 1987—1990 年间开始上升,但是和其他变量不同的是,作为顶峰值的 826 公顷要低于 1980 年的数值,而且这个峰值出现在 1990 年而不是 1991 年。在 1990 年,交易数量开始下降,但是在 1995 年又一个突然的上升,从 1994 年的 403 公顷上升到 1995 年的 2131 公顷,这被认为和 1995 年的大丰收有关。随后数量开始下降,2002 年为 135 公顷。

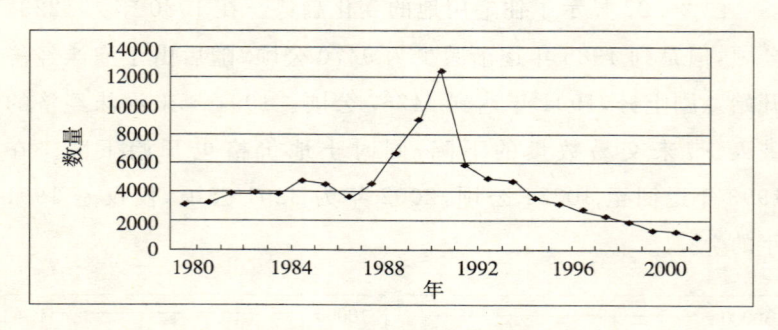

图 2—24 农业用地的变化趋势

由上述分析可知,80 年代末至 90 年代初的泡沫经济对日本的土地利用产生了很强的负面影响,同时也对经济活动和人们的生活水平造成了严重的影响。从研究可以发现,用于各种用途的土地交易数量在泡沫经济前都呈现稳定的增长状态,而在泡沫经济后期则出现急剧上升和急剧下降的状态。而且各种变量的趋势都反映了这种特征。

三、泡沫经济给日本经济发展带来的危害

泡沫经济影响范围广,持续时间长,给日本国民经济的发展造成了灾难性的后果。据统计,在泡沫经济破灭后,日本大城市中各类物业的价格平均下降了50％,特别在东京银座地区,商业性房地产包括写字楼和商铺及其用地的平均价格仅为1990年泡沫高峰时的25％,低于1983年的水平;而住房及其用地的平均价格是1990年的40％,接近1983年的水平。

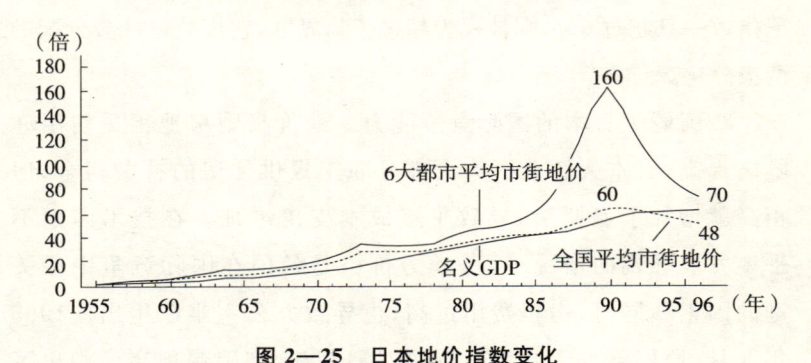

图2—25 日本地价指数变化

资料来源:奥岛真一郎《今后之地价》

从1986年9月到1991年9月,日本全国市街地价总指数上涨了54％,即全国土地资产的价格增长了一倍以上,致使日本的房地产价格远远高于欧美各国。高额的地价会比例于它的资本额所当索取的利润率,提高房地产的租金,从而使日本城市中办公室的租赁费成为世界最高的。泡沫经济给日本经济发展带来的危害主要是:

1. 阻碍了社会生产力的发展。(1)地价上涨,使企业投资成

本提高。据统计,新开设企业中的不动产费用就占到 75%,这样就大大削弱了设备投资力度。(2)地价上涨使日本政府对公共工程兴建受到一定程度阻碍,因为公共事业费用绝大部分要花在地价的支付上,而地价对社会生产发展的"乘数效果"接近于零。(3)高地价使住宅价格过高,从而影响了个人有效需求水平提高。

2. **加剧了社会财富的两极分化**。由于宅地资产在整个国民资产中所占比例太大,从而造成了社会财产占有的两极分化。以 80 年代后半期为例,日本的"基尼系数"平均为 0.56 到 0.65 之间,而基尼指数一旦超过 0.4,则被视为超过了临界度,它将导致社会分配的两极分化。

3. **削弱了日本的国际竞争能力**。地价高则房地租赁费用亦随之提高,日本大企业要为大部分职工提供住房的补贴租金,房租高就增加了雇佣费,导致工资成本支出增加。在技术因素不平衡发展加剧的情况下,劳动力价格是各国在国际竞争中最关键的因素。同时,房租费用过高,也导致办公室难以租出。1995 年 8 月,原国际上十几家银行的亚洲总部,都因房租高而搬出了东京。

第九节 结论及启示

从上述对日本和韩国不同经济发展阶段的分析,我们可以得到如下几方面的启示:

第一,耕地减少和建设用地增加是经济发展的必然过程,这是由经济增长和社会需求增加及其变化规律所决定的,但是,这并不是说耕地的减少和建设用地的增加就是无止境的,事实上,经济发展与耕地减少或者建设用地增加之间还是有内在的变化规律的,是有一定限度的,不同地区、不同国家是有差异的(这主要取决于本国的人口规模、经济发展速度、科技进步和资源利用效率大小)。更不能说,我们任其耕地无限制的减少而不管,其实,耕地减少是发展的趋势性规律,人们是可以积极进行干预的,并不是被动接受的。人们完全可以根据经济发展需求和土地资源条件进行主动调整的,所有的国家在任何阶段都要采取土地调控政策的,只要是资源有限,无限制的使用都是不可能的。

第二,日本和韩国的经验告诉我们,城市化与耕地不仅仅是简单的占用与被占用的关系。从短期发展来看,城市扩张占地为主要表现;从长期发展来看,城市通过吸引人口聚集,减少农村占地,发挥集聚效应,从而减少耕地占用。其中的关键在于要选择与国土资源条件相适应的城市化发展方式和速度。城市化滞后或超前于工业化对耕地的利用都是不集约的。在保持城市化与工业化同步发展的同时,应结合城镇发展及时合理调整村镇结构,突出中心镇、中心村,避免零散布局,同时加大土地整理的力度,有效保护和增加耕地面积。事实证明,只要选择了合适的城市化发展道路和进程,就能够充分发挥城市化集约用地的优势,从而直接减少耕地占用,有利于耕地保持。在经济持续快速发展的阶段,要防止耕地数量的急剧减少。由于我国正处于工业化和城市化的关键时期,各方面对土地的需求量都相当大,这就使得我们在发展经济的过程中,要尽量提高土地的集约利用程度,同时要保证提高土地的使用效率。

第三,工业化、城市化、经济全球化必然带来土地利用结构新变化。世界主要发达国家的发展经历证明:城市化和工业发展是导致土地利用结构变化的两个主要原因,工业化、城市化加速的过程就是农地面积大量减少,二、三产业用地比例提高的过程,同时,工业化、城市化的高速度必然伴随着农地消耗的高速度。这是一个不容忽视的客观规律。因此在制定土地资源利用政策和农地保护政策时,必须正视并尊重这一规律。只要能将农地资源减少的速度控制在一定范围内,就是农地保护政策的成功,不必强求农地资源零消耗。因此,为了解决土地利用结构变化所带来的问题,一是要制定合理的产业政策,经济产业政策必须以土地资源的可持续利用为核心;二是要控制城市规模,集约并节约利用城市内部土地,实现城市理性发展。

第四,不同国家土地利用与社会经济发展之间的关系是有差异的。根据世界上一些国家工业化发展的经历,农地资源消耗趋势有两种类型:一类是进入工业化阶段后农地资源持续减少,像日本、韩国、新加坡、意大利、英国、德国等,这类国家的突出特征是人均农地资源有限,后备耕地资源不足。另一类型是进入工业化阶段后农地数量有升有降,有的先升后降,如美国和加拿大,有的先降后升,如法国,有的是持续上升,如澳大利亚,与第一类国家的资源状况不同,这四个国家都是人少地多,后备农地资源较多的资源大国。此外,就日本和韩国而言,它们在工业化的不同时期,土地的减少所带来的 GDP 的增长也存在很大的差异。根据对日本和韩国的分析,日本在工业化后期耕地数量每减少 1 万公顷,GDP 就会增加 7.65 亿美元,而工业化加速时期仅为 0.45 亿美元。同样,日本工业化后期,土地数量每减少 1 万公顷,服务业增加值就会增加 352.6 亿美元。这远大工业化加速时期的 115 亿美元,说明日本在工业化后期,工业化程度出现进一步深化,土地的集约利用程度逐渐上升。而韩国的发展却呈现着迥然不同的结果。在韩国工业化后期,耕地每减少 1 万公顷,GDP 增加 1.02 亿美元,而工业化加速时期则为 1.52 亿美元,要高于工业化后期的水平。同样,韩国在工业化后期耕地每减少 1 万公顷,工业及服务业增加值分别为 35.6 亿美元和 60 亿美元。这比起工业化加速时期的 55 亿美元和 91 亿美元,减少了很多。这说明,经过工业化加速时期的发展,韩国的经济得到了较大的发展,土地对经济发展的边际贡献在逐渐下降,土地集约利用程度有所下降。一般认为,土地的集约利用程度和一个国家的技术水平有着密切的关系,技术水平越高,土地的集约利用程度也就越高,单位耕地的减少对 GDP 的贡献也就越大。这样就可以解释日本和韩国在工业化的不同阶段所出现的差异。

第五,针对经济发展过程中出现的有关土地利用的问题,要制定相关的有效政策,加强管理和引导,防止出现由于土地价格上涨所带来的泡沫经济的现象。研究日本城市地价变动的历史与现状,对于研究我国经济发展中存在的问题有着非常重要的借鉴和启示意义:国家在经济起飞阶段城市地价的升高是必然的,要防止城市地价持续升高引发泡沫经济,防止城市地价剧烈变动危害宏观经济的发展。目前,遵循地价变动的客观规律,力求保持土地的正常增值并合理地分配土地增值收益,控制并抑制土地的非正常增值,这就是中国城市地价政策的基本准则。从日本城市地价剧烈变动的过程中可以看出,城市地价的上升幅度必须与 GDP 的发展水平相适应,应当视宏观经济的发展水平对城市地价变动进行必要的调控。在国内生产总值持续高速增长的情况下，保持适度的地价上涨，对经济发展有一定的促进作用；而一旦经济增长速度放慢，就必须对地价进行适当调控，保障国民经济的协调、健康、可持续发展。

第三章 中国百强县社会经济发展与土地利用

　　百强县是国家统计局农调总队每年根据对全国2000多个县的社会经济统计资料,从发展水平、发展活力、发展潜力三个方面对县域社会经济综合发展指数进行测算,每年公布综合指数前100位县以及重要单项指标前100位的县。选择百强县进行土地利用与经济发展特点和相互关系研究对象的原因:其一,百强县经济发展速度较快,代表了我国县域经济发展的方向和趋势。其二,县域经济是我国最基本的经济单元,向上是承接省级经济的重要组成部分,向下连接着最基层的乡镇经济单元,因此,区域规模相对比较适中。其三,百强县经济发展相对小于市级经济总量,也低于发达城市的经济发展速度,因此,能够代表我国经济总体水平和发展方向。

第一节 中国百强县区域分布特征

一、百强县多集中在我国三大经济圈及大城市周边

　　2003年百强县中有84个县分布于长三角、珠三角、环渤海等三大经济圈中,其中47个县属于长三角地区,15个县属于珠三角地

区,22 个县属于环渤海地区,而不位于以上三大经济圈的百强县,也主要集中在大城市周边、交通要道和口岸地区。2004 年,百强县继续延续这一分布格局,其中有 82 个分布在三大经济圈内,长三角地区 46 个,珠三角地区 15 个,环渤海地区 21 个(表 3—1)。

表 3—1 2000—2004 年全国百强县分布表

(单位:个)

年份	长三角经济圈	珠三角经济圈	环渤海经济圈	其他地区
2003	47	15	22	16
2004	46	15	21	18

资料来源:《中国百强县 2005》,中国统计出版社

表 3—2 2000—2004 年全国百强县各省分布情况

(单位:个)

年份	2000 总数	2001 总数	2002 总数	2003 总数	2004 总数
浙江	22	26	26	30	30
山东	13	14	15	16	20
江苏	14	15	15	16	18
广东	10	10	11	10	10
福建	8	7	6	5	5
河北	8	6	4	3	4
四川	3	3	3	2	2
新疆	2	1	2	2	2
天津	1	1	2	1	2
北京	4	4	4	4	1
内蒙古	4	3	3	3	1
上海	3	3	3	3	1
辽宁	2	2	2	2	1
黑龙江	1	1	1	1	1
河南	2	1	1	1	1
山西	0	0	0	1	1
吉林	1	1	1	0	0
甘肃	1	1	1	0	0
云南	1	1	0	0	0

资料来源:根据统计局发布的 2000—2005 年中国百强县排名表整理

从省际来看,百强县多在浙江、江苏、山东及山东等发达的东部沿海省份,中部和西部省份的百强县很少(表 3—2)。

二、百强县排名分布:稳定中略有变动

将 2000 年至 2004 年百强县排名分为前 30、后 30 及中间 40 名进行对比,浙江和江苏等发达省份百强县排名多集中于前 30 名,山东、广东等发展及转型地区百强县排名多集中于 31 至 70 名,而河北、四川、新疆等相对不发达地区百强县名次更多位于后 30 名。其中,浙江、江苏和上海的百强县主要集中于前 30 名,广东、山东、福建、内蒙古、河南及北京的百强县更多集中于 31 至 70 名,多位于后 30 名的是其他西部、中部省份;上海百强县没有后 30 名的记录,而河北、四川、新疆、天津、内蒙古、辽宁、黑龙江、河南的百强县没有达到过前 30 名,山西、吉林、甘肃、云南的百强县尚未进入 70 名以内(表 3—3)。

2003 年、2004 年两年,百强县名单基本保持稳定。2003 年新入八县,浙江占据长兴、临安、桐庐、宁海四县,其他分别为山东乳山、江苏仪征、河北迁安和山西河津;而广东开平、福建南安、四川郫县、天津静海、吉林延吉、甘肃阿克塞以及河北任丘、大厂都未被列入 2003 年全国百强县。2004 年新列入八县,分别是山东诸城、广饶、邹平、莱西,江苏六合、高淳,河北武安和天津静海;北京大兴、怀柔、平谷,内蒙古二连浩特、集宁,上海南汇、奉贤和辽宁长海均不在 2004 年全国百强县名单中。

新进县市和出局县市多位于 80 到 100 名之间,其余为县改区原因(表 3—4、3—5)。

表3—3 2000—2004年全国百强县排名分布情况

(单位:个)

		浙江	山东	江苏	广东	福建	河北	四川	新疆	天津	北京	内蒙古	上海	辽宁	黑龙江	河南	山西	吉林	甘肃	云南
前30名	2000	9	4	9	3	2	0	0	0	0	1	0	2	0	0	0	0	0	0	0
	2001	11	2	8	4	2	0	0	0	0	1	0	2	0	0	0	0	0	0	0
前30名	2002	9	3	9	4	2	0	0	0	0	1	0	2	0	0	0	0	0	0	0
	2003	11	3	8	4	2	0	0	0	0	1	0	1	0	0	0	0	0	0	0
	2004	14	3	8	4	2	0	0	0	0	0	0	1	0	0	0	0	0	0	0
31—70名	2000	12	2	7	5	3	0	0	0	0	3	1	2	1	0	0	0	0	0	0
	2001	11	7	5	3	2	1	1	1	0	3	1	1	1	0	0	0	0	0	0
	2002	14	8	5	3	1	0	1	0	0	3	1	2	0	0	0	0	0	0	0
	2003	14	10	5	3	1	0	1	0	0	3	0	2	0	0	0	0	0	0	0
	2004	13	10	4	6	2	1	1	0	1	2	0	2	0	0	0	0	0	0	0
后30名	2000	1	7	3	0	1	5	3	2	1	1	0	1	0	2	0	1	1	1	1
	2001	4	5	4	1	3	3	2	1	1	1	0	1	1	0	0	1	1	0	1
	2002	3	4	4	2	3	3	2	1	1	1	0	1	1	0	1	1	1	1	0
	2003	5	3	4	2	3	3	1	1	0	1	0	2	1	0	1	1	1	1	0
	2004	3	7	6	3	2	1	2	1	1	2	0	0	0	0	1	0	1	0	0

资料来源:根据统计局发布的2000—2005年中国百强县排名表整理

表3—4 2004年全国百强县进出情况一览表

新进县市	山东				江苏		河北	天津
	诸城 (76)	邹平 (79)	广饶 (80)	莱西 (100)	六合 (81)	高淳 (97)	武安 (88)	静海 (98)
出局县市	北京			内蒙古		上海		辽宁
	大兴 (43)	怀柔 (52)	平谷 (79)	二连浩特 (37)	集宁 (100)	南汇 (11)	奉贤 (12)	长海 (77)

资料来源:根据统计局发布的2003年、2004年中国百强县排名表整理

此外,10强县排名有所变化,百强县前10名的排位依次为江苏昆山、广东顺德、江苏江阴、江苏张家港、江苏常熟、广东南海、浙江萧山、江苏武进、浙江绍兴和江苏太仓。具体浮动情况是:江苏

昆山升至2004年百强县头把交椅,顺德略降至第二;浙江绍兴由上年第十位升至今年第九位;江苏太仓跻身十强。

表3—5 2003年全国百强县进出情况一览表

新进县市	浙江				山西	山东	河北	江苏
	长兴(63)	临安(86)	桐庐(92)	宁海(94)	河津(95)	乳山(96)	迁安(97)	仪征(98)
出局县市	广东	福建	四川	河北		天津	吉林	甘肃
	开平(73)	南安(97)	郫县(95)	任丘(94)	大厂(84)	静海(100)	延吉(89)	阿克塞(96)

资料来源:根据统计局发布的2002年、2003年中国百强县排名表整理

第二节 中国百强县经济发展特点

一、百强县在全国县域经济中占重要地位

百强县在全国县域经济中占有重要地位,经济规模巨大。与全国县域相比,百强县行政区域总面积12.4万平方公里,仅占全国全部县域面积的1.3%;年末总人口6700万,人口占全部县域的7%。但其各类总量经济指标、人均经济指标不断增加,占全国县域比例也不断上升,同比增长率也不断上涨,增长速度逐年加快(表3—6、3—7、3—8)。

2000年至2004年五年间,百强第一产业增加值、百强第二产业增加值、地方财政收入、城乡居民储蓄存款余额、年末金融机构各项贷款余额、规模以上工业企业数、规模以上工业总产值(现价)和人均值及同比增长率不断增加。其中2004年,百强县的生产总值达

到 2 万亿元，占全国县域的 24.1%；财政总收入达到 1960 亿元，占 31.3%；出口总额 950 亿美元，占 69.4%；城乡居民存款额 11000 亿元，占 23%；规模以上工业企业 46000 万个，占 34.8%，规模以上工业产值 34000 亿元，占 46.8%。

表 3—6 2000—2004 年全国百强县总量经济指标表

经济指标		2000 年	2001 年	2002 年	2003 年	2004 年
百强总人口	总量（万人）	6373.9	6231.1	6505.4	6527	6780.4
	占全国县域(%)	5.07	4.98	5.29	6.88	7.13
百强第一产业增加值	总量（万元）	11694393	12377226	13048289	13668240	15760967
	占全国县域(%)	7.03	7.35	7.46	8.98	8.81
百强第二产业增加值	总量（万元）	58501602	64764211	77194640	94810525	118744241
	占全国县域(%)	14.90	15.02	16.35	30.06	30.65
地方财政收入	总量（万元）	4032179	5485363	6355380	8613214	8910284
	占全国县域(%)	10.20	11.51	13.02	31.49	30.14
城乡居民储蓄存款余额	总量（万元）	64696172	69478484	83383136	99732406	111786511
	占全国县域(%)	12.46	11.89	12.87	24.24	23.65
年末金融机构各项贷款余额	总量（万元）	61837961	66233384	82807347	111848106	125108176
	占全国县域(%)	9.61	9.32	10.50	28.89	29.97
规模以上工业企业数	总数（个）	24009	26796	31526	37225	45630
	占全国县域(%)	15.30	16.22	18.25	34.55	34.78

续表

规模以上工业总产值（现价）	总量（万元）	12354679.7	13908286.7	17703340.7	2380295 80	34086350 1.5
	占全国县域（%）	18.22	18.32	20.33	45.29	46.81
基本建设投资完成额	总量（万元）	7977221	7125779	10451822	18294000	29470539
	占全国县域（%）	8.10	6.87	8.89	21.37	22.69309

资料来源：根据《中国县（市）社会经济统计年鉴》2000—2004 年年整理　中国统计出版社

按汇率换算，前 10 强及部分百强县的人均 GDP 达到 5000 美元左右，接近中等收入国家水平；以购买力平价换算，人均 GDP 接近中上收入国家水平。

表 3—7　2000—2004 年全国百强县人均经济指标表

（单位：%）

经济指标		2000 年	2001 年	2002 年	2003 年	2004 年
人均第一产业增加值	百强（元）	1834.73	1986.36	2005.76	2094.11	2324.49
	占全国县域	1.39	1.48	1.41	1.31	1.24
人均第二产业增加值	百强（元）	9178.31	10393.7	11866.24	14525.90	17512.87
	占全国县域	2.94	3.01	3.09	4.37	4.30
人均地方财政收入	百强（元）	632.61	880.32	976.94	1319.63	1314.12
	占全国县域	2.01	2.31	2.46	4.58	4.32
城乡居民储蓄存款余额	百强（元）	10150.17	11150.28	12817.53	15279.98	16486.71
	占全国县域	2.46	2.39	2.43	3.52	3.32
年末金融机构各项贷款余额	百强（元）	9701.75	10629.5	12729.02	17136.22	18451.44
	占全国县域	1.90	1.87	1.98	4.20	4.20

续表

规模以上 工业企业数	数值（个）	0.000376	0.000430	0.000485	0.000570	0.000673
	占全国县域	3.02	3.26	3.45	5.02	4.88
规模以上 工业总产 值（现价）	人均（元）	19383.22	22320.70	27213.24	36468.45	50271.89
	占全国 县域	3.59	3.68	3.84	6.59	6.57
基本建设 投资完成额	人均（元）	1251.55	1143.58	1606.64	2802.82	4346.43
	占全国县域	1.60	1.38	1.68	3.11	3.18

资料来源：根据《中国县（市）社会经济统计年鉴》2000—2004年整理，中国统计出版社

表3—8 百强县与全国县域经济指标同比增长率比较

（单位：%）

经济指标		2001年	2002年	2003年	2004年
第一产业 增加值	百强	5.84	5.42	4.75	15.31
	全国县域	1.13	3.90	－12.92	17.43
第二产业 增加值	百强	10.71	19.19	22.82	25.24
	全国县域	9.78	9.49	－33.18	22.81
地方财政 收入	百强	36.04	15.86	35.53	3.45
	全国县域	20.49	2.46	－43.97	8.11
城乡居民储 蓄存款余额	百强	7.39	20.01	19.61	12.09
	全国县域	12.53	10.90	－36.50	14.85
年末金融机构 各项贷款余额	百强	7.11	25.02	35.07	11.86
	全国县域	10.48	11.02	－50.93	7.83
规模以上 工业企业数	百强	11.61	17.65	18.08	22.58
	全国县域	5.27	4.57	－37.63	21.78
规模以上工业 总产值（现价）	百强	12.57	27.29	34.45	43.20
	全国县域	12.00	14.69	－39.66	38.57
基本建设投资 完成额	百强	－10.67	46.68	75.03	61.09
	全国县域	5.27	13.37	－27.15	51.68

资料来源：根据《中国县（市）社会经济统计年鉴》2000—2004年整理，中国统计出版社

（一）百强县占全国县域财政收入近三成，增长速度远高于全国县域水平

百强县财政收入 5 年来不断递增，接近全国县域财政收入的三成。2000 年至 2004 年百强县财政收入增幅明显，2000 年百强县市县财政收入总量为 4032179 万元，2001 年增至 5485363 万元，上涨 1453184 万元；2002、2003 年分别到达 6355380 万元、8613214 万元，增幅最大；2004 年为 8910284 万元，增长幅度相对平缓。同期占全国县域比也从 10.20% 增长至 30.14%，其中 2003 年增幅最大，从 2002 年的 13.02% 增加到 31.49%，增加将近 20 个百分点，而 2004 年所占比例略有下降，但仍保持在 30% 的水平。综上可见，百强县财政收入总量及其占全国县域比不断上升，且 2003 年上升幅度最大，而在随后的 2004 年又转向相对平稳（图 3—1）。

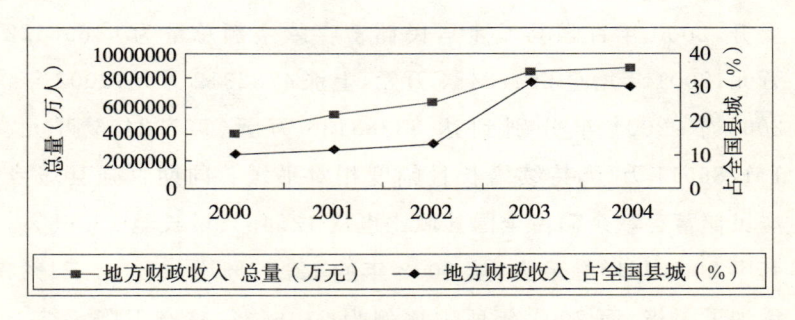

图 3—1　2000—2004 年百强县财政收入及其占全国县域百分比

2001 年至 2004 年地方财政收入同比增长率，百强县均高于全国县域水平，其中 2001 年、2003 年增长率高于其他年份，分别为 36.04%、35.53%，尤其在 2003 年，全国财政收入同比增长率为 －43.97%，百强县高于全国县域水平 70 多个百

分点,而 2004 年百强县财政收入同比增长率比上年下降了 30 多个百分点,全国县域财政收入同比增长率上升至 8.11%,全国财政收入同比增长率是 21.56%,同时首次高于百强县水平(图 3—2)。

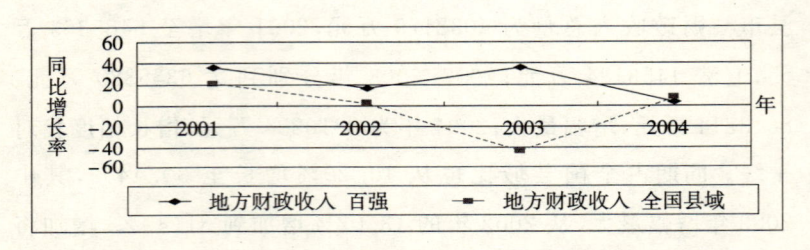

图 3—2 2000—2004 年百强县与全国县域财政收入同比增长率

(二)百强县占全国县域居民储蓄存款余额近四成同比增长高于全国县域水平

2000 年至 2004 年全国百强县城乡居民储蓄存款余额不断上升,2000 年百强县城乡居民储蓄存款余额总量为 64696172 万元,2001 年增至 69478484 万元,上涨 4782312 万元;2002 年、2003 年、2004 年分别到达 83383136 万元、99732406 万元、111786511 万元,持续增长且幅度相对平缓。同期百强县城乡居民储蓄存款余额占全国县域比也从 12.46% 增长至 23.65%,其中 2003 年增幅最大,从 2002 年的 12.87% 增加到 24.24%,增加了一倍,而 2004 年所占比例为 23.65%,略有下降。综上可见,百强县城乡居民储蓄存款余额总量及其占全国县域比不断上升,2003 年增长相对明显,而在之后的 2004 年又恢复平稳(图 3—3)。

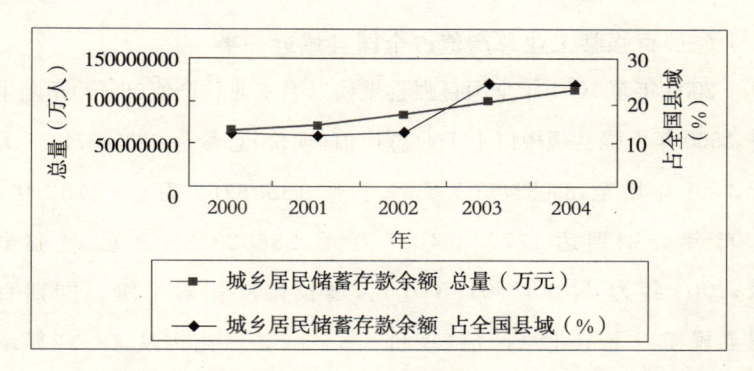

图3—3 2000—2004年百强县城乡居民储蓄存款余额及
占全国县域百分比

城乡居民储蓄存款余额同比增长率,百强县从2001年的7.39%增加到2004年的12.09%。2002年百强县迅速增长,城乡居民储蓄存款余额同比增长率达到20.01%,是全国水平的2倍,尤其在2003年,百强县城乡居民储蓄存款余额同比增长率远高于全国县域近50多个百分点,2004年两者差距缩小,相差仅为2个百分点(图3—4)。

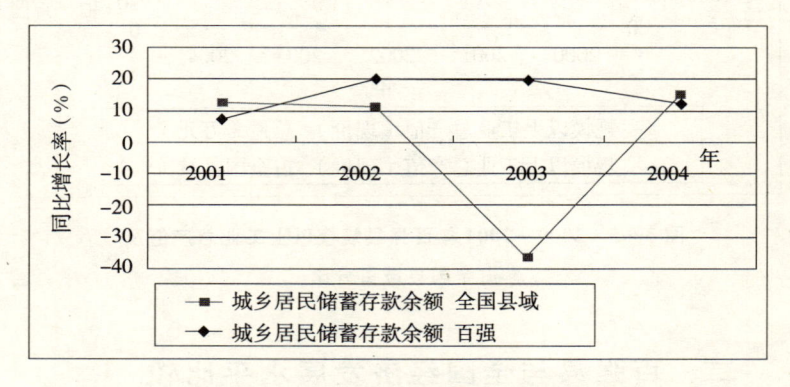

图3—4 2001—2004年百强县与全国县域城乡居民
储蓄存款余额同比增长率

(三)百强县工业总产值占全国县域近一半

2000年至2004年全国百强县规模以上工业总产值(现价)不断上升,2000年百强县规模以上工业总产值(现价)总量为123546719.7万元,2001年增至139082486.7万元,上涨15535767万元;2002年、2003年分别到达177033040.7万元、238029580万元,增幅最大;2004年为340863501.5万元,增长幅度相对平缓。同期百强县规模以上工业总产值(现价)占全国县域比也从18.22%增长至46.81%,其中2003年增幅最大,从2002年的20.33%增加到45.29%,增加了25个百分点,增长一倍多,而2004年所占比例为46.81%,保持平稳小幅上升,占全国县域水平近一半(图3—5)。

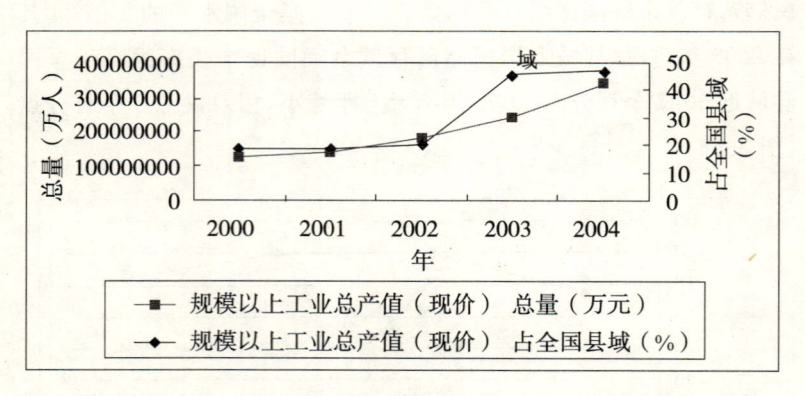

图3—5　2000—2004年百强县规模以上工业总产值及占全国县域百分比

二、百强县与全国经济发展水平比较

我国百强县经济发展势头强劲,位于全国经济发展水平前列。

2000年至2004年五年间,百强县人均国内省生产总值、城乡人均居民储蓄存款余额、人均年末机构各项贷款余额、人均规模以上工业企业数、人均规模以上工业总产值及人均基本建设投资完成额都远远高于全国人均水平;而增长速度也高于或与全国增长速度持平(表3—9、3—10)。

表3—9 百强县与全国经济人均发展水平比较

经济指标		2000年	2001年	2002年	2003年	2004年
人均国内生产总值	百强(元)	16553.55	18930.86	21584.27	25667.79	31070.13
	全国(元)	7086	7651	8214	9111	10561
人均地方财政收入	百强(元)	632.61	880.32	976.94	1319.63	1314.12
	全国(元)	505.44	611.41	662.89	762.22	899.57
城乡居民储蓄存款余额	百强(元)	10150.17	11150.28	12817.53	15279.98	16486.71
	全国(元)	5075.81	5779.53	6765.95	8018.27	9197.42
年末金融机构各项贷款余额	百强(元)	9701.75	10629.5	12729.02	17136.22	18451.44
	全国(元)	7840.36	8800.23	10221.16	12303.64	13708.79
规模以上工业企业数	数值(个)	0.000376	0.000430	0.000485	0.000570	0.000673
	全国(个)	0.000129	0.000134	0.000141	0.000152	0.000169
规模以上工业总产值(现价)	人均(元)	19383.22	22320.70	27213.24	36468.45	50271.89
	全国(元)	6759.64	7478.75	8623.89	11009.4	14402.92
基本建设投资完成额	人均(元)	1251.55	1143.58	1606.64	2802.82	4346.43
	全国(元)	1159.41	1161.20	1375.34	1772.74	—

资料来源:根据《中国县(市)社会经济统计年鉴》和《中国统计年鉴》2000—2004年整理,中国统计出版社

表 3—10　百强县与全国经济增长速度比较

（单位:%）

经济指标		2001 年	2002 年	2003 年	2004 年
国内生产总值	百强	14.36	14.02	18.92	21.05
	全国	8.77	8.07	11.62	16.60
地方财政收入	百强	36.04	15.86	35.53	3.45
	全国	21.81	9.12	15.68	18.71
城乡居民储蓄存款余额	百强	7.39	20.01	19.61	12.09
	全国	14.66	17.83	19.22	15.38
年末金融机构各项贷款余额	百强	7.11	25.02	35.07	11.86
	全国	13.03	16.9	21.10	12.08
规模以上工业企业数	百强	11.61	17.65	18.08	22.58
	全国	5.14	6.01	8.08	11.84
规模以上工业总产值（现价）	百强	12.57	27.29	34.45	43.20
	全国	11.41	16.06	28.43	31.59
基本建设投资完成额	百强	−10.67	46.68	75.03	61.09
	全国	10.37	19.21	29.67	—

资料来源:根据《中国县（市）社会经济统计年鉴》和《中国统计年鉴》2000—2004 年整理，中国统计出版社

（一）百强县经济实力领先于全国平均水平

百强县人均国内生产总值及其增长速度远高出全国水平百强县的生活水平,已经接近小康社会的标准。2000—2004 年,百强县人均国内生产总值连续增长,分别是 16553.55 元、18936.86 元、21584.27 元、25667.79 元、31070.13 元,全国人均国内生产总值分别是 7086 元、7651 元、8214 元、9111 元、10561 元,百强县人均国内

生产总值明显高于全国人均国内生产总值,且增长幅度也大于全国人均国内生产总值。同期百强县国内生产总值同比增长率也高于全国水平,2001年至2004年百强县国内生产总值同比增长率分别为14.36%、14.02%、18.92%、21.05%,呈现持续增加的趋势;而全国国内生产总值同比增长率分别是8.77%、8.07%、11.62%和16.60%,也是不断上升,但每年低于百强县增长速度约6个百分点(图3—6、3—7)。

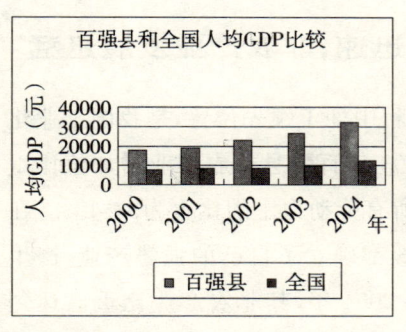

图3—6 百强县人均GDP比较

图3—7 百强县与全国GDP增长比较

(二)百强县人均地方财政收入高于全国人均水平

百强县整体经济发展位于全国前列,其人均地方财政收入也连续五年高于全国人均地方财政收入。2000年至2004年百强县人均地方财政收入分别是632.61元、880.32元、976.94元、1319.63元和1314.12元,而全国人均地方财政收入分别是505.44元、611.41元、662.89元、762.22元、899.57元;百强县人均地方收入高于全国人均地方财政收入的幅度也逐年增大(图3—8)。

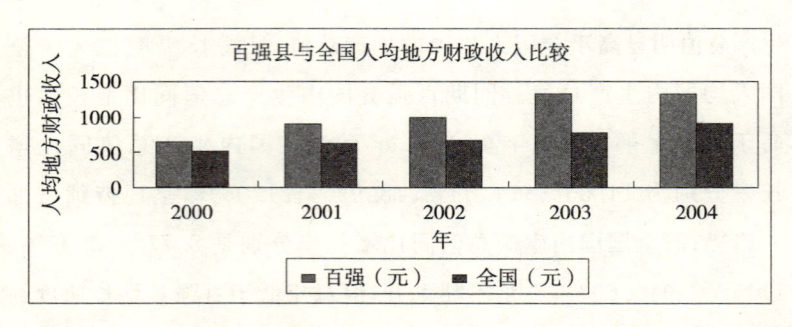

图 3—8　百强县人均地方财政收入与全国比较

三、百强县工业发展迅速,非农产业发展迅猛

百强县在工业化和城镇化进程中处于领先位置,是我国工业化和城镇化进程中的重要力量。2003年百强县非农产业增加值比重达到91.6%,农林牧渔劳动力在所有劳动力中的比重为38.4%。在经济结构调整过程中,百强县一般都确立了自己的强势产业,产生了一大批著名企业和著名品牌。2004年,其非农产业比重已达到90.4%,从事二、三产业的劳动力约占70%;城镇建成区面积约占行政面积的10%,其中绿化面积占1/3,城镇居民生活污水处理率接近60%;平均实际利用外资金额达到1.7亿美元,是全国县域平均水平的10倍,而这正是作为衡量投资环境好环的重要指标。

（一）百强县工业实力雄厚,规模以上工业企业数及总产值增速不断加快

百强县规模以上工业企业迅速增长。规模以上工业企业数同比增长率,百强县从2001年的11.61%增加到2004年的22.58%,增长2倍,且均高于全国县域同比增长水平,尤其在2003年,百强县规模以上工业企业数同比增长率18.08%,远高于全国县域50多个百分点(图3—9)。

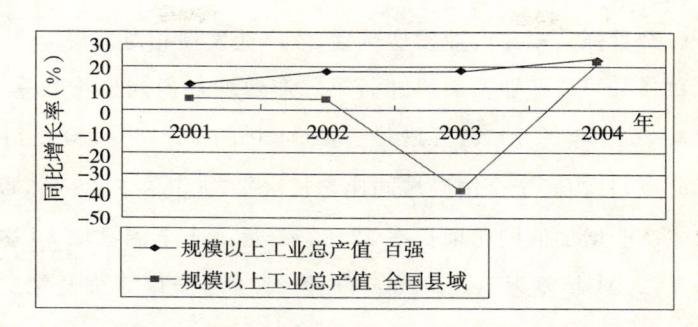

图 3—9 2001—2004 年百强县与全国县域规模以上
工业企业数同比增长率

百强县规模以上工业总产值增长迅速。规模以上工业总产值（现价）同比增长率，百强县从 2001 年的 12.57% 增加到 2004 年的 43.20%，增加将近 4 倍，且均每年都高于全国县域同比增长水平，尤其在 2003 年，百强县规模以上工业总产值（现价）同比增长率 34.45%，远高于全国县域近 70 个百分点。与全国相比，百强县工业发展明显处于更高水平，2000 年百强县人均规模以上工业总产值为 19383.22 元，到 2004 年已增长至 50271.89 元，而全国分别是 6759.64 元、14402.92 元，增长速度明显低于百强县，且差距有逐步拉大的趋势（图 3—10、3—11）。

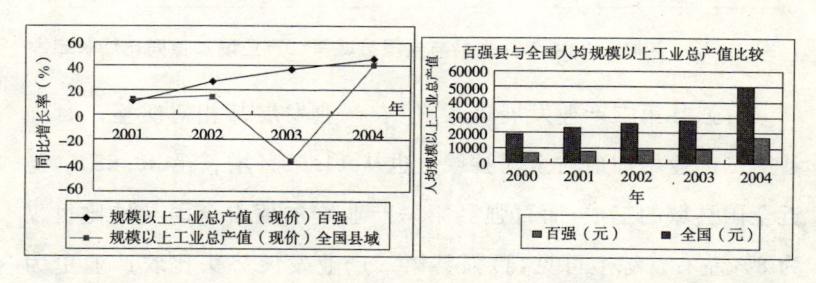

图 3—10 百强县与全国规模以上
总产值增速比较

图 3—11 百强县与全国规模以上
总产值比较

(二)百强县第二产业发展迅猛,农产业发展相对缓慢

百强县第二产业发展迅速。第二产业增加值同比增长率,百强县从 2001 年的 10.71% 增加到 2004 年的 25.24%,增长约 15 个百分点,且均高于全国县域同比增长水平,尤其在 2003 年,百强县第二产业增加值同比增长率 22.82%,远高于全国县域 50 多个百分点,2004 年差距不大。2000 年至 2004 年全国百强县第二产业增加值不断上升,2000 年百强县第二产业增加值总量为 58501602 万元,2001 年增至 64764211 万元,上涨 6262609 万元; 2002 年、2003 年分别达到 77194640 万元、94810525 万元,增幅最大;2004 年为 118744241 万元,增长幅度相对平缓(图 3—12)。

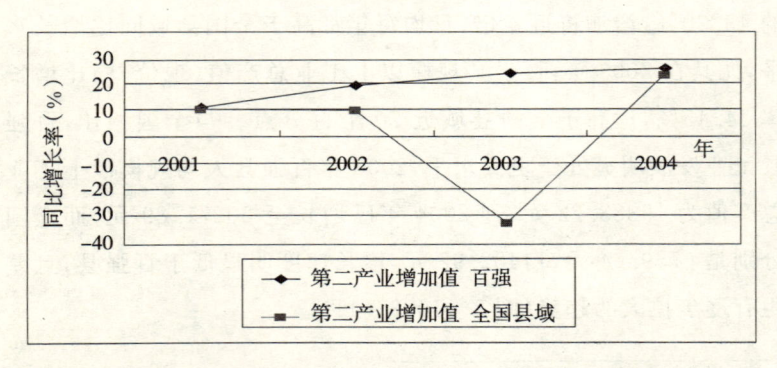

图 3—12 2001—2004 年百强县与全国县域第二产业增加值同比增长率

百强县第二产业发展迅猛,但农产业发展却相对缓慢。百强县第二产业增加值占全国县域比也从 14.90% 增长至 30.65%,逼近全国县域的三成;而百强县第一产业增加值占全国县域比也仅为 8% 左右。综上可见,百强县第二产业发展势头比农产业更为强劲(图 3—13、3—14)。

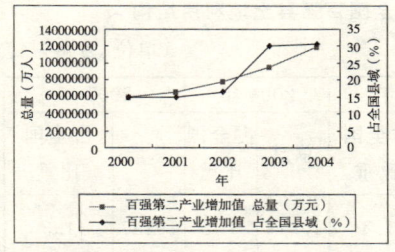

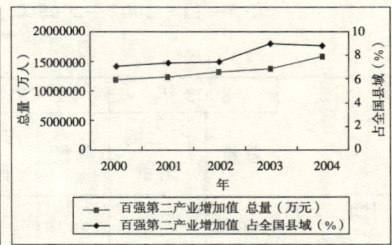

图 3—13　百强县第一产业增加值
　　　　　与全国比较

图 3—14　百强县第一产业增加值
　　　　　与全国比较

四、百强县外贸活动积极活跃

2003 年,百强县县均完成基本建设投资 17.9 亿元,县均贷款余额 112 亿元,实际利用外资总额达到 1.5 亿美元,分别比上年增长 73%、37%、46%。县均出口总额达到 6.5 亿美元,比上年增加了 41%。

第三节　百强县土地利用特征分析

一、百强县土地利用结构变化分析

2005 年,百强县土地总面积 19237 万亩,占全国土地面积 1.4%。农用地占全国农用地 1.4%,其中,耕地占全国耕地比重 3.3%、园地占 6.4%、林地占 1.2%、牧草地站 0.2%、其他农用地占 4.8%;建设用地占全国建设用地的 5.7%,其中,居民点及工矿用地占 5.9%、交通用地占 5.9%、水利设施用地占 4.4%;未利用土地占全国为利用土地的 0.3%;其他土地占 3.6%(表 3—11)。

表 3—11 2002—2005 年全国百强县土地利用结构

(单位:万亩,%)

		2002 年		2003 年		2004 年		2005 年	
		总量	占全国比重	总量	占全国比重	总量	占全国比重	总量	占全国比重
土地调查面积		19624	1.4	19430	1.4	19419	1.4	19237	1.3
农用地	耕地	6410	3.4	6267	3.4	6116	3.3	5987	3.3
	园地	1053	6.5	1055	6.3	1106	6.5	1104	6.4
	林地	4229	1.2	4183	1.2	4195	1.2	4210	1.2
	牧草地	699	0.2	693	0.2	681	0.2	676	0.2
	其他农用地	1831	4.8	1831	4.8	1871	4.9	1853	4.8
	合计	14222	1.4	14028	1.4	13968	1.4	13830	1.4
建设用地	居民点工矿用地	2139	5.7	2180	5.7	2261	5.9	2299	5.9
	交通用地	170	5.5	182	5.7	197	5.9	205	5.9
	水利设施	248	4.7	246	4.6	247	4.6	237	4.4
	合计	2557	5.5	2608	5.6	2705	5.7	2741	5.7
未用地	未利用土地	1208	0.3	1196	0.3	1161	0.3	1090	0.3
	其他土地	1636	3.7	1598	3.6	1584	3.6	1576	3.6
	合计	2844	0.7	2794	0.7	2746	0.7	2666	0.7

资料来源:根据国土资源部土地整理中心提供的数据整理计算

(一)百强县建设用地持续扩大

2002 年至 2005 年,百强县建设用地面积持续增加,占全国建设用地比例依次增长:2002 年是 2557 万亩;2003 年是 2608 万亩,上涨

51万亩;2004年为2705万亩,比2003年增多97万亩,增幅也有所增加;2005年是2741万亩,上升36万亩;2002年至2005年,百强县建设用地占全国建设用地比重各为5.5%、5.6%、5.7%、5.7%。

(二)土地总量及其他用地均有下降

2002年至2005年,百强县土地调查面积有所下降,占全国土地调查面积比重保持稳定:2002年是19624万亩,占全国比重1.4%;2003年是19430万亩,占全国比重1.4%;2004年为19419万亩,占全国比重1.4%;2005年是19237万亩,占全国比重1.3%。

百强县农用地面积不断下降,占全国农用地比例保持不变:2002年是14222万亩,2003年是14028万亩,2004年为13968万亩,2005年是13830万亩;下降幅度逐年攀升,2003年比2002年下降60万亩,2004年比2003年下降183万亩;而百强县农用地占全国农用地比重稳定在1.4%(图3—15)。

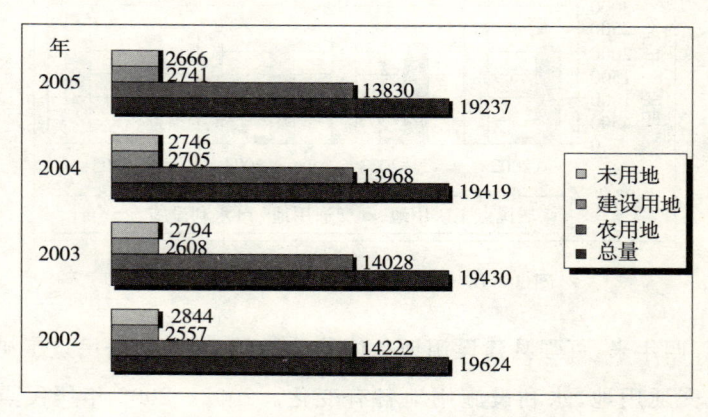

图3—15 2002—2005年土地利用结构

2002—2005年,百强县未用地面积不断减少,占全国未用地比例保持稳定:2002年是2844万亩,2003年是2794万亩,2004年为

2746万亩,2005年是2666万亩;下降幅度呈现增加趋势,2003年比2002年下降48万亩,2004年比2003年下降80万亩;百强县未用地占全国为用地比重均为0.7%。其中2002—2005年未利用土地明显下降,分别为1208、1196、1161、1090万亩,占全国比重稳定0.3%;2002—2005年其他土地也略有下降,分别为1636、1598、1584、1576万亩,占全国比重由2002年的3.7%稍降为3.6%。

二、百强县建设用地利用特点及趋势

(一)百强县建设用地持续增加

建设用地主要包括居民点工矿用地、交通用地、水利设施用地。建设用地中的居民点工矿建设用地明显上涨,交通用地略有上升但上涨幅度不大,水利设施用地有微小下降(图3—16)。

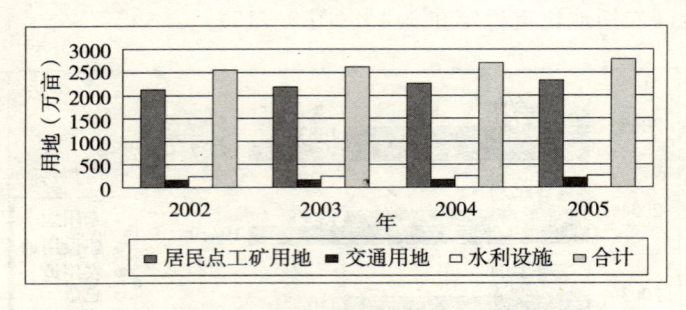

图3—16 百强县建设用地结构变化图

四年来,百强县建设用地总体持续增长,其中的居民点工矿用地、交通用地、水利设施用地各有变化。2002—2005年居民点工矿用地不断上升,分别为2139、2180、2261、2299万亩;交通用地也略有上升,分别为170、182、197、205万亩;而水利设施用地略有下降,分别为248、246、247、237万亩。

（二）百强县建设用地占农用地有较大回落

在百强县建设用地不断增长的情况下,其占用农地及耕地数量每年都有变动。具体来讲,2002年至2005年间,建设用地总量占农地、居民点工矿用地、交通用地及水利设施占农地均呈现出波浪式增长,即2004年达到最高值,而2005年均有较大幅度的回落;同时,建设用地总量占耕地、居民点工矿用地、交通用地占农耕地在短期内呈现出倒"U"形变化,而水利设施占耕地在2005年有明显增加(表3—12和图3—17、图3—18)。

2002—2005年,百强县建设用地占农用地面积波动起伏:2002年是82万亩,其中居民点工矿用地、交通用地和水利设施占

表3—12 百强县建设用地占农用地情况

（单位:万亩）

	2002年		2003年		2004年		2005年	
	占农地	占耕地	占农地	占耕地	占农地	占耕地	占农地	占耕地
建设用地	82	50	81	60	102	58	76	43
居民点工矿用地	72	45	70	51	86	49	65	37
交通用地	8	5	11	9	13	9	9	5
水利设施	2	0	0	0	3	0	2	1

资料来源:根据国土资源部土地整理中心提供的数据整理

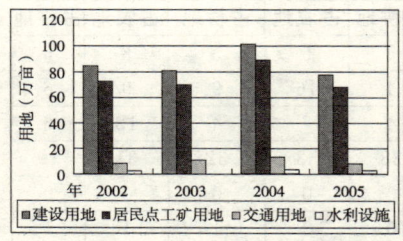

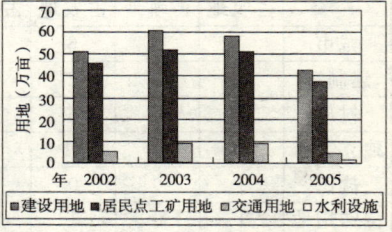

图3—17 各类建设用地占农地情况　图3—18 各类建设用地占耕地情况

农耕地分别是 72 万亩、8 万亩和 2 万亩;2003 年为 81 万亩,与前一年基本持平,其中居民点工矿用地、交通用地和水利设施占农耕地分别是 70 万亩、11 万亩和 0 万亩;2004 年迅速增至 102 万亩,其中居民点工矿用地、交通用地和水利设施占农耕地分别是 86 万亩、13 万亩和 3 万亩;而 2005 年却又下降到 75 万亩,是四年来最低水平,其中居民点工矿用地、交通用地和水利设施占农耕地分别是 65 万亩、9 万亩和 2 万亩。另外,2002—2005 年百强县建设用地占耕地面积与其占农用地情况不同,呈现倒"U"形变化趋势,分别为 50、60、58、43 万亩。

(三)独立工矿用地是建设用地增加的主要原因

居民点工矿用地又包括城市用地、建制镇用地、村庄用地、独立工矿用地、盐田用地及特殊用地。其中,独立工矿用地占农耕地最多,短期内呈现倒"U"形下降趋势;其次为建制镇用地,呈波浪式变化趋势;城市用地与村庄用地相仿,呈现"U"形趋势略有增长;而盐田用地和特殊用地占农耕地较少(表 3—13 和图 3—19、图 3—20)。

表 3—13 百强县居民点工矿用地占农用地情况

(单位:万亩)

	2002 年		2003 年		2004 年		2005 年	
	占农地	占耕地	占农地	占耕地	占农地	占耕地	占农地	占耕地
城市	7	5	6	5	6	3	8	6
建制镇	11	6	6	4	16	9	9	6
村庄	8	4	5	4	7	4	12	6
独立工矿	44	30	51	38	53	32	34	19
盐田	1	0	0	0	0	0	0	0
特殊用地	1	0	1	0	3	1	1	1

资料来源:根据国土资源部土地整理中心提供的数据整理计算

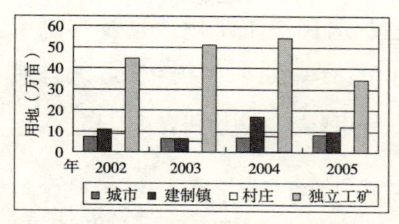

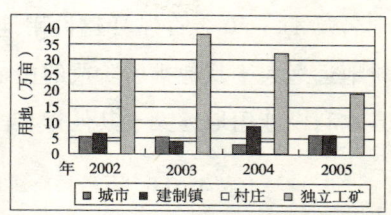

图 3—19　居民点工矿用地占农地情况　图 3—20　居民点工矿用地占耕地情况

2002—2005 年,百强县居民点工矿用地中独立工矿用地占农耕地面积比例最大。2002 年独立工矿用地占农用地和耕地分别是 44 万亩、30 万亩;2003 年分别增至 51 万亩和 38 万亩;2004 年基本保持稳定,分别占用 53 万亩、32 万亩;2005 年独立工矿占农耕地有大幅下降,分别达到 34 万亩和 19 万亩。建制镇和村庄用地相对较少,而盐田及其他特殊用地占农耕地几乎为零。说明在百强县中,建设用地占农用地绝大多数是独立工矿,这主要是因为百强县以工业为主的经济发展特点。

(四)公路占用耕地较多是交通用地扩大的主要原因

交通运输用地涵盖铁路用地、公路用地、民用机场用地、港口码头用地和管道运输用地。其中公路用地占农耕地最为突出,并且在短期内呈现倒"U"形下降趋势;其次为铁路用地,呈波浪式变化趋势;民用机场与港口码头用地占农用地情况大体一致,近两年略有增长;而管道运输占农耕地很少(表 3—14 和图 3—21、图 3—22)。

(五)百强县建设用地变化与其排名特点分析

百强县不同排名段的建设用地利用情况不尽相同。通过对 2004 年及 2002 年百强县不同排名段的建设用地情况比较分析,发现百强县建设用地排名特征变化并不大,并且有一定的规律性。前十名及 41—50 名百强县建设用地量、居民点工矿用地量及其占用耕地远远大于其他排名阶段的用地量;61—70 名和 91—100 名百强县水利设施用地远大于其他排名段县市(表 3—15 和表 3—16)。

表 3—14 百强县交通运输用地占农用地情况

(单位:万亩)

	2002 年		2003 年		2004 年		2005 年	
	占农地	占耕地	占农地	占耕地	占农地	占耕地	占农地	占耕地
铁路	1	1	0	0	0.5	0.4	0.3	0
公路	7	4	11	9	11.9	8.2	8.2	5
民用机场	0	0	0	0	0.1	0.2	0.1	0
港口码头	0	0	0	0	0.1	0	0.1	0
管道运输	0	0	0	0	0	0	0	0

资料来源:根据国土资源部土地整理中心提供的数据整理

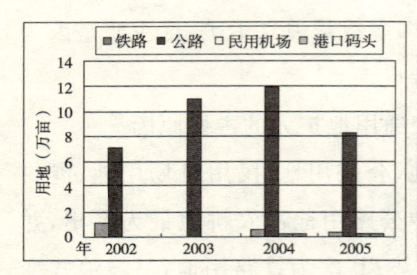

图 3—21　交通用地占农地情况　　图 3—22　交通用地占耕地情况

2004 年,百强县前十强县主要集中于江苏、浙江及广东发达省,其建设用地总量远远大于其他县,达到 414.2 万亩,占耕地 14.8 万亩;居民点工矿用地也比其他县多,总量是 367.3 万亩,占耕地是 12.6 万亩;交通用地量也高于其他县,但差别不大,总量是 32.9 万亩,占耕地 2 万亩;而十强县的水利设施用地总量为 14 万亩,低于其他排名段县的水利设施用地量,占耕地 0.2 万亩。建设

表 3—15 2004 年百强县不同排名段的建设用地情况

(单位:万亩)

	建设用地		居民点工矿用地		交通用地		水利设施	
	总量	占耕地	总量	占耕地	总量	占耕地	总量	占耕地
1—10	414.2	14.8	367.3	12.6	32.9	2.0	14.0	0.2
11—20	299.7	8.5	249.5	7.8	24.3	0.7	25.9	0
21—30	224.6	3.9	192.4	3.6	26.7	0.3	15.5	0
31—40	221.2	3.2	187.9	2.9	15.2	0.3	18.1	0
41—50	325.3	5.4	280.8	4.7	22.3	0.7	22.2	0
51—60	251.6	3.9	210.9	3.0	19.3	1.0	21.4	0
61—70	236.7	4.0	177.0	3.5	12.9	0.5	46.8	0
71—80	275.7	5.9	236.5	4.3	20.1	1.6	19.1	0
81—90	227.1	4.4	188.8	3.5	17.2	0.5	21.1	0.1
91—100	228.6	4.4	169.7	3.2	15.7	1.1	43.3	0

资料来源:根据国土资源部土地整理中心提供的数据整理计算

用地总量和居民点工矿用地总量位于第二的是排名在 41—50 位的百强县,均低于十强县近 90 万亩,其居名工矿点也仅次于十强县为 280.8 万亩;这个排名段的县是广东高明、浙江上虞、山东即墨、浙江永康、山东邹城、江苏丹阳、山东章丘、上海崇明、山东寿光和山东兖州,其中山东寿光建设用地最多为 86 万亩,其次是山东的即墨、邹城以及章丘,分别是 38 万亩、35 万亩、36 万亩,主要因为山东这几个县正处于工业建设发展阶段,建设用地明显高于其他县。建设用地总量最低的是位于 31—40 名的百强县,为 221.2 万亩,占耕地 3.2 万亩,低于十强县 190 多万亩;位于 21—30 名的百强县建设用地也较低,为 224.6 万亩,占耕地 3.9 万亩。在水利设施用地方面,位于 61—70 和 91—100 排名段的县水利设施用地最多,远高出其他县;北京密云、新疆库尔勒、浙江嵊泗、江苏溧阳、浙江象山、浙江东阳、山东莱州、四川温江、浙江新昌及河北三河,其中密云和溧阳水利建设用地分别达到26万亩和10万亩,占据头筹,而其他县市此项用地并不多;91—100名中,水利用地主要集中在天津静海、天津宁河和广东开平,分别是12万亩、10万亩、7万亩(表3—15、3—16)。

表3—16 2002年百强县不同排名段的建设用地情况

(单位:万亩)

排名	建设用地		居民点工矿用地		交通用地		水利设施	
	总量	占耕地	总量	占耕地	总量	占耕地	总量	占耕地
1—10	370	12	329	11	27	1	14	0
11—20	276	9	230	8	21	1	26	0
21—30	201	5	170	4	15	0	16	0
31—40	208	5	178	5	12	0	18	0
41—50	315	3	272	3	19	0	24	0
51—60	274	3	231	3	18	0	25	0
61—70	225	3	167	3	11	0	47	0
71—80	256	3	220	3	27	1	19	0
81—90	214	2	180	2	16	0	18	0
91—100	217	4	162	3	14	0	42	0

资料来源:根据国土资源部土地整理中心提供的数据整理

2002年百强县建设用地排名特征与2004年基本一致,百强县前十强县和排名41—50名县的建设用地总量最高,达到370万亩和315万亩;他们的居民点工矿用地也比其他县多,总量各为392万亩及272万亩;十强县的水利设施用地总量为14万亩,低于其他排名段县的水利设施用地量。建设用地总量最低的也是位于21—30和31—40名的百强县,分别为201万亩和208万亩。与2004年同样,位于61—70和91—100排名段的县水利设施用地最多,分别达到47万亩和42万亩,远高出其他县。

三、百强县农用地特点及趋势

(一)百强县农用地逐年减少

农用地主要包括耕地、园地、林地、牧草地等。百强县农用地总体逐年减少,但其中耕地、园地、林地、牧草地等各有不同的变动(图3—23)。

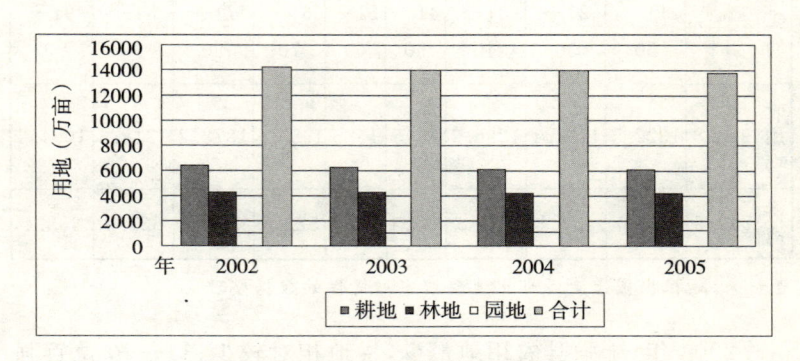

图3—23 我国百强县农用地利用表

2002—2005年耕地持续下降,分别为6410、6267、6116、5989万亩;园地略有上升,分别为1053、1055、1106、1104万亩;林地变化不大,分别为4229、4183、4195、4210万亩;牧草地有所下降,分别为699、693、681、679万亩;其他农用地变化不大,分别为1831、1831、1871、1853万亩。百强县农用地显示出不断下降的趋势,其中主要是耕地下降,而其他如林地、牧草地和其他农用地变化并不大,园地还略显上升。

(二)不同排名段百强县农用地特点分析

不同排名段的百强县农用地利用情况也有较明显差异。百强县前十名农用地和耕地比较少,分别是923.8万亩和529.5万亩,后十名的农用地为1094.2万亩,也相对较少;其他排名段农用地相对较多,且每十名呈递增态势,但耕地的排名段特性并不显著(表3—17)。

表3—17 2004年百强县不同排名段的农用地情况

(单位:万亩)

排名	1—10	11—20	21—30	31—40	41—50	51—60	61—70	71—80	81—90	91—100
农用地	923.8	1322.5	1151.1	1296.9	1545	1585	1953.3	1878.2	1218.3	1094.2
耕地	529.5	613.0	439.1	551.3	897.1	525.5	522.5	781.9	621.9	633.4

资料来源:根据国土资源部土地整理中心提供的数据整理

2004年,十强县农用地最少,耕地相对较少;11—20位百强县农耕地分别为1322.5万亩、613万亩;21—30位百强县主要位于浙江、福建省,其农用地为1151.1万亩,耕地最少,是439.1万亩;41—50名百强县主要位于山东省,其农用地是1545万亩,而耕地最多,达到897.1万亩;农用地最多的是位于61—70名的百强县,农耕地分别为1953.3万亩和522.5万亩,其中新疆库尔勒农用地是711万亩,远高出该排名段农用地第二位的密云近500万亩。农用地较多的百强县集中于41—50名、51—60名、61—70名、71—80名,分别是1545万亩、1585万亩、1953.3万亩、1878.2万亩,此段百强县多位于山东、四川、河北、河南、内蒙古、辽宁省。

2002年与2004年排名特征相同,十强县农用地最少为599万亩;21—30位百强县耕地最少,是478万亩;耕地最多的是位于41—50名的百强县,达到917万亩;61—70名的百强县农用地最多,其农耕地分别为1949万亩和539万亩。其中农用地较多的百强县集中于41—50名、51—60名、61—70名、71—80名,分别是1537万亩、1736万亩、1949万亩、1889万亩。说明百强县农用地排名分布特征并没有变化,百强县分布结构基本稳定(表3—18)。

表3—18　2002年百强县不同排名段的农用地情况

(单位:万亩)

排名	1—10	11—20	21—30	31—40	41—50	51—60	61—70	71—80	81—90	91—100
农用地	976	1341	1171	1304	1537	1736	1949	1889	1225	1095
耕地	599	630	478	575	917	588	539	792	652	640

资料来源:根据国土资源部土地整理中心提供的数据整理

四、百强县与全国土地利用比较

百强县各类土地利用指标同比增长率,与全国县域各类经济指标同比增长率相比,具体来看,农用地同比增长率、耕地同比增长率、未利用地同比增长率以及各类建设占用未利用地同比增长率,自2003年至2005年三年间均是负值即呈下降态势,且其绝对值均高于全国水平;各类建设占用农用地和未利用地同比增长率、各类建设占用农用地同比增长率除了在2004年是正值外,均呈现为负值即下降趋势,且绝对值高于全国县域水平且保持连续增长;

建设用地同比增长率、居民及工矿点同比增长率,自 2003 年至 2004 年三年间均是正值;各类建设占用耕地同比增长率自 2004 年起开始呈现负值(表 3—19)。

表 3—19　百强县与全国土地利用指标同比增加率比较

(单位:%)

指标		2003 年	2004 年	2005 年
农用地	百强	−1.37	−0.42	−0.99
	全国	0.07	−0.007	0.004
耕地	百强	−2.23	−2.41	−2.10
	全国	−2.01	−0.77	−0.30
建设用地	百强	2.00	3.70	1.33
	全国	1.11	1.57	1.18
居民及工矿点	百强	1.92	3.71	1.71
	全国	1.03	1.48	1.11
未利用地	百强	−1.78	−1.72	−2.91
	全国	−0.30	−0.17	−0.15
各类建设占用农用地和未利用地	百强	−1.41	20.70	−25.47
	全国	−11.12	31.61	−23.28
各类建设占用农用地	百强	−0.82	25.01	−25.07
	全国	−9.50	41.41	−24.67
各类建设占用耕地	百强	21.29	−3.13	−26.67
	全国	16.59	27.80	−27.56
各类建设占用未利用地	百强	−5.05	−7.05	−28.93
	全国	−17.19	−8.53	−14.46

资料来源:根据国土资源部土地整理中心提供的数据整理

从表 3—19 中我们可以明显看出以下变化规律:

(一)百强县农用地面积占全国农用地比例基本不变

2002 年百强县农用地为 14222 万亩,2003 年是 14028 万亩, 2004 年为 13968 万亩,2005 年是 13830 万亩,占全国比重均保持在1.4%;其中2002—2005年耕地持续下降,分别为6410、6267、6116、5989万亩,占全国比重也由2002年、2003年的3.4%降到3.3%;2002—2005年园地略有上升,分别为1053、1055、1106、1104万亩,占全国比重分别为6.5%、6.3%、6.5%和6.4%;2002—2005年林地变化不大,分别为4229、4183、4195、4210万亩,占全国比重均保持在1.2%;2002—2005年牧草地有所下降,分别为699、693、681、679万亩,占全国比重均保持在0.2%;2002—2005年其他农用地变化不大,分别为1831、1831、1871、1853万亩,占全国比重保持在4.8%、4.9%。全国农用地保持上升态势,但百强县农用地却显示出不断下降的趋势,其中主要是耕地下降,而其他如林地、牧草地和其他农用地变化并不大,园地还略显上升。

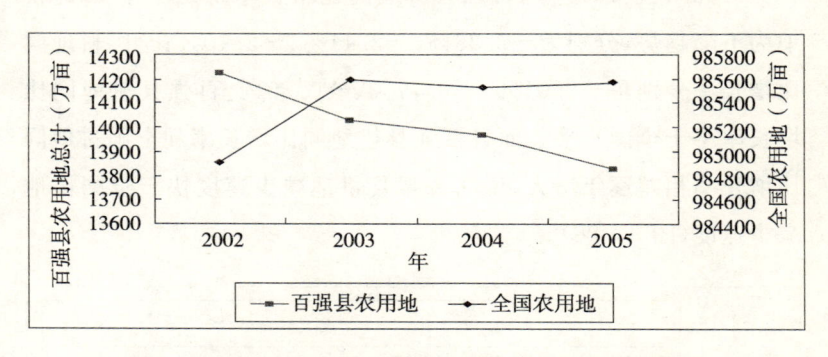

图3—24 2002—2005年百强县与全国农用地利用情况

(二)百强县农用地整体减少速度快于全国农用地减少速度

2003至2005年,百强县农用地同比增长率都是小于0,即农用地为下降趋势,分别为－1.37%、－0.42%、－0.99%;全国农用地同比增长率分别是0.07%、－0.007%、0.004%,百强县农用地同比增长率小于全国水平。而且百强县农用地同比增长率和全国农用地同比增长率相差较大,说明百强县农用地减少速度远远快于全国农用地减少速度(图3—25)。

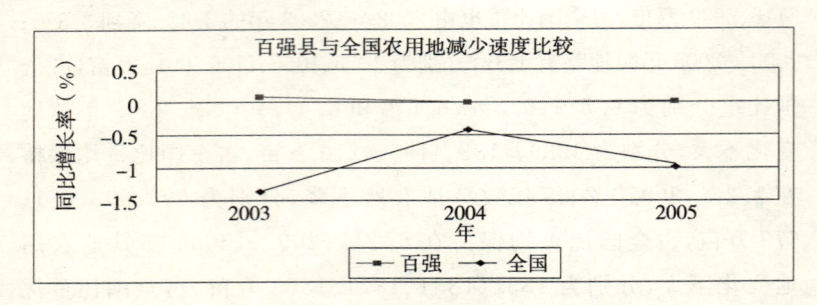

图 3—25 2003—2005 年农用地同比增长速度比较

(三)百强县耕地减少速度快于全国水平

2003 年至 2005 年,百强县耕地同比增长率都是小于 0,即耕地为下降趋势,分别为－2.23％、－2.41％、－2.10％;全国耕地同比增长率分别是－2.01％、－0.77％、－0.30％,百强县耕地同比增长率小于全国水平。而且百强县耕地同比增长率和全国耕地同比增长率相差逐年增大,说明百强县耕地减少速度快于全国耕地减少速度(图 3—26)。

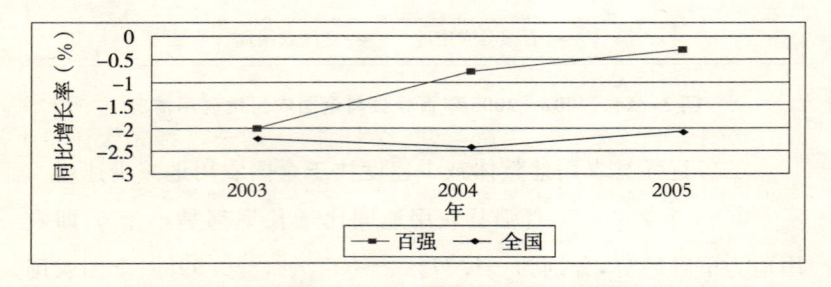

图 3—26 2003—2005 年耕地同比增长速度比较

(四)百强县建设用地面积占全国建设用地比例逐年增加

2002 年百强县建设用地是 2557 万亩,2003 年是 2608 万亩,

2004年为2705万亩，2005年是2741万亩，占全国比重均各为5.5%、5.6%、5.7%、5.7%；其中2002—2005年居民点工矿用地占全国比重也由2002年、2003年的5.7%升到5.9%；交通用地占全国比重有所增加，分别为5.5%、5.7%、5.9%和5.9%；水利设施用地占全国比重依次下降，分别是4.7%、4.6%、4.6%、4.4%。全国建设用地保持上升趋势，百强县建设用地不仅持续上涨，而且其占全国建设用地比重也有上升趋势，其中居民点工矿建设用地占全国比重也有明显上涨，交通用地全国比重上升趋势表现更快，水利设施用地占全国比重变化不大（图3—27）。

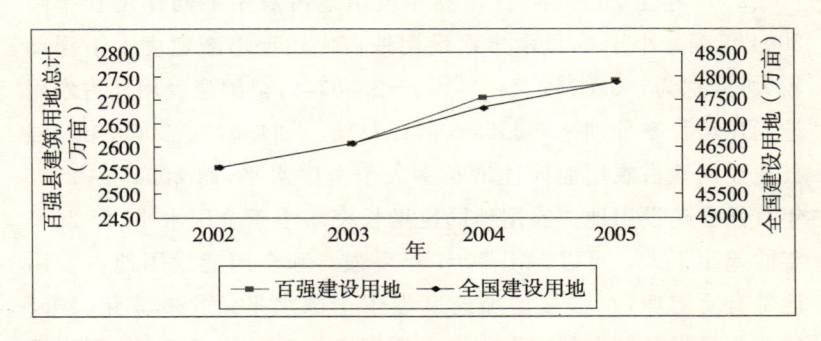

图3—27　2002—2005年百强县与全国建设用地利用情况

（五）百强县建设用地增加速度快于全国水平

2003年至2005年，百强县建设用地同比增长率都是大于0，即建设用地有不断上升的趋势，分别为2%、3.7%、1.33%；全国建设用地同比增长率分别是1.11%、1.57%、1.18%，2003、2004年百强县建设用地同比增长率大于全国水平，而2005年百强县建设用地同比增长率小于全国水平，但差距不大。可以看出百强县建设用地增加速度快于全国建设用地增加速度，但2005年其增长速度又被全国反超（图3—28）。

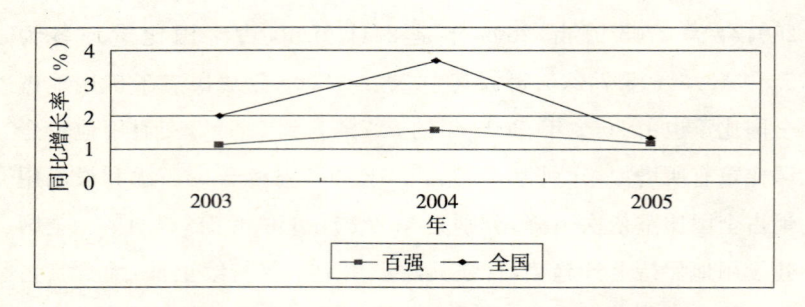

图 3—28 2003—2005 年建设用地同比增长速度比较

(六)百强县建设用地占农用地增减速度上下波动

2003 年至 2005 年,百强县建设用地占农用地同比增长率除 2004 年都是小于 0,显示出建设用地占农用地增减速度上下浮动较大,分别为 -0.82%、25.01%、-25.07%;全国建设用地占农用地同比增长率分别是 -9.50%、41.41%、-24.67%,2003 年百强县建设用地占农用地同比增长率大于全国水平,而 2004 年、2005 年百强县建设用地占农用地同比增长率均小于全国水平,但 2005 年的差距不大。可以看出 2004 年百强县和全国建设用地占农用地是有所增加,百强县增加速度慢于全国水平,而 2003 年、2005 这两年百强县和全国建设用地占农用地是下降的,2003 年百强下降慢于全国,2005 年两者减少速度相近(图 3—29)。

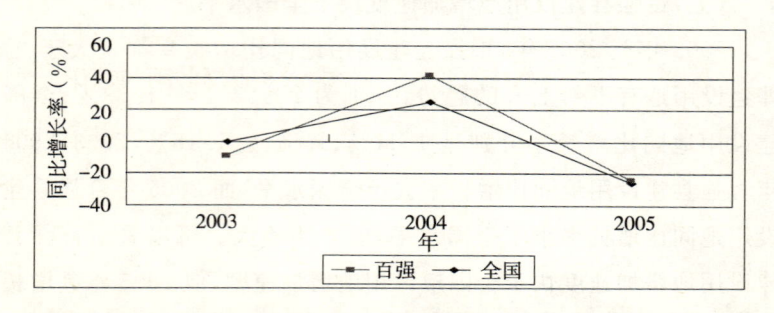

图 3—29 2002—2005 年建设用地占农用地同比增长速度比较

(七)百强县建设用地占耕地同比增长率直线下降

2003年至2005年,百强县建设用地占耕地同比增长率除2003年都小于0,显示出建设用地占用耕地有所下降,分别为21.29%、－3.13%、－26.67%;全国建设用地占用耕地同比增长率分别是16.59%、27.8%、－27.56%,2003年百强县建设用地占用耕地同比增长率大于全国水平,而2004年百强县建设用地占用耕地同比增长率远小于全国水平呈负值,而2005年的两者建设用地占用耕地均为下降,下降速度差距不大。可以看出2003年百强县建设用地占用耕地是有所增加,增加速度快于全国水平,从2004年起百强县建设用地占用耕地不断下降(图3—30)。

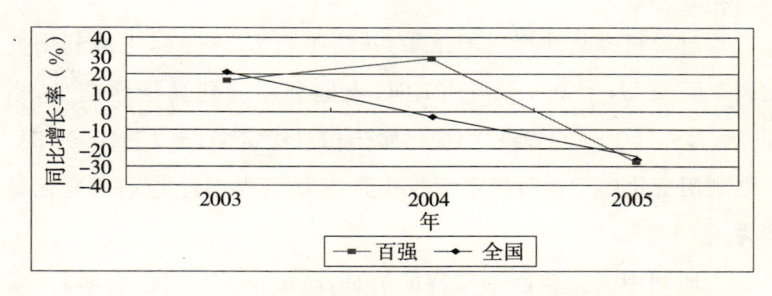

图3—30 2003—2005年建设用地占耕地同比增长速度比较

第四节 对中国百强县土地利用变化程度的综合测定

为了确定百强县土地利用变化的类型,我们选择2003—2005年四种主要用地类型(耕地、林地、居民点工矿用地和交通运输用地)的年增长率、主要类型在各市县所占比例的变化程度以及各市县主要土地类型自身比重的变化三类指标,刻画土地类型的综合变动状态。

通过以下计算方法:$L_{cv} = \left| \sqrt[t]{S_t/S_0} - 1 \right|$,$S_t$ 和 S_0 分别为末期和基期各类型土地的面积,t 为评测期;$L_{cp} = |P_t - P_0|$,$L_{cw} = |W_t - W_0|$,P_t, P_0 和 W_t, W_0 分别为末期和基期的各类型土地的结构比例。根据上述三类指标求得土地利用综合变动系数:

$L_c = \prod_{j=1}^{m} Y_j$ (1) 和 $Y = \left[\sum_{i=1}^{m} X_i / n\right] \times 100$ (2) 按照公式(1)和(2)求得土地利用综合变动系数,按照各地区的土地利用综合变动系数 Lc 的大小,并参照 Y1,Y3 和 Y3 的值,进行区域土地利用变化类型划分。

通过对百强县计算后的结果,并按照当 $Lc>1$ 时,土地利用变化属于巨变型;当 $0.1<Lc<1$ 时,土地利用变化属于缓变型;当 $0.01<Lc<0.1$ 时,土地利用变化属于相对稳定型;当 $Lc<0.01$ 时,土地利用变化属于相对稳定型的分类办法,百强县土地利用变化类型为:

土地利用变化属巨变型特征的是:昆山市、惠阳区、崇明县、东胜区、武进区、江阴市、绍兴县、义乌市、嘉善县、胶南市、宜兴市、斗门县、龙口市、胶州市和海门市;

土地利用变化属于缓变型是:莱州市、六合县、桓台县、长兴县、新会区、平湖市、吴江市、三水市、余姚市、桐庐县、顺德市、蓬莱市、武安市、鄞州区、张家港市、迁安县、惠安县、德清县、富阳市、奉化市、章丘市、常熟市和密云县;

土地利用变化属于相对稳定型的有:巩义市、招远市、南海市、库尔勒市、即墨市、广饶县、河津市、温江区、桐乡市、兖州市、福清市、余杭区、晋江市、东阳市、太仓市、开平市、丹阳市、慈溪市、萧山区、溧阳市、长乐市、海盐县、静海县、永康市、象山县、邹平县、金坛市、莱西上虞市、增城市、海宁市、温岭市、通州市、长岛县、石狮市、寿光市、石河子市、邹城市、乳山乐、乐清市、仪征市、靖江市、新昌县、鹿泉市和诸城市；

土地利用变化属于稳定型的有：瑞安市、临安市、扬中市、鹤山市、诸暨市、荣成市、玉环县、海城市、宁海县、文登市、绥芬河市、三河市、高淳县、宁河县、高明市和嵊泗县。

仔细对百强县 $Lc>1$ 土地利用变化属于巨变型，$0.1<Lc<1$ 土地利用变化属于缓变型，$0.01<Lc<0.1$ 土地利用变化属于相对稳定型和当 $Lc<0.01$ 土地利用变化属于相对稳定型等不同土地类型，进行土地利用结构、区域分子和排名分析后，可以发现以下特点：

第一，首先土地利用变化总体上呈现正太分布形状。巨变型（15 个）和稳定型（16 个）的县相对较少，而属于相对稳定性（43 个）和缓变型（23 个）的较多。这一方面说明了我国目前土地利用已经开始出现了变化，土地稳定性的县很少，但是，大多数还是属于正在变化，发生较大变化的还是少数。

第二，属土地巨变型的县主要是经济发展较快，是大多排名靠前的百强县，从区域分布来看，属于江苏、浙江和广东。从土地利用结构来看，居民和工矿用地变动快是主要原因。

第三，属于稳定性型的百强县大多在区域分布上大多属于非珠三角和非长三角地区，且主要依靠农业或者资源性的区域。排名大多在 70 名左右。

第四,属于相对稳定性型和渐变性的百强县在区域分布上大多属于珠三角和长三角地区和环渤海区域,产业则主要属于工业、商业和特色产业等。排名大多位于 30 名到 60 名之间,而 50 名左右的居多。

第四章　中国百强县土地利用与经济发展关系初步探讨

第三章对中国百强县经济发展和土地利用的特点分别进行了分析与探讨,使我们对百强县有了一个比较清楚的认识,但是,百强县的经济发展与土地利用之间的相互关系是怎样的呢？我们将分两章来进行探讨。本章主要讨论两个问题:第一,从定性分析角度考察土地利用与经济发展之间内在逻辑关系和变化方向;第二,根据中国百强县经济发展和土地利用结构综合判断其发展所处阶段。

第一节　经济发展与土地利用结构演变过程的一般性特点

一般来说,在国民经济处于以第一产业为主的工业化初期,土地利用注重的是直接取得产品,所以土地利用类型在耕地、园地、林地、牧草地、水域和未利用地之间竞争和转化。假设不同用地类型的效益为 E_i,X_i 为不同土地类型的纯收益,Y_i 为用地规模,则用地效益 $E_i = X_i/Y_i$。不同土地用途效益的存在,致使土地类型不断进行转换,构成了土地利用变化的利益驱动机制。

在第一产业为主的经济发展阶段,农用地和生态用地的竞争是其驱动机制;其中农用地包括耕地、园地,生态用地包括林地、牧草地、水域和未利用地。生态用地不直接产生经济利益,具有土地利用上的外部性,对整个公共利益有利。由于土地利用目标的层次性,在不同的利用层次上,土地利用的主要目标也不同。而区域土地利用主体在追求利用效益时有着共同目标和不同的个人目标,在这种情况下,生态用地便有可能转化为农用地。

随着第一产业值在国民生产总值中比例的下降和第二、三产业比例的上升,经济发展到工业化的中期阶段。在第二、三产业内部存在着比较效益的同时还存在着第一产业的竞争,且第三产业的用地效益大于第二产业,第二、三产业也远远大于第一产业的用地效益,这样第一产业的用地就有可能进入第二、三产业,使第一产业比值下降,土地利用类型向工业用地转换,形成独立工矿或城镇建设用地。

此时的竞争既存在于第二、三产业内部用地竞争,也存在于第一产业用地之间的竞争,表现为农用地的减少和建设用地的迅速增加。在农用地内部,耕地由种植粮食作物快速转移为种植效益高的经济作物。而由于第二、三产业用地要求相对较好的基础设施条件,所以在城乡结合部的耕地更容易转化为建设用地,耕地大量减少和第二、三产业用地增加是这个阶段的鲜明特征。该阶段土地利用变化的驱动力,主要是由于第二、三产业用地增加引起的,表现为追求最大经济效益和环境安全效益之间的矛盾。

在工业化的第三阶段,第一产业比重迅速降低,并且保持在一个很低水平;同时,在第二、三业比例中,第三产业的比例增加迅速。在这个阶段,第一、二产业用地都有转化为第三产业用地的可能性；而且在农用地向建设用地转移的同时，也迅速向生态用地转移。所以，这个阶段土地利用变化的特点就表现为农用地的快速减少和环境、建设用地的快速增加。

第二节 中国百强县土地利用结构变化与经济发展关系

就百强县来看，在工业化推进过程中，产业结构的变动必将引起土地资源在不同产业之间重新分配，促使土地利用结构发生变化。也就是说产业结构不断升级的表现就是第一产业比重减少，第二、三产业比重增加迅速。而第一产业产值减少速率与耕地面积的减少速率比较一致，表现为农业结构战略性调整对土地利用结构的影响非常显著。第二、三产业比重增加与建设用地面积增长具有相关性。百强县二、三产业的比重非常大，都在90%以上，2004年二、三产业比重增加的速率快于2003年二、三产业比重的增加速率。而2004年建设用地增加的速度快于2003年建设用地的增加速度。

就百强县目前的发展情况来看，整体上还属于工业化的中后

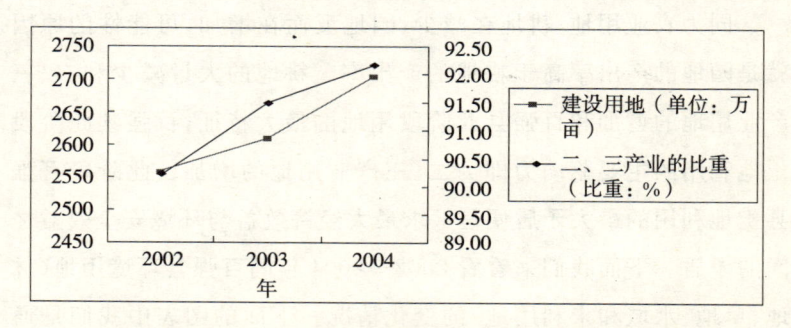

图4—1 百强县二、三产业的比重与建设用地面积的变化

期阶段。第二、三产业用地的效益远大于第一产业的用地效益。上文的简单计算也验证了这一点,2004 年建设用地的产出率为 11200 万/km²,而耕地 2004 年的产出率为 5000 万/km²。这样第一产业的用地就有进入第二、三产业的动力,表现为农业用地的减少和建设用地的增加,这和百强县的实际情况也是相符的。百强县 2002 年的农业用地为 14222.26 万亩,建设用地为 2557.03 万亩;2004 年的农业用地为 13968 万亩,建设用地为 2705 万亩。此阶段,农用地的内部,耕地由种植粮食快速转移为种植效益高的经济作物高的经济作物,耕地也会向园地等转化,图 4—2 为 2002—2004 年耕地、园地的变化趋势。

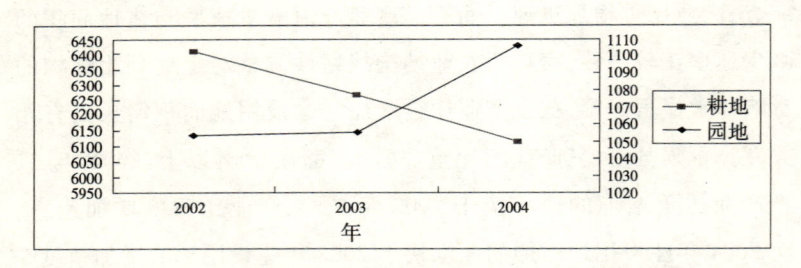

图 4—2 百强县 2002—2003 年耕地、林地的变化趋势

同为农业用地,耕地在减少,园地反而在增加,可能性的原因就是园地的产出率高于耕地的产出率。耕地的大量减少和二、三产业用地的增加和百强县此阶段用地的最大特征,百强县此阶段土地利用的主要驱动力即为二、三产业用地的增加。此阶段百强县土地利用的最大矛盾便是追求最大经济效益与环境安全效益之间的矛盾。下面我们来看看 2002—2004 年间百强县环境用地(林地、草地、水域和未利用地)的变化情况。下面的图表中我们是通过林地、牧草地和未利用地的加总来表示环境用地的。

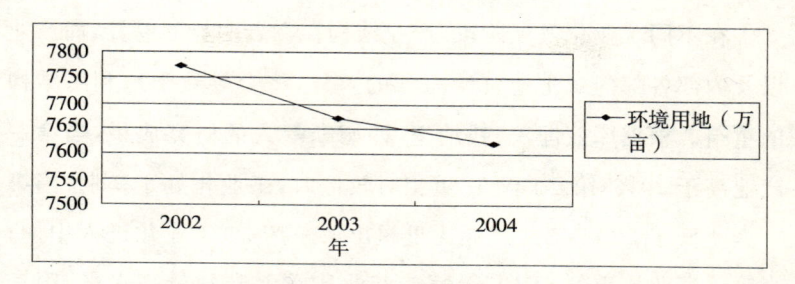

图 4—3　百强县 2002—2002 年环境用地的变化情况

从上图我们可以看出百强县的环境用地是不断减少的。根据以上的分析,我们可以得出结论:百强县目前处于工业化的中后期阶段,耕地、环境用地的减少速度都是非常快的。各县、市政府在发展经济的同时,一定要注意环境与耕地的保护、环境的保护,以使得经济能够得到可持续的发展。

第三节　对中国百强县经济发展的总体评判

根据经济发展与土地利用结构演变过程及特点,那么,我们如何来判断我国百强县目前所处的经济发展阶段呢?了解这些对于我们进一步的分析百强县土地与经济发展关系,进而依此来对中国土地利用与经济发展关系是否协调进行判断是极其有用的。

通过已有的研究成果和理论经验,结合我国百强县经济发展现状和产业结构的特点,我们认为,我国百强县目前从整体上处于向工业化中后期转化阶段。

在不同工业化发展阶段,产业结构存在着明显的差异,而产业以及内部各部门对土地资源需求的差异,将会导致土地利用结构的重组。根据库兹涅茨、钱纳里、西姆斯等人的研究成果,当第一产业高于20%,第二产业比重相对较低时,工业化处于初期;当第一产业低于20%,第二产业比重超出第三产业,工业化进入中期;当第一产业比重低于10%,第二产业比重上升到最高水平,第三产业比重不断提升,标志着工业化进入后期。按照上述标准,我们分别计算了2002年、2003年和2004年百强县的三次产业结构(表4—1)。

表4—1 百强县三次产业所占的百分比(%)

年份	第一产业	第二产业	第三产业
2002	9.91	56.06	34.04
2003	8.54	57.76	33.70
2004	7.82	58.95	33.23

资料来源:根据百强县统计资料整理

根据百强县三次产业比重的特点:第一产业的比重低于10%,且呈逐年递减趋势;第二产业的比重超过第三产业,呈逐年增加趋势;第三产业的比重呈逐年递减趋势。目前百强县三次产业的比重兼有工业化中期和后期的特征。根据这一特点,我们可以看出,整体而言,百强县现在处在工业化的中后期,第二产业的比重即将上升到最高水平,第三产业即将由递减的趋势转为递增的趋势。某种程度而言,我们的判断也是符合实际情况的。现在百强县中的大部分县市纷纷提出:转变经济增长方式,由粗放型转变为集约型增长,大力发展第三产业。

第四节　中国百强县土地利用与经济发展因素间关系初步分析

从百强县整体看，其土地资源是极其稀缺的。随着其经济社会发展进程的加快，工业化、城市化进程的加快，土地资源必将构成其发展的瓶颈。导致土地利用方式和目的发生变化的驱动力主要存在于自然和社会两个系统。在自然系统中，气候、土壤、水分等被认为是主要的驱动力类型；而在社会系统中，驱动土地利用变化的因素主要有人口变化、经济增长、技术进步、贫富状况、政治经济结构和价值观念等。本部分主要从人口、经济增长、工业化和粮食产量四个大的方面来对此进行分析。

一、土地利用与人口的关系

人口增长是土地利用变化的主要驱动因子之一。土地提供了人类赖以生存的基本物质条件，从而改变其生存环境。因此，人口数量的多少直接影响到土地的变化。在土地利用变化的研究中，人口因素常被作为综合参数来反映人类活动在土地利用变化中的贡献。我们一般会认为人口的增加与耕地数量增长、未利用地面积呈负相关关系，而与建设用地的增长呈正相关的关系，其理论机理便是：人口增长引起对居住、交通等用地的需求，从而导致部分耕地和未利用地转化为居住、交通等非农建设用地。关于人口与耕地之间的关系，国际上的研究是人口与耕地之间有着某种程度上正相关关系（但相关程度不是很高），而国内大部分的研究结论是：在我国目前的发展阶段，人口与耕地之间存在着某种程度上的负相关关系，部分地区部分时段，由于耕地保护措施的得当，人口增长与耕地之间的负相关关系不是很明显。关于这一问题，我们的分析是：由于国外的大多数国家，譬如欧美的大多数国家，其土地相对于人口是比较充裕的，所以当人口增加时，他们可以通过开垦未利用土地来增加其耕地，从而解决粮食问题；由于我国的人口基数特别大，土地相对于人口就显得不足，人口增长引起对居住、交通用地的需求，从而导致部分耕地和未利用地转化为居住、交通等非农建设用地。

通过观察百强县 2002—2004 年的发展，我们得出结论：随着人口的增长，耕地是不断减少的。2002—2004 年间，百强县土地的年变化速度大体是相同的，2003 年土地的年变化速度是 −143 万亩/年，2003—2004 年土地的年变化率为 −151 万亩/年。2004 年的人口增长快于 2003 年的人口增长，而 2004 年的耕地减少速度（指绝对值）大于 2003 年的耕地减少速度。由此可见，从近两年的数据来看，对于百强县来说，随着人口的增长速度的加快，人口总量的增长给耕地资源带来的压力也是不断递增的。从图 4—1 中我们可以得到类似的结论。

从近两年的发展我们也可以看出百强县人口数量的增加与建设用地面积的增长呈正相关性。随着人口的不断增加，人们对生活和生产用地需求增加，建设用地面积增加。2004 年建设用地面积增加的速度快于 2003 年，2003 年建设用地面积的增加速度为 51 万亩/年，而 2004 年建设用地面积增加速度为 97 万亩/年，而 2004 年人口的增加速度也是快于 2003 年。图 4—2 为百强县人

第四章 中国百强县土地利用与经济发展关系初步探讨

口的变化与建设用地变化的相关性分析。

所以,从近两年的数据来看,我们可以判断出耕地数量的变化与人口数量的变化呈正相关关系,而建设用地数量的变化与人口数量的变化呈正相关关系。并且随着人口增长的加快,耕地减少的速度、建设用地的增加速度也是加快的。

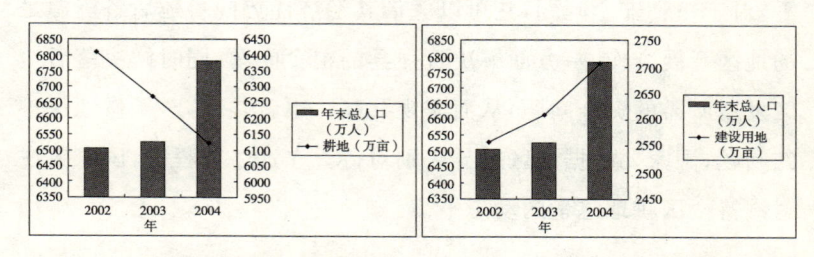

图4—4　百强县人口增长与耕地面积变化

图4—5　百强县人口增长与建设用地面积变化

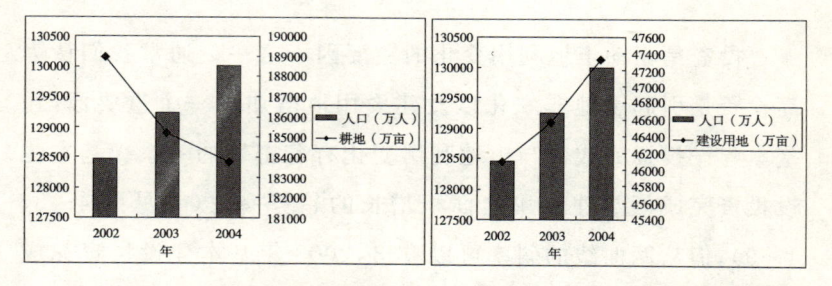

图4—6　全国人口增长与耕地面积变化

图4—7　全国人口增长与建设用地面积变化

通过比较图4—4、图4—5、图4—6和图4—7曲线的倾斜度,我们可以得出结论:相对于2003年,2004年百强县耕地的减少速度是加快的,而全国耕地的减少速度是放缓的;百强县建设用地的增加速度是加快的,全国建设用地的增加速度也是加快的。也就是说,随着经济社会发展的加速,无论百强县还是全国,建设用地的增加速度都是逐渐加快的,而百强县耕地的保护程度弱于全国。这是值得我们警惕的一点,总体来说,百强县要加强对耕地的保护,要注意粮食安全。

但是我们要考虑到百强县的经济发展阶段高于全国平均水平,对于粮食安全问题,它可以凭借其经济优势同耕地后备资源足的地区开展合作,一方面解决百强县的粮食问题,同时解决落后地区发展所需的资金问题,从而实现共赢。也就是说,对于耕地保护的问题,国家要根据地区差异区别对待。在这一过程中,国家要注意维持全国耕地总量的动态平衡。

二、基本建设投资完成额与土地利用关系分析

投资是驱动土地利用变化的主要因子之一。通常我们认为高投资是引起土地非农化以及建设用地增加的一个重要原因。基本建设投资完成额与土地利用变化有着密切的关系。基本建设投资完成额与建设用地面积增长的趋势一致(参见图4—8、4—9),但从两曲线的斜率可以看出,2003年基本建设投资完成额增加的速率大于建设用地增加的速率。2003年我国正处于固定资产投资过快阶段。到了2004年,由于惯性的作用,基本建设投资完成额继续保持高速增长,增长速度和2003年比起来,有所加快。在高速增长的基本建设投资完成额的带动下,2004年建设用地的增加速度也快于2003年建设用地的增加速度。

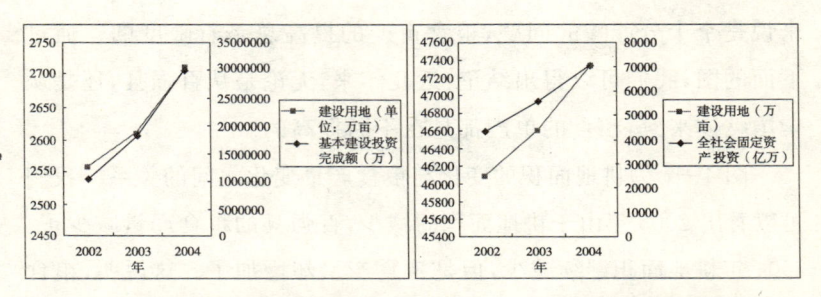

图 4—8　百强县基本建设投资与建设用地变化

图 4—9　全国基本建设投资与建设用地变化图

固定资产投资的增长先于建设用地的增长,固定资产投资的增长是建设用地增长的诱导性因素。从全国的数据来看,建设用地的引致性需求也是非常明显的。

无论从全国的,还是从百强县的数据来看,2002—2004 年,投资增加的速度、建设用地增加的速度都是加快的,这与我们经济社会发展的不断加速是有关的。但由于百强县整体经济社会发展水平高于全国的平均水平,所以百强县投资增加的速度、建设用地增加的速度均快于全国增加的速度。以上的分析均可以从图 4—8 和图 4—9 中看出。这在一定程度上也再次验证了投资与建设用地有着某种程度上的正相关关系。

三、粮食安全、生态安全与土地利用的关系

粮食安全问题和生态安全问题是迫使人们在土地利用的过程中克制自身行为,保持一定数量耕地、林地和草地的重要因素。从这一角度来说,粮食安全问题和生态安全问题是土地利用变化的重要驱动因素之一。

百强县人均耕地面积只有 0.90 亩,所以粮食安全对于百强县

来说是个十分严峻的问题,粮食亩产的提高总是有限度的。通过下面的图,我们可以得出结论:近几年来,无论是从百强县,还是从全国整体来看,粮食的单产都是在不断提高的。

图4—7为耕地面积的变化与粮食产量变化之间的关系。我们可以看出2003年由于耕地面积的减少,百强县的粮食产量减少了。2004年耕地面积继续减少,但是粮食产量却增加了。这说明,粮食单产水平的提高对粮食产量的影响,超过了耕地面积减少的影响。百强县2003年和2004年人均耕地面积的变化与耕地面积变化的趋势以及粮食产量的变化与人均粮食产量变化的基本趋势是一致的。

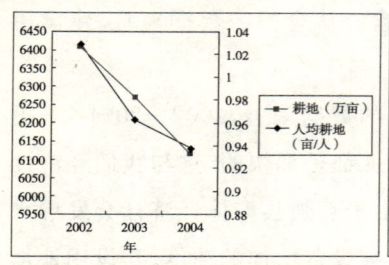

图4—10 百强县耕地面积变化与人均耕地面积变化

图4—11 百强县粮食产量的变化与人均粮食产量变化

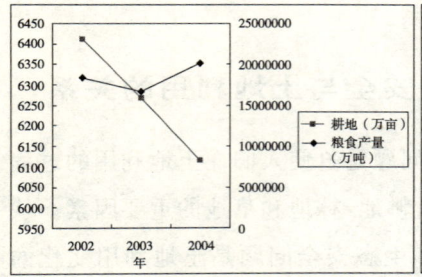

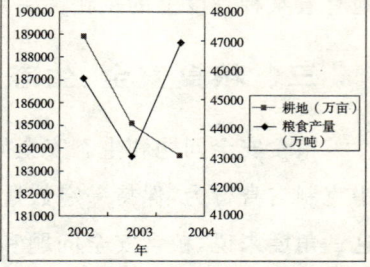

图4—12 百强县耕地面积的变化与粮食产量的变化

图4—13 全国耕地面积变化与粮食产量的变化

全国的耕地变化的数据和粮食产量变化的数据也可以说明2003—2004年我国粮食单产在不断地提高。

通过上文的分析,我们可以得出结论:整体来说,百强县现在处于工业化的中后期阶段。现阶段,耕地与人口、GDP、投资额、二、三产业的比重有着某种程度上的负相关关系;而建设用地与人口、GDP、投资额、二、三产业的比重有着某种程度上的正相关关系。耕地与粮食产量之间的关系是不确定的,耕地减少也不意味着粮食产量一定会下降,当亩产提高对粮食产量的影响超过耕地减少的影响时,粮食产量提高,但是粮食单产的提高总是有限度的。现阶段的百强县一个重要特征就是耕地的大量减少,土地利用中重要矛盾之一是追求最大经济效益与环境安全效益之间的矛盾。所以现阶段的百强县一定要加强对耕地的保护,加强对环境的保护,以保持经济社会的可持续发展。

同时我们要注意经济发展过程中的耕地减少并非都是坏事,耕地保护应区别对待。虽然我国目前耕地是在不断减少的,但是我们应当看到在我国加快经济结构调整战略性步伐的大环境下,我国耕地减少的速度是在下降的。并且目前减少的耕地相当一部分是用于基础设施建设的,而基础设施的建设能够刺激内需,推动经济的良性发展。生态退耕也是目前耕地减少的一个重要原因之一,而生态退耕是保护土地资源的特殊举措,有利于生态环境和耕地安全,是有利于子孙后代的大事。从这些方面来看,经济发展过程中的减少不一定是件坏事。并且我们要注意经济发展过程中的耕地保护也应该区别对待,经济发达的地区应转变土地利用方式,走内部挖掘的道路,加强内部拆迁改造和土地整理的力度,耕地向规模经营集中,工业向园区集中,居民向城镇集中,以提高土地配置和利用效率；经济发展比较缓慢的地区应加强规划、避免重复建设，城镇建设不能再像过去那样"摊大饼式"占用大量耕地，一些沿海地区可以因地制宜，积极、稳妥地开发滩涂资源以增加耕地资源。此外，还要树立整体一盘棋的概念，积极开展地区间的协作，如经济发达地区自身增加耕地的潜力很小，但可以凭借自己的经济优势与耕地后备资源相对富余的经济欠发达地区进行合作，投资开发土地，既解决了自己的粮食问题，又支援了欠发达地区的经济建设，相互取长补短，一举两得。总之，在保证全国耕地总量动态平衡的前提下，各个地区允许存在差异，耕地数量可以增加、不变或减少。

第五章 中国土地利用与经济发展相关度测度分析

　　第四章对中国百强县土地利用与经济发展关系进行了定性分析和简单的比较,为了能更清楚土地利用与经济发展之间内在量化关系,本章将集中对我国百强县土地利用与经济发展进行量化分析,通过采用计量模型分别对建设用地和耕地与经济发展中的GDP、投资、产业结构、工业产值等等进行分析。数据为2002—2004年百强县经济指标,以面板数据来进行回归分析。回归分析主要分为两大块:首先是一一对应关系的回归,然后是多个因素综合考虑的多元回归。在一一对应关系研究中我们主要考察了各种用途的土地面积与经济变量之间相关关系。在内容上我们分为以下几个方面来进行。第一,中国百强县土地利用与经济发展相关度总体分析。第二,不同排名间百强县土地利用与经济发展相关度特点与比较。第三,不同区域间百强县土地利用与经济发展相关度的特点与差异比较。第四,不同模式百强县土地利用与经济发展相关度的特点与差异比较。

第一节 采用面板数据进行模型分析的基本原理

　　在回归分析中,有按时间序列数据或截面数据之分,例如时间序列数据是变量按时间得到的数据;截面数据是变量在截面空间上的数据。面板数据也称时间序列截面数据或混合数据。面板数据是同时在时间和截面空间上取得的二维数据。面板数据从横截面上看,是由若干个体在某一时刻构成的截面观测值,从纵剖面上看是一个时间序列。

面板数据用双下标变量表示。例如

$y_{it}, i=1,2,\ldots,N; t=1,2,\ldots,T$

N 表示面板数据中含有 N 个个体。T 表示时间序列的最大长度。若固定 t 不变,$y_{i.}$,(i=1,2,…,N)是横截面上的 N 个随机变量;若固定 i 不变,$y_{.t}$,(t=1,2,…,T)是纵剖面上的一个时间序列(个体)。

例如 1990—2000 年 30 个省份的农业总产值数据。固定在某一年份上,它是由 30 个农业总产总值数字组成的截面数据;固定在某一省份上,它是由 11 年农业总产值数据组成的一个时间序列。面板数据由 30 个个体组成。共有 330 个观测值。

使用面板数据进行分析,相对于一般的时间序列或横截面数据而言,具有以下几个方面的优点:首先,面板数据综合了时间序列和横截面数据的优点,从时间和空间两个方向综合分析样本性质,因此面板数据模型利用的数据更多,分析的结论更加精确;其次,由于面板数据从两个纬度分析数据性质,可以得出仅用时间序列或横截面数据分析无法发现的结论或规律;第三,从技术上说,使用面板数据可以增加样本的自由度从而提高参数估计的有效性,而且还能够构造较一维数据(时间序列或横截面数据)更复杂的模型。

由于面板数据模型的这些优点,它被广泛应用于经济问题的建模实践中,如研究就业、消费结构、经济增长、技术进步和税收政策问题等等。

面板数据模型一般有三种,即聚合数据模型、固定效应模型和随机效应模型。由于百强县是根据一定规律而非随意选择的,因此不同县市之间可能存在相关性,因此并不采用随机效应模型,而使用更一般的固定效应模型。下面简单介绍一下这个模型的原理。

个体固定效应模型就是对于不同的个体有不同截距的模型。如果对于不同的时间序列(个体)截距是不同的,但是对于不同的横截面,模型的截距没有显著性变化,那么就应该建立个体固定效应模型,表示如下:

$$y_{it} = \beta_1 x_{it} + \gamma_1 W_1 + \gamma_2 W_2 + \ldots + \gamma_N W_N + \varepsilon_{it}, \quad t=1,2,\ldots,T$$

其中

$$W_i = \begin{cases} 1, & \text{如果属于第 } i \text{ 个个体}, i=1,2,\ldots,N, \\ 0, & \text{其他} \end{cases}$$

$\varepsilon_{it}, i=1,2,\ldots,N; t=1,2,\ldots,T$,表示随机误差项。$y_{it}, x_{it}, i=1,2,\ldots,N; t=1,2,\ldots,T$ 分别表示被解释变量和解释变量。

模型(※)也可以表示为

$$\begin{cases} y_{1t} = \gamma_1 + \beta_1 x_{1t} + \varepsilon_{1t}, & i=1 (\text{对于第 1 个个体,或时间序列}), \\ t=1,2,\ldots,T \\ y_{2t} = \gamma_2 + \beta_1 x_{2t} + \varepsilon_{2t}, & i=2 (\text{对于第 2 个个体,或时间序列}), \\ t=1,2,\ldots,T \\ \ldots \\ y_{Nt} = \gamma_N + \beta_1 x_{Nt} + \varepsilon_{Nt}, & i=N (\text{对于第 } N \text{ 个个体,或时间序列}), \\ t=1,2,\ldots,T \end{cases}$$

第二节 中国百强县土地利用与经济发展相关度总体分析

一、中国百强县土地利用与经济发展变量——一对应相关度分析

本部分将着重研究四组具有代表性的变量之间的一一对应关系,即地区 GDP 与建设用地面积、固定资产投资与建设用地面积、地区 GDP 与农业用地(耕地)面积以及粮食产量与农业用地(耕地)面积之间的关系。

(一)百强县 GDP 与建设用地面积相关度分析(基本结论):GDP 与建设用地之间存在正相关关系。当建设用地面积每增加 1% 时,地区 GDP 增加 2.597% 左右。如果考虑绝对量的变化,当建设用地增加 1 万亩时,地区 GDP 增加 11.448 亿元。

通过对 2002 年到 2004 年百强县建设用地变化量与 GDP 变化量之间相关度计算(在这里对因变量(GDP)和解释变量(建设用地面积)均取对数)。得出建设用地变量的系数为 2.597,说明建设用地与 GDP 之间存在正的相互联系。当建设用地面积每增加 1% 时,地区 GDP 增加 2.597% 左右。因此 GDP 对建设用地变化是有弹性的。此外,如果考虑绝对量的变化,计算结果是,当建设用地增加 1 万亩时,地区 GDP 增加 11.448 亿元。

以上计算结果充分说明了,建设用地与百强县 GDP 显示出了正相关关系,建设用地增加,必然带来区域经济增长速度加快,而且增加的幅度是很大的,这也就是我国为什么很多地区通过招商引资,

甚至低价出让土地大量的、建设开发区的真正原因。2004年以来,我国经济连续三年保持了GDP增速10%,虽然是多种因素共同作用的结果,但是,大量建设用地增加也是其中一个重要原因。同时,这个结果也从一个侧面反映了我们完全可以通过调节土地这一杠杆,用土地"闸门"这一"地根"来实施和参与国家宏观调控,效果应该相当明显。

(二)百强县固定资产投资与建设用地面积相关度分析(基本结论):固定资产投资与建设用地之间存在正相关关系。当固定资产投资增加1%时,地区GDP增加4.10%左右。考虑绝对量关系时,建设用地面积每增加1万亩,固定资产投资增加2108.075万元。

通过采用固定效应模型以及双对数回归方程,对百强县2002年到2004年固定资产投资与建设用地的关系进行回归计算,其结果是:建设用地的系数为4.09,说明建设用地的增加将导致固定资产投资的增加,且建设用地每增加1%,可以使固定资产投资增加4.09%。固定资产投资随建设用地变化很快。这从现实上看也是很合理的,因为建设用地增加必然需要相应的增加投资,因此两者存在很强的正相关关系。另一方面,考虑绝对量关系时,建设用地面积每增加1万亩,固定资产投资会增加2108.075万元。

从这里就可以看出,在统计意义上,建设用地对固定资产投资的拉动效果非常明显,就百强县平均而言,每增加1万亩建设用地,固定资产投资能增加2108.075万元之多,并且两者弹性能达到4.1左右。因此,在不同时期可以采取不同的土地政策,调控投资变化。例如,在经济萧条、社会消费不足的情况下,为了刺激投资增长,拉动消费,就可以尝试增加建设用地规模的办法,我国1998年前后所采取的很多土地政策、房地产政策实际上就是这样,对拉动投资和消费的作用很是明显的;在经济过热,尤其是投资增速过快时期,国家则可以通过严格控制建设用地的扩张来进行宏观调控干预,事实上,我国 2004 年以来持续性的投资过快现象出现的一个根本性原因就是,没有从土地这一最主要的源头控制其投资的动力源。因此,运用"土地闸门"参与宏观调控是有其合理性的,效果也会很显著。

(三)百强县 GDP 与耕地面积面积相关度分析(基本结论):地区 GDP 与耕地面积之间存在负相关关系。当耕地面积减少 1% 时,地区 GDP 增加 1.321% 左右。从绝对量上看,耕地面积每减少 1 万亩时,地区 GDP 增加 7.224 亿元。

耕地是农业发展和粮食生产的基础,粮食是关系到国家安全的重要产品。但是,耕地与 GDP 之间并不是呈现着正相关关系,而是呈现着负相关关系。这样就产生了经济发展与耕地保护之间的矛盾。那么,我国百强县 GDP 与耕地面积之间的弹性如何呢?经过计算后得出回归结果:GDP 对耕地面积的弹性为-1.321,因此,GDP 的变化与耕地变化的联系相当紧密。这从某种意义上说明了国家为什么一般通过宏观调控控制耕地变化量来调节固定资产投资以至经济增长。另一方面,若考虑绝对量的变化,耕地面积每减少 1 万亩时,地区 GDP 增加 7.224 亿元。

与 GDP 对建设用地面积的弹性作比较,GDP 对耕地面积的弹性较小,说明将耕地完全转化为建设用地可以显著促进 GDP 的增加。因此,为了调控过热的经济,除了前面提到的应该适当控制建设用地增速以外,国家还应该遏制住土地供给增加的源头,即耕地向建设用地的转化。这里的分析为国家通过严控耕地规模从而进行宏观调控经济过热提供了实证依据。

(四)百强县粮食产量与耕地面积相关度分析(基本结论):粮

食产量与耕地面积之间存在正相关关系。当耕地面积减少 1%
时,粮食产量降低 1.003% 左右。从绝对量上看,耕地面积每减少
1 万亩时,粮食产量降低 2410.058 吨。

粮食产量与耕地面积之间的正相关是毋庸置疑的,技术进步带
来的产量增加也不会改变这一长期发展规律,百强县的情况也是如
此。对 2002 年到 2004 年我国百强县粮食产量与耕地面积之间的相
关度进行计算,结果显示,两者之间弹性大于 1,粮食产量对耕地的
弹性是 1.003,说明耕地每减少 1%,粮食产量将下降 1.003%。另
一方面,若考虑绝对量的变化,耕地面积每减少 1 万亩时,粮食产量
降低 2410.058 吨。

从考察时期 2002—2004 年来看,百强县的耕地总面积是逐年
递减的,2003 年的粮食总产量远低于 2002 年水平(下降约 10%),
2004 年粮食总产量虽然有恢复性增长,但仍低于 2002 年水平。
因此从总体上看,耕地面积降低,伴随着粮食总产量的下降,这与
回归结果是吻合的。另一方面,回归分析考察了各地粮食产量的
差距,而考察总量关系时这样的差距则被完全掩盖了。

综合以上分析,我们认为,切实保护农用地,特别是保护耕地是
国家粮食安全的基本保证。这是因为粮食产量对农用地和耕地都
是有弹性的,当耕地面积减少 1 万亩时,粮食产量降低多达 2410.058
吨,比农用地面积减少相同数量时粮食产量多减少 1094.927 吨。
由此可见,耕地对粮食生产的极端重要性。

(五)百强县三次产业结构与建设用地关系(基本结论):建设
用地面积每增加 1%,三次产业结构系数(即第一产业与二、三产业
比值)降低 1.09%。此外,如果考虑绝对量的变化,建设用地面积每
增加 1 万亩,三次产业结构系数降低 0.00021。

产业结构是经济发展的重要指标,经济增长在很大程度上就

是由于产业结构的不断升级带来的。而产业结构的优化和升级与土地利用分配也具有直接关系。通过对百强县三次产业结构进行相关度回归计算结果显示:建设用地与三次产业结构系数具有负相关关系。建设用地面积每增加1%,三次产业结构降低1.09%。此外,如果考虑绝对量的变化,建设用地面积每增加1万亩,三次产业结构的水平降低0.00021。

这说明了百强县建设用地增加越多,产业结构中农业产业的比重就越低,同时也反映了在确保耕地高效利用情况下,区域经济发展还是要不断地调整产业结构,要依靠工业发展带动经济增长。

二、中国百强县土地利用与经济发展综合多元回归分析

以上我们用一一对应的方法分析了几组具有代表性的变量之间的相关度。但现实中往往是多个因素共同作用,因此,为了能更清楚地测度其相关度,我们接下来分析在综合考虑了多组变量综合影响后,建设用地与一系列经济变量之间的关系。包括建设用地与GDP、产业结构(用第一产业与二、三产业产值比例表示)、财政收入、城市化率和城镇人口的关系。

基本结论:建设用地与其余四个解释变量都是正向关系[1],即建设用地面积对GDP、产业结构、财政收入和城镇人口的弹性分

---

[1] 对于这样的多元回归,需要注意的一点是,回归结果只是表明了各变量之间的相互影响,而并不能说明它们之间的因果联系甚至相关性。如在对建设用地分析的回归中,GDP的系数为正,只是说明在其他变量不变时,GDP与建设用地具有同向变化关系,而并非说明GDP变化就是建设用地增加的原因。事实上,因果关系很可能是反向的,即建设用地面积的增加说明建设规模的扩大,从而导致了GDP的增加。

别为 0.213、0.083、0.013 和 0.006。即 GDP 每增加 1%,建设用地面积就增加 0.213%;产业结构每变化 1%,建设用地面积就增加 0.083%;财政收入增加 1%,建设用地面积就增加 0.083%;城镇人口增长 1%,建设用地面积就增加 0.006%。

通过对这些因素进行回归并进行修正,除去产业结构和城镇化率指标后,计算结果是:建设用地面积对 GDP、产业结构、财政收入和城镇人口的弹性分别为 0.213、0.083、0.013 和 0.006。即 GDP 每增加 1%,建设用地面积就增长 0.213%;产业结构变化每变化 1%,建设用地面积就增长 0.083%;财政收入增长 1%,建设用地面积就增长 0.083%;城镇人口增长 1%,建设用地面积就增长 0.006%。

这一回归结果充分说明了,建设用地与经济发展密切相关,这与前面的一一对应相关分析和计算结论是一致的。所不同的只是由于考虑了多种因素,从而,由于各要素之间的关系作用,各个因素与建设用地之间的关系才因此而发生了变化。

第三节 中国百强县土地利用与经济发展相关度排名差异分析

一、GDP 与建设用地相关关系

按照综合排名的不同阶段划分,百强县之间就新增建设用地对 GDP 贡献程度的差异不大,均介于 2%—3% 之间。在两者弹性关系上,前 30 名和中间 40 名的差异不大,后 30 名则高于前两者一点几个百分点,也高于全部百强县的平均水平,但总的说来差距不是很大。

从绝对量上看,不同排名的百强县之间的差异则比较明显。前 30 名组的 GDP 对建设用地的绝对变化量非常大,达到了 24.02 亿元每万亩,远高于中间 40 名和后 30 名组的绝对变化,以及全部百强县的平均水平。综合排名前 30 名的百强县中新增同样数量的建设用地能带来更大的 GDP,这种现象有可能是因为综合排名前 30 的经济发展相对成熟、土地利用效率较高引起的。

表 5—1　我国不同排名阶段百强县地区 GDP 与建设用地相关度比较表

排名段	相关度(相对比)	相关度(绝对数变化)
前 30 名	建设用地每增加 1%,将导致 GDP 提高 2.54%。	建设用地每增加 1 万亩,将使 GDP 增加 24.02 亿元。
中间 40 名	建设用地每增加 1%,将导致 GDP 提高 2.35%。	建设用地每增加 1 万亩,将使 GDP 增加 5.766 亿元。
后 30 名	建设用地每增加 1%,将导致 GDP 提高 3.61%。	建设用地每增加 1 万亩,将使 GDP 增加 14.066 亿元。
全部百强县	当建设用地面积每增加 1% 时,地区 GDP 增加 2.597% 左右。	当建设用地增加 1 万亩时,地区 GDP 增加 11.448 亿元。

资料来源:耕地和建设用地数据来自国土资源部数据,经济指标数据来自《中国县(市)会经济统计年鉴》,中国统计出版社和各省统计年鉴

二、固定资产投资与建设用地关系

排名越靠前,固定资产投资与建设用地关系之间绝对相关度就越大。但相对弹性系数小于后 30 名。

经过回归计算可以看出,在固定资产投资与建设用地关系方面,中间 40 名百强县的固定资产投资对建设用地的弹性明显低于前 30 名、后 30 名和平均水平。说明对于中间 40 名百强县,固定资

产投资和建设用地的变化关系不如其他排名阶段的百强县明显,这可能是因为中间 40 名的百强县包括固定资产投资对建设用地变化很敏感以及很不敏感的一些县市,它们的作用在回归分析时互相抵消掉了一部分。(由于这里选择的排名是综合排名,不仅仅考虑一两个因素的排名,因此有可能将具有很大不同特点的县市排入了同一档次,从而造成中间 40 名的回归结果不是非常明显。)

从绝对量上看,前、中、后三个档次的百强县的固定资产投资对建设用地变化的绝对量都远高于全部百强县的回归结果,并且量值高出 10 倍以上。这可能是由于按照不同排名分类时,固定资产投资对建设用地变化较大的一些县市集中在了某个排名阶段内,而在全部百强县回归时,这些县市的数据有可能互相抵消了很大一部分,从而导致对全部百强县回归的绝对量变化远低于按不同排名分别回归的情况。

表 5—2　中国不同排名段百强县固定资产投资与建设用地相关度比较表

排名段	相关度(相对比)	相关度(绝对数变化)
前 30 名	建设用地每增加 1%,将导致固定资产投资提高 4.93%。	建设用地每增加 1 万亩,将使固定资产投资增加 3.079 亿元。
中间 40 名	建设用地每增加 1%,将导致固定资产投资提高 1.111%。	建设用地每增加 1 万亩,将使固定资产投资增加 1.403 亿元。
后 30 名	建设用地每增加 1%,将导致固定资产投资提高 5.576%。	建设用地每增加 1 万亩,将使固定资产投资增加 2.865 亿元。
全部百强县	建设用地增加 1%时,固定资产投资增加 4.10%左右。	建设用地面积每增加 1 万亩,固定资产投资增加 2108.075 万元。

资料来源:耕地和建设用地数据来自国土资源部数据,经济指标数据来自《中国县(市)会经济统计年鉴》,中国统计出版社和各省统计年鉴

三、地区 GDP 与耕地面积关系

就地区 GDP 与耕地面积之间的关系来看,除了中间 40 名百

强县的回归结果不显著以外,前 30 名和后 30 名组的 GDP 对耕地面积的弹性要高于全国平均水平。而且后 30 名的弹性要高于前 30 名的弹性。在绝对量的比较上看也有类似的情况。后 30 名的 GDP 对耕地变化的绝对量高于前 30 名,前 30 名的绝对量又要高于全部百强县的平均水平。

另一方面,与地区 GDP 和建设用地面积的关系进行比较,我们发现,不论是从弹性还是绝对量上看,除了中间 40 名回归结果不显著以外,前 30 名、后 30 名以及全部百强县的平均水平都要低于相应的地区 GDP 对建设用地的弹性或绝对量变化。因此,对于前 30 名、后 30 名以及全国平均水平而言,为了刺激 GDP 以更快速度和更大幅度增长,应该降低耕地水平,并将其转换为建设用地。相应地区的 GDP 对耕地面积的关系不如其对建设用地的关系敏感,说明减少的 GDP 不完全转换为了建设用地,还有可能转换为了其他用途,如公共基础设施或者仅仅闲置起来。

表 5—3 中国不同排名段百强县地区 GDP 与耕地面积相关度比较表

排名段	相关度(相对比)	相关度(绝对数变化)
前 30 名	耕地面积每降低 1%,将导致地区 GDP 提高 1.683%。	耕地每减少 1 万亩,将使 GDP 增加 8.351 亿元。
中间 40 名	耕地面积系数虽然为负号,与先前判断相同,然而由于其在 0.1 的显著性水平下都不显著,因此中间 4 名百强县的 GDP 与耕地面积之间的关系并不显著,不能认为地区 GDP 与耕地面积呈负相关关系。	
后 30 名	耕地面积每降低 1%,将导致地区 GDP 提高 2.342%。	耕地每减少 1 万亩,将使 GDP 增加 13.032 亿元。
全部百强县	耕地面积每降低 1%,将导致地区 GDP 提高 1.321%。	耕地面积每减少 1 万亩时,地区 GDP 增加 7.224 亿元。

资料来源:耕地和建设用地数据来自国土资源部数据,经济指标数据来自《中国县(市)会经济统计年鉴》,中国统计出版社和各省统计年鉴

四、财政收入与耕地面积的关系

在财政收入与耕地面积的关系上,不论从弹性还是绝对量上看,中间40名的变化关系不如其他排名组以及全部百强县的平均水平敏感,这可能是由于中间40名的百强县包括了在财政收入与耕地面积的关系方面差异很大的县市,它们的数据在回归分析时可能互相抵消了一部分,使得中间40名的百强县在财政收入与耕地面积的关系上的敏感度不如其他排名分组。

就财政收入与耕地面积的关系的敏感度上看,前30名百强县中两者关系最敏感,后30名百强县次之。这样的回归结果并没有特别的规律性,可能是由于百强县的综合排名是综合了多方面因素的考虑,因此排名结果在某个方面并没有很明显的规律性。

表5—4 中国不同排名段百强县财政收入与耕地面积相关度比较表

排名段	相关度(相对比)	相关度(绝对数变化)
前30名	耕地面积每降低1%,将导致财政收入提高1.679%。	耕地每减少1万亩,将使财政收入增加4494.75万元。
中间40名	耕地面积每降低1%,将导致财政收入提高0.896%。	耕地每减少1万亩,将使财政收入增加1831.47万元。
后30名	耕地面积每降低1%,将导致财政收入提高1.069%。	耕地每减少1万亩,将使财政收入增加3520.27万元。
全部百强县	耕地面积每减少1%,将导致财政收入增加1.195%。	耕地每减少1万亩,将使财政收入增加2823.94万元。

资料来源:耕地和建设用地数据来自国土资源部数据,经济指标数据来自《中国县(市)会经济统计年鉴》,中国统计出版社和各省统计年鉴

五、三次产业结构与耕地面积

综合不同排名阶段的回归结果,我们看到前30名百强县的三次产业结构指标对耕地面积的弹性最大,达到了1.09%,数值大

于1,说明前30名的产业结构对耕地面积是富有弹性的。而其余两个排名阶段的三次产业结构指标对耕地面积都是缺乏弹性的。这可能是因为综合排名前30名百强县的产业结构升级最快,这些县市中可能着重发展第三产业或高新科技产业,同时大力促进农民转型,降低了农业产值的份额,使三次产业结构指标降低很快(产业结构升级很快)。中间40名和后30名百强县的产业结构指标对耕地面积的弹性都要低于全部百强县的平均水平,说明综合排名后30名的百强县产业结构升级的速度慢于全国平均水平。

另外,从绝对量上看,分阶段排名的百强县的产业结构指标对耕地变化的绝对量都要低于全部百强县的平均水平,这可能是因为在不同排名组中掺合了两者关系绝对量变化显著不同的县市,使得回归结果的变化水平偏低。

表5—5 我国不同排名段百强县三次产业结构与耕地面积相关度比较表

排名段	相关度(相对比)	相关度(绝对数变化)
前30名	耕地面积每降低1%,将导致三次产业结构指标降低1.0899%。	耕地面积每减少1万亩,将使三次产业结构指标降低约0.001。
中间40名	耕地面积每减少1%,将导致三次产业结构指标降低0.427%。	耕地面积每减少1万亩,将使三次产业结构指标降低约0.003。
后30名	耕地面积每减少1%,将导致三次产业结构指标降低0.603%。	耕地面积每减少1万亩,将使三次产业结构指标降低约0.007。
全部百强县	耕地面积每减少1%,三次产业结构(以第一产业与二三产业比重表示)会相应降低0.6412%。	耕地面积每减少1万亩,将使三次产业结构指标降低约0.0021。

资料来源:耕地和建设用地数据来自国土资源部数据,经济指标数据来自《中国县(市)会经济统计年鉴》,中国统计出版社和各省统计年鉴

六、固定资产投资与耕地面积

就固定资产投资与耕地面积的关系来看,前 30 名和后 30 名中两者的关系相近,而中间 40 名的固定资产投资对耕地面积的敏感性显著低于其他两个排名阶段,体现在中间 40 名的固定资产投资与耕地面积的弹性和绝对量变化都是最低的。另外,从比较固定资产投资与耕地面积和固定资产投资与建设用地面积关系可以看出,除了组成复杂的中间 40 名百强县之外,其余两个分组以及全部百强县的固定资产投资对耕地面积的敏感度均小于对建设用地的敏感度。因此可以得出结论,为了加快固定资产投资的增长,我们应该将减少的耕地完全转换为建设用地。而这一结论与为了促进 GDP 尽快增长得出的将减少的耕地完全转换为建设用地的结论是一致的。

从上面的分析我们可以看出以下特点:

表 5—6 我国不同排名段百强县固定资产投资与耕地面积相关度比较表

排名段	相关度(相对比)	相关度(绝对数变化)
前 30 名	耕地面积每降低 1%,将导致固定资产投资增加 4.493%。	耕地面积每减少 1 万亩,将使固定资产投资增加 12888.24 万元。
中间 40 名	耕地面积每降低 1%,将导致固定资产投资增加 2.537%。	耕地面积每减少 1 万亩,将使固定资产投资增加 31566.90 万元。
后 30 名	耕地面积每降低 1%,将导致固定资产投资增加 4.404%。	耕地面积每减少 1 万亩,将使固定资产投资增加 9044.925 万元。
全部百强县	耕地面积每降低 1%,将导致固定资产投资增加 3.475%。	耕地面积每减少 1 万亩,将使固定资产投资增加 19488.1 万元。

资料来源:耕地和建设用地数据来自国土资源部数据,经济指标数据来自《中国县(市)会经济统计年鉴》,中国统计出版社和各省统计年鉴

第一,排名越靠前,GDP与建设用地之间绝对相关度越大。但排名越靠后,GDP与建设用地之间弹性越大。

第二,排名越靠前,固定资产投资与建设用地关系之间绝对相关度就越大。但两者弹性大小处于中间位置。

第三,GDP与耕地关系的绝对和相对相关度均低于GDP与建设用地相关度系数。但前30名的绝对相关度的减少量要快于后面排名的减少量。说明在百强县排名越靠前,建设用地对GDP影响力度就越大。

第四,排名越靠前,无论是绝对变化还是相对变化,财政收入与耕地之间相关度就越大。

第五,前30名百强县的三次产业结构指标对耕地面积的弹性最大,达到了1.09%,数值大于1,说明前30名的产业结构对耕地面积是富有弹性的。而其余两个排名阶段的三次产业结构指标对耕地面积都是缺乏弹性的。这可能是因为综合排名前30名百强县的产业结构升级最快。

第四节　区域间土地利用与经济发展关系相关度差异比较

前面从总体角度分析了中国百强县土地利用与经济发展关系相关度,还从排名角度进行了差异分析,从中我们可以看出土地利用与经济发展密切相关,而且不同排名段两者之间的相关度有很大区别。但是区域之间如何呢?为了进一步分析和研究土地利用与经济发展相关度的差异,我们还要对不同区域土地利用与经济发展要素之间的关系进行分析。

一、区域空间的划分及指标选择、数据来源和分析方法

区域有不同划分标准,目前就有东中西三大地带的划分,以及东北、西北、西南、华北、华中、华南、华东七分法,还有目前根据国家区域发展战略即东部沿海率先发展、西部开发、东北振兴、中部崛起的划分,另外还有经济发展形成的经济带划分,如珠三角经济圈、长三角经济圈、环渤海(京津冀)经济圈等各种划分类型。而本文就是按照珠三角、长三角、环渤海和其他地区来对百强县划分,将百强县按照所处的不同的经济地带进行分类,可以分为长三角、珠三角、环渤海以及其他四个不同的区域。在这些不同区域中的百强县的经济发展可能有着各自的特点。

下面说明关于指标选择、数据来源和分析方法。在这里我们主要选择了耕地面积、建设用地面积作为土地利用结构变化的主要指标。这是因为土地利用中最重要就是耕地多少,耕地面积代表了农业产业占用土地的情况,即保障粮食生产供应的安全性如何?这也是任何国家经济社会发展的最基础保障。建设用地面积则反映着土地非农业化的规模和程度,也能反映工业化发展和城市化发展的速度,因为城市化和工业化加速的重要标志就是工业经济和城市经济比例的提高,即工业化占地规模扩大和比重提高。描述经济发展则主要选择了能代表经济增长和发展整体水平的指标 GDP,带动和拉动经济能力指标固定资产投资,政府运用经济和支配经济运行以及创造税收能力的指标财政收入,代表经济发

展质量的指标三次产业结构等。在分析方法上,我们采取了人们普遍运用的相关性分析方法,由于主要选取 2001 年到 2005 年的数据,所以,相关分析是一种面板数据分析,考察重点主要是地区 GDP 与建设用地面积、固定资产投资与建设用地面积、地区 GDP 与耕地面积、财政收入与耕地面积、三次产业结构与耕地面积以及固定资产投资与耕地面积等六组变量,采用了一一对应关系的回归分析。将以上六组一一对应关系计算结果进行区域比较,从中分析其差异性大小和原因。

二、土地利用与经济发展相关度的区域比较

(一)GDP 与建设用地相关度的区域差异特点

第一,GDP 与建设用地呈正相关关系。从回归分析结果亦可以看出,无论是所有的百强县,还是不同区域建设用地与 GDP 之间均呈现较高的弹性。建设用地增加,必然带来区域经济增长速度加快,而且增加的幅度是很大的,不管是长三角、珠三角、环渤海还是其他地区均是如此(表 5—7)。这个结果也解释了为什么我国很多地区通过招商引资,甚至低价出让土地大量的建设开发区的真正原因。我国 2004 年以来,经济连续三年保持了 GDP 增速 10%,虽然是多种因素共同作用的结果,但大量建设用地增加却是其中一个重要原因。

第二,环渤海地区 GDP 与建设用地相对比弹性关系最强,但绝对弹性系数小于长三角和其他地区。从表 5—7 可以明显看出,就 GDP 对建设用地的相对比弹性而言,环渤海地区的弹性最大,达到了 5.62%,远大于在不属于三大经济地带的"其他地区"的 2.89%,因此,就拉动 GDP 增长而言,环渤海地区的建设用地的效

表 5—7 中国不同区域百强县 GDP 与建设用地相关度比较表

地区	相关度(相对比)	相关度(绝对数变化)
长三角	建设用地每增加 1%,将导致 GDP 提高 2.74%。	建设用地每增加 1 万亩,将使 GDP 增加 25.1255 亿元。
珠三角	建设用地每增加 1%,将导致 GDP 提高 1.386%。	建设用地每增加 1 万亩,将使 GDP 增加 10.392 亿元。
环渤海地区	建设用地每增加 1%,将导致 GDP 提高 5.62%。	建设用地每增加 1 万亩,将使 GDP 增加 24.4694 亿元。
其他地区	建设用地每增加 1%,将导致 GDP 提高 2.89%。	建设用地每增加 1 万亩,将使 GDP 增加 25.51 亿元。
全部百强县	当建设用地面积每增加 1% 时,地区 GDP 增加 2.597% 左右。	当建设用地增加 1 万亩时,地区 GDP 增加 11.448 亿元。

资料来源:耕地和建设用地数据来自国土资源部数据,经济指标数据来自《中国县(市)会经济统计年鉴》,中国统计出版社和各省统计年鉴

益是最高的。说明环渤海地区目前正处在建设用地与 GDP 之间弹性最强最明显的时期。首先这可能密集了京、津等大城市和大量高新技术产业,特别是信息技术产业,这种高新技术产业产值高,占地少,因此也会使地区 GDP 对建设用地弹性倾向于很大。其次,说明环渤海地区目前正处在经济增长最快时期,这与目前山东、天津、北京和东北经济增长速度不断加快是完全相符的。再就是目前环渤海地区正处在通过建设用地增加拉动经济增长最佳时期。但从绝对弹性系数来看,环渤海经济圈当建设用地每增加 1 万亩,GDP 将会增加 24.4694 亿元。要小于长三角建设用地每增加 1 万亩,将使 GDP 增加 25.1255 亿元和其他地区的 25.51 亿元。这明显反映出环渤海地区土地利用效率要低于长三角地区。也就是说,环渤海地区虽然相对比例弹

性大,但是由于渤海地区目前正处在开发初期阶段,不像长三角地区已经经历了很长时间大规模开发,目前已经进入到了提高效益和内涵经济增长阶段。

第三,珠三角地区 GDP 与建设用地相对比弹性关系最弱,绝对弹性系数也最小。与环渤海地区相反,珠三角地区 GDP 与建设用地相对比弹性系数 1∶1.38,绝对弹性系数为 1∶10.392 亿元,均是所有四类地区中相对和绝对弹性最小的,甚至还小于百强县总体的相对和绝对弹性系数。说明珠三角地区 GDP 与建设用地之间的弹性是我国所有区域中弹性最小的,这也说明了珠三角地区的经济增长已经进入到了一个新阶段,以增加建设用地来带动经济增长的动力已经不明显了,其经济增长已经跨入到依靠经济质量、技术含量、资本增值、高附加值增长新阶段。当然,近几年外商和私人投资资本逐渐北移也是重要原因之一。从而直接导致了珠三角地区吸引资金投资的能力低于长三角和环渤海地区,因此,导致建设用地对 GDP 的拉动水平不如其他三个地区。

第四,长三角地区 GDP 与建设用地相对比弹性关系明显度减弱,但绝对弹性系数依然很强。回归结果显示,长三角地区 GDP 与建设用地的正相关关系为,建设用地每增加 1%,将使 GDP 提高 2.74%。即相对比弹性 1∶2.74。仅仅比珠三角 1∶1.38 和百强县总体相对比弹性 1∶2.97 高,低于长三角、环渤海甚至还低于其他地区 1∶2.89。说明长三角地区 GDP 与建设用地的弹性系数在减弱,也就是说,凭借建设用地增加所带来的 GDP 增加速度在减弱。但从绝对弹性系数即建设用地每增加 1 万亩,将使 GDP

增加 25.1255 亿元来看,依然很强,排名第二。说明目前长三角地区建设用地内涵经济质量和资产价值量较高,经济结构布局、产业配置效益趋向成熟阶段。综上,长三角地区经济发展已经进入到经济增长阶段,尽管建设用地对 GDP 增加值不是最高,但是绝对比弹性系数却最高。

第五,其他地区 GDP 与建设用地相对比弹性关系较强,但绝对弹性系数却最高。回归结果显示其他地区 GDP 与建设用地的正相关关系为,建设用地每增加 1%,将使 GDP 提高 2.89%。即相对比弹性 1∶2.89。在所有四个地区中处于第二,高于长三角地区和珠三角地区,但要低于环渤海地区。说明其他地区 GDP 与建设用地相对比弹性关系还是比较强的,建设用地增加对于 GDP 增长比例还是较快的。而绝对弹性系数即建设用地每增加 1 万亩,将使 GDP 增加 25.51 亿元。是所有地区最高的事实,说明其他地区建设用地增加对 GDP 增长无论是增长速度还是绝对资产增长值都是最高的。即该地区经济增长对建设用地的弹性反映最敏感。

总而言之,通过以上的回归分析,我们可以看到,GDP 与建设用地呈现正相关关系是一致的,但相关程度和弹性敏感程度存在着明显的区域差异,这与其经济发展所处的阶段有密切关系。我们发现,除了珠三角地区 GDP 对建设用地的弹性低于全部百强县总体回归结果的水平以外,其余三个地区中 GDP 对建设用地的弹性都要高于百强县总体水平。如果从变化的绝对量上看关系更明显,除了珠三角地区以外的经济地带中 GDP 对建设用地面积变化的绝对量远高于全部百强县平均水平。造成这种结果的原因可能是,按照不同经济地带划分时,长三角、环渤海和其他地区的百强县中的 GDP 和建设用地存在着相似的显著关系,然而从全部百强县总体来看时,各个地区间的变化关系彼此抵消了一部分,从而使 GDP 和建设用地的变化关系变得相对不那么明显。

(二)固定资产投资与建设用地相关度的区域差距分析

从数据分析结果来看,百强县中,不管哪个地区,固定资产投资与建设用地之间都呈现明显的正相关关系。但区域之间固定资产投资与建设用地之间的相关度仍然是有差异的,而且是很明显的(表5—8)。

表5—8　中国不同区域百强县固定资产投资与建设用地相关度比较表

地区	相关度(相对比)	相关度(绝对数变化)
长三角	建设用地每增加1%,将导致固定资产投资提高5.42%。	建设用地每增加1万亩,将使固定资产投资增加2.52亿元。
珠三角	建设用地每增加1%,将导致固定资产投资提高1.617%。	建设用地每增加1万亩,将使固定资产投资增加2572.517万元。
环渤海地区	1%的建设用地的增加将带动23%强的固定资产投资增长。	建设用地每增加1万亩,固定资产投资增加16.254亿元。
其他地区	建设用地每增加1%,将导致固定资产投资提高8.336%。	建设用地每增加1万亩,将使固定资产投资增加7.03亿元。
全部百强县	当固定资产投资增加1%时,固定资产投资提高4.10%左右。	建设用地面积每增加1万亩,固定资产投资增加2108.075万元。

资料来源:耕地和建设用地数据来自国土资源部数据,经济指标数据来自《中国县(市)会经济统计年鉴》,中国统计出版社和各省统计年鉴

第一,环渤海地区固定资产投资与建设用地相对比和绝对弹性都最强。从表2计算结果中可以明显看出,环渤海地区建设用地增加1%,将会带动23%强的固定资产投资增长,建设用地面积对固定资产投资的弹性非常大,弹性系数排名第一,在四个地区中相当明显。而且,大大超过了长三角、珠三角和其他地区,是长三角20多倍,是第二名其他地区弹性系数8.336%近3倍。从绝对弹性系数来看,环渤海地区建设用地每增加1万亩,固定资产投资增加16.254亿元,同样排名第一,是珠三角地区弹性系数2572.517万元的60倍左右,是第二名其他地区绝对弹性系数1:7.03亿元的2倍多。这说明环渤海地区固定资产投资与建设用地相对比和绝对弹性目前是所有地区中是最强的,这也预示着环渤海经济进入到了快速的投资拉动阶段。这与该地区近年来大力发展高新技术产业密切相关,因为高新技术产业大多是资金密集型、人才密集型,容易形成群聚效应。另外,该地区作为全国政治中心和科教文化中心,在信息流动性和政治环境上都优于其他三个地区,也是其吸引投资能力强的重要原因。但要注意的是,无论从绝对量还是相对量上看,环渤海地区的固定资产投资的增长都是非常惊人的。越是在这个时候,越要注意建设用地增加不能过度,而政策上的制度抑制和调控是非常必要的。

第二,珠三角地区固定资产投资与建设用地相对比和绝对弹性都最弱。从对各地区数据回归结果可以看出,珠三角地区建设用地每增加1%,将导致固定资产投资提高1.617%。其相对弹性系数是所有地区中最小的,说明百强县中的珠三角地区固定资产投资与建设用地敏感度已经不是很高,相对增长速度是很低的。而珠三角地区绝对弹性即建设用地每增加1万亩,将使固定资产投资增加 2572.517 万元,同样是四个地区最小的。不仅仅是排名靠后,关键是其他相对弹性系数已经要比第一名的环渤海地区相对弹性系数 1:23 小 3 倍,比绝对弹性系数 1:16.24 小 30 多倍,差异相当惊人。这到底能反映出什么深层次的含义呢?我想是很值得进行深入研究的。一方面这是否就预示着我国投资开始转向北方,而东南沿海地区投资也开始向北方转移;另一方面,这是否预示着珠三角地区目前的投资更注重于在现有建设用地(存量土地)上增长方式转变,而不是依靠投资拉动经济。还有,这是否就预示着珠三角地区由于建设用地增加的潜力已经很小,因此,大量投资更倾向于在环渤海地区投资,等等。但一个明明白白的事实就是珠三角地区建设用地与固定资产投资的弹性系数已经是所有地区弹性系数最小的。因此,加强珠三角地区投资吸引力,改变其吸引力下降尴尬局面,应大力实现产业结构升级,改进发展策略。

第三,长三角地区固定资产投资与建设用地相对比弹性和绝对弹性系数依然保持一定弹性,但处于第三名的事实,说明其作用在下降。通过长三角地区固定资产投资与建设用地相对弹性系数即建设用地每增加 1%,将导致固定资产投资提高 5.42%,可以看出,长三角地区相对弹性系数仅仅大于珠三角地区,不仅小于环渤海地区,而且还小于"其他地区"1:8.33 水平,这说明了长三角地区在建设用地增加上对于投资增长的弹性系数开始减弱,这是否预示着由于长三角地区是继我国珠三角开发之后的第二个开发重点,因此,正像珠三角地区建设用地与固定资产投资弹性系数为最小一样,未来长三角地区建设用地与固定资产投资弹性系数也将会继续缩小呢?从绝对系数即建设用地每增加 1 万亩,将使固定资产投资增加 2.52 亿元比较看,比环渤海的绝对弹性系数小是必然的。比其他地区的建设用地每增加 1:7.03 亿元也小了不少,当然,比珠三角地区弹性系数 1:0.25 来说,还是高了 30 倍。这说明长三角在重视建设用地对投资吸引力和经济能力的同时,更重要的是在存量土地上投资即产业投资、技术革新创新、产业升级和更大的产业链经济圈间和内部合作与联系,靠建设用地增加吸引投资的阶段已经开始失去往日的吸引力。

第四,其他地区固定资产投资与建设用地相对比弹性和绝对弹性系数均呈现较强态势。通过长三角地区固定资产投资与建设用地相对弹性系数即建设用地每增加 1%,将导致固定资产投资提高 5.42% 和绝对弹性系数建设用地每增加 1 万亩,将使固定资产投资增加 7.03 亿元可以看出,其他地区固定资产投资与建设用地总体上来说,处于弹性系数不断增强阶段,从分析研究各地区建设用地与固定资产投资相关度的结果来看,这类地区目前建设用地与固定资产投资相对和绝对弹性系数均处于排位第二的水平。这反映出这类地区目前的建设用地增加对投资的增长是富有弹性的。只要建设用地增加,那么,投资也将会相应以比非本类地区更高的速度和绝对资产价值增加和提高。我们也可以从这一分析结果看出来,"其他地区"其所处区域不是很发达的,其周边主要还是包围着一圈经济增长不发达的县镇,因此,这类地区百强县的土地政策尤其是建设用地增加对于外来资金的投资吸引力还是很大的,正像上世纪 80 年代珠三角地区、90 年代长三角地区和 21 世纪开始后的环渤海地区一样,我国其他地区的经济增长和投资增长也同样对建设用地具有很强的弹性关系。

无论是哪个地区,在统计上,建设用地对固定资产投资的拉动效果非常明显,就百强县平均而言,每增加1万亩建设用地,固定资产投资能增加2108.075万元之多,并且两者弹性能达到4.10左右。因此,在不同时期可以采取不同的土地政策,调控投资变化。例如,在经济萧条、社会消费不足的情况下,为了刺激产出和投资增长,拉动消费,就可以尝试增加建设用地规模的办法,我国1998年前后所采取的很多土地政策、房地产政策实际上就是这样,对拉动投资和消费作用是很明显的;在经济过热,尤其是投资快速增加时期,国家则可以通过严格控制建设用地的扩张来进行宏观调控干预,事实上,我国2004年以来持续性的投资过快现象出现的一个根本性原因就是,没有从土地这一最根本的源头控制投资的动力源。因此,运用"土地闸门"参与宏观调控是有其合理性和高效性的。

三、三次产业结构与耕地相关度的区域比较

由于产业结构变化对土地利用变化的最大影响是耕地,因此,在这里我们采用耕地替代建设用地,来考察三次产业结构[①]与耕地相关度。经过对各地区的三次产业结构与耕地之间相关度的分析,结果如表5—9所示:

从表5—9可以看出以下区域差异和特点:

第一,除了百强县中的"其他地区"之外,所有地区三次产业结构指标与耕地面积数正相关关系。说明在其他地区中,耕地的变

---

① 产业结构在这里我们主要是指第一产业与二、三产业比值,也即农业与非农业之比。

表 5—9　中国不同区域百强县三次产业结构与耕地面积相关度比较表

地区	相关度（相对比）	相关度（绝对数变化）
长三角	耕地面积每降低 1%,将导致三次产业结构指标降低 1.273%,弹性大于 1,说明三次产业结构指标对耕地面积变化比较敏感。	耕地面积每减少 1 万亩,将使三次产业结构指标降低约 0.0018。
珠三角	耕地每减少 1%,将导致三次产业结构指标降低 0.273%。	耕地面积每减少 1 万亩,将使三次产业结构指标降低约 0.001。
环渤海地区	耕地每减少 1%,将导致三次产业结构指标降低 0.529%。	耕地面积每减少 1 万亩,将使三次产业结构指标降低约 0.0064。
其他地区	耕地的系数在 0.1 显著性水平下不够显著,即回归结果不显著。	其他地区三次产业结构指标与耕地面积之间的相关关系不明显。

资料来源:耕地和建设用地数据来自国土资源部数据,经济指标数据来自《中国县(市)会经济统计年鉴》,中国统计出版社和各省统计年鉴

化对于产业结构变化的弹性不显著。而这些地区主要是除了长三角、珠三角、环渤海之外的经济发展较落后地区,说明这些地区由于经济落后,主要还是以农业为主,经济发展处于欠发达阶段,这样耕地减少过程中主要还是以农业及其与农业有关产业的发展,非农产业变化不是很大。所有地区三次产业结构指标与耕地面积数正相关关系则说明百强县耕地减少越多,产业结构中农业产业比重就越低,同时也反映了在保护好耕地高效利用情况下,区域经济发展还是要不断的调整产业结构,依靠工业发展带动经济增长,是经济发展的必然规律。

第二,长三角地区弹性系数最大,且大于 1。通过对比发现,长三角地区耕地与产业结构最大,且只有长三角地区中两者弹

性大于1,说明在长三角地区,随着耕地的减少,第一产业产值比例降低最快,即三次产业结构调整速度最快。在现实中,我们看到,随着近几年珠三角地区的产业链条逐渐向北延伸,长三角地区的产业水平提升很快,而且这一趋势还将继续持续下去。

第三,与全部百强县的回归结果比较,只有长三角地区的三次产业结构对耕地面积的弹性高于全部百强县的平均水平,珠三角和环渤海地区的弹性低于全部百强县的回归结果,"其他地区"关系不显著。因此,长三角地区产业结构升级的速度快于百强县的平均水平,也高于其余几个经济地带的水平。这与长三角地区近年来大力发展金融服务业等第三产业,进一步降低传统工业企业,特别是重工业的产出份额有密切关系。

第四,从绝对量上看,只有环渤海地区三次产业结构指标对耕地面积变化的绝对量高于全国水平。这与该地区近年来大力发展信息产业等第三产业密切相关。

四、GDP 与耕地变化相关度的区域比较

耕地是农业发展和粮食生产的基础,粮食是关系到国家安全的重要产品。而耕地与建设用地是相对立的用地方式,耕地面积减少,主要是由于建设用地增加所造成,尤其是在经济快速增长时期相当明显。这样就产生了经济发展与耕地保护之间的矛盾,但耕地减少并不完全是由于建设用地的增加,还可能有其他原因,如退耕还林、还牧等等。为了更清楚 GDP 与耕地之间的关系,我们再次考察一下 GDP 与耕地变化相关度的区域差异。

表 5—10　中国不同区域百强县 GDP 与耕地面积相关度比较表

地区	相关度(相对比)	相关度(绝对数变化)
长三角	耕地面积每降低 1%,将导致地区 GDP 提高 1.801%,弹性大于 1,说明 GDP 对耕地面积变化相当敏感。	另外,从绝对量上看,建设用地每增加 1 万亩,将使 GDP 增加 7.667 亿元。
珠三角	耕地面积的系数在 0.1 的显著性水平下都不显著,因此珠三角百强县地区 GDP 与耕地面积没有显著的相关关系。	注意到耕地面积系数为正,表明 GDP 与耕地面积同向变动,而这与实际情况并不相符。
环渤海地区	耕地面积每降低 1%,将导致地区 GDP 提高 1.530%,弹性大于 1,说明 GDP 对耕地面积变化相当敏感。	从绝对量上看,耕地面积减少量每增加 1 万亩,将使 GDP 增加 10.455 亿元。
其他地区	耕地面积每降低 1%,将导致地区 GDP 提高 4.083%,弹性大于 1,说明 GDP 对耕地面积变化相当敏感。	耕地面积减少量每增加 1 万亩,将使 GDP 增加 10.493 亿元。
全部百强县	当耕地面积减少 1% 时,地区 GDP 增加 1.321% 左右。	耕地面积每减少 1 万亩时,地区 GDP 增加 7.224 亿元。

资料来源:耕地和建设用地数据来自国土资源部数据,经济指标数据来自《中国县(市)会经济统计年鉴》,中国统计出版社和各省统计年鉴

从表 5—10 可以明显看出以下特点:

第一,耕地与 GDP 之间并不是呈现正相关关系,而是呈现负相关关系。通过回归计算表明,在一般情况下,耕地与 GDP 之间存在负相关关系。除了珠三角地区外,我国百强县所有地区 GDP 与耕地之间都存在着很强的相关性。珠三角地区耕地面积系数在 0.1 的显著性水平下都不显著,因此,珠三角百强县地区 GDP 与

耕地面积没有显著的相关关系。这可能与珠三角数地区百强县数据较少有一定的关系。

第二,就 GDP 与耕地面积相对弹性而言,不属于三大经济地带的其他地区弹性水平远高于三大经济地带的百强县。而绝对弹性系数中,环渤海地区和其他地区最高。这个结论很有趣,非三大经济地带百强县 GDP 对耕地面积相对弹性变化最敏感,这可能与在这些"边缘地区"的百强县的土地政策相对宽松,为经济发展牺牲耕地的倾向更加明显的因素有关。而在绝对弹性系数中,环渤海地区和其他地区分别为 10.493 和 10.499 亿元,相差不大。但所指的意义可能是不同的,其他地区耕地较少相对弹性和绝对弹性都较高,说明这一地区耕地减少后转化产值也是比较高的,所以,绝对弹性系数较高。而环渤海地区相对弹性小于其他地区,但绝对弹性基本一致,说明环渤海地区耕地转化产值要高于其他地区。

第三,区域间耕地与 GDP 之间绝对弹性很相似。区域间由于珠三角地区 GDP 与耕地面积之间关系不明显,观察长三角和环渤海地区的回归结果,发现 GDP 对耕地面积的弹性以及 GDP 对耕地单位面积变化的绝对增量都相似,说明这两个地区面临着相似的耕地环境,在保护耕地政策以及所制定的经济发展规划都有相似之处。

第四,耕地与 GDP 之间相对和绝对弹性均高于百强县弹性系数。与全部百强县的回归结果进行比较,我们又一次发现,除了珠三角地区回归结果不显著以外,其他三个地区不论从弹性还是绝对量上看,GDP 与耕地面积关系都要高于全国平均水平,因此全部百强县的数据有可能掩盖了不同地区之间的差异性,因为不同地区的差异性有可能会互相抵消。

如果将此结果与 GDP 对建设用地面积的弹性作比较,GDP 对耕地面积弹性普遍要小,说明将耕地完全转化为建设用地最能促进 GDP 的增加。从这里可以看出，为了调控过热的经济，除了应该适当控制建设用地增速以外，国家还应该遏制住土地供给增加的源头，即减少耕地向建设用地的转化。因此，国家通过严控耕地规模从而进行宏观调控经济过热是有实证依据的。

五、财政收入与耕地相关度的区域差异比较

耕地减少（建设用地增加）除了能促进经济增长作用外，另一个重要结果就是能增加财政收入。而财政收入又是一个国家和地区经济调控能力及其支配能力的重要标志。近年来减少的耕地中，很多土地主要是用于房地产开发投资，而土地出让金是地方政府财政增收的重要渠道。因此，耕地减少与财政收入增加之间也是有很大相关性的。经过回归计算，其弹性系数如表 5—11 所示：

表 5—11　中国不同区域财政收入与耕地相关度的区域差异比较表

地区	相关度（相对比）	相关度（绝对数变化）
长三角	耕地面积每降低 1%，将导致财政收入提高 2.027%。	耕地每减少 1 万亩，将使财政收入增加 3625.10 万元。
珠三角	与珠三角地区 GDP 和耕地面积之间关系类似，财政收入与耕地面积之间的关系并不显著。	并且系数也与事实相悖，这可能是由于珠三角地区样本数较少导致的。
环渤海地区	耕地面积每降低 1%，将导致财政收入提高 1.469%。	另外，从绝对量上看，耕地每减少 1 万亩，将使财政收入增加 5188.11 万元。
其他地区	耕地面积每降低 1%，将导致财政收入提高 4.097%。	耕地每减少 1 万亩，将使财政收入增加 3581.4 万元。
全部百强县	当耕地面积减少 1% 时，地区 GDP 增加 1.321% 左右。	耕地面积每减少 1 万亩时，地区 GDP 增加 7.224 亿元。

资料来源：耕地和建设用地数据来自国土资源部数据，经济指标数据来自《中国县（市）会经济统计年鉴》，中国统计出版社和各省统计年鉴

从表 5—11 可以发现以下特点和规律:

第一,财政收入与耕地面积具有显著的负相关关系,除了珠三角外,财政收入与耕地面积的相对弹性都大于 1,说明财政收入对耕地面积变化相当敏感。

第二,在四个地区中,"其他地区"的财政收入对耕地面积弹性最大,达到了 1∶4.097。说明在百强县中,目前其他地区耕地减少对财政收入弹性最为敏感,耕地减少将会带来相对最高的增速,这可能与其他地区的增长基数较小有关。长三角次之,弹性系数为 1∶2.07。而珠三角不明显,说明珠三角财政收入已经与耕地减少多少无关。这一方面是珠三角地区耕地已经不能再减少了。另一方面是珠三角地区经济已经对耕地无弹性。但从绝对量上看,耕地每减少 1 万亩,环渤海地区财政收入增加 5188.11 万元,远高于三大经济地带的水平。说明环渤海地区土地转化的绝对价值最高。其次是长三角地区,最后是其他地区,但与长三角相差不是很大。从这里就可以看出,"其他地区"虽然相对弹性最大,但是绝对弹性还是不高,也验证了这一地区的经济规模较小。因此,随着经济发展,"其他地区"的耕地减少可以最快地增加财政收入;而环渤海地区百强县可以从转换为建设用地的减少的耕地中得到最大的财政收入上的实惠,这可能由于该地区是高新技术产业富集区,有高附加值、高产出,因此税基比较大,财政收入的增量因此也较大。

总而言之,长三角和环渤海地区的情况类似,这两个地区财政收入对耕地面积均稍大于 1,富有弹性。考虑到这两个地区 GDP 与耕地面积的关系也是比较相似的,这样的结果并不奇怪。与非三大经济地带的"其他地区"相比,该地区通过减少耕地的办法并不能非常显著地提高财政收入,因此可以考虑适当保护耕地的政策。

与全部百强县的回归结果进行比较,同样,我们发现,除了珠三角地区回归结果不显著以外,其他三个地区不论从弹性还是绝对量上看,财政收入与耕地面积关系都要高于全国平均水平,由于不同地区的差异性有可能会互相抵消,全部百强县的数据并未体现出不同地区之间的差异性。

六、固定资产投资与耕地相关度的区域差异比较

固定资产和耕地之间相关度比较,与我们前面分析的固定资产投资与建设用地相关度分析有很多相似之处,但由于耕地与建设用地之间并非完全相等,两者之间的相关度还是有很大区别的。通过分别回归分析,结果如表 5—12 所示:

表 5—12　中国不同区域百强县固定资产投资与耕地相关度区域差异比较表

地区	相关度(相对比)	相关度(绝对数变化)
长三角	耕地面积每减少 1%,将导致固定资产投资提高 2.63%。	耕地面积每减少 1 万亩,将使固定资产投资增加 5771.72 万元。
珠三角	耕地的回归系数的 p 值为 0.6307,在 0.1 的显著性水平下不显著。	并不能因此认为固定资产投资与耕地面积之间有显著关系。
环渤海地区	耕地面积每减少 1%,将导致固定资产投资提高 5.525%。	耕地面积每减少 1 万亩,将使固定资产投资增加 7.33 亿元。
其他地区	耕地面积每减少 1%,将导致固定资产投资提高 7.28%。	耕地面积每减少 1 万亩,将使固定资产投资增加 2.84 亿元。

资料来源:耕地和建设用地数据来自国土资源部数据,经济指标数据来自《中国县(市)会经济统计年鉴》,中国统计出版社和各省统计年鉴

从固定资产和耕地之间相关度比较中,我们可以发现以下特点:

第一,除了珠三角地区中固定资产投资与耕地面积不显著(这可能是因为珠三角地区只有11组样本,样本数过少导致回归结果不显著),我们要比较的经济地带,其固定资产投资与耕地面积关系都很显著,呈现负相关关系。

第二,在这些经济地带中,"其他地区"的固定资产投资对耕地面积的弹性最大,达到了7.27,远高于长三角地区的2.63%,也高于环渤海地区的5.52%。这反映出"其他地区"固定资产投资对耕地减少弹性系数是最大的,因此在不属于三大经济地带的"其他地区"中,在不考虑其他因素的情况下,可以通过转让或出售耕地的办法快速增加固定资产投资的增长速度。

第三,从绝对量上来看,环渤海地区单位面积的耕地减少能导致固定资产投资增加最多。这反映出环渤海地区耕地减少中吸引投资能力最强,这与前面分析建设用地与固定资产投资时的情况是一致的。这充分说明环渤海地区日益成为我国新阶段投资集聚之地,也说明我国经济增长和投资中心开始即东南沿海向长三角转移后,开始向我国北部地区第二次大转移。

第四,与全部百强县的情况比较,除了珠三角地区百强县的固定资产投资与耕地面积关系不显著之外,环渤海地区和"其他地区"的百强县的固定资产投资对耕地面积的弹性以及绝对增量都高于全部百强县水平,而长三角地区则低于全国水平。由于长三角地区经济总量很大,该地区较小的弹性会显著影响平均水平,使全国平均的弹性水平低于环渤海地区和"其他地区"的水平。另一方面,由于环渤海地区和"其他地区"的固定资产投资对耕地的变化水平要高于其他两个地区和全国平均水平,在这两个经济地带中通过减少耕地刺激投资的政策会比其他地区更有效;同时在环渤海地区也是近期国家宏观调控对耕地控制最严格的地区,这种控制能够很好地抑制固定资产投资。

第五节 不同经济发展模式土地利用与经济发展相关度差异比较

一、不同模式的划分

经济模式有不同的划分标准,通过分析可以看出,百强县之所以能够在众多县域中脱颖而出并不仅仅是依靠某一方面取得的成绩,而是综合全面发展的结果。我们要做的工作就是整理出这些成功的县域发展思路,在归类的时候可能会出现这样的情况,某一县划在了某一模式下只是说明这种模式在县(市、区)的经济发展中起主导作用,并不代表它其他方面做得不好。任何一个县(市、区)的经济发展都不可能只单纯依靠某种模式,而往往是多种模式共同发展。

纵览全国"百强县",其成功经验可谓各具特色,发展道路和发展模式也多种多样。但概括起来,大致可以归纳为开放型发展模式、大城市带动型、自然资源依托型、产业集群型等四种模式。这里我们着重分析其中三种,即资源依托型、产业集群型和外向型。而属于大城市带动型发展模式的相应百强县数目较少,在回归处理时可能带来系统性偏差,所以在这里就不考虑这种模式,而集中注意力于另外三种模式。表 5—13 给出了 2004 年按不同模式划分的百强县名单。

表 5—13　百强县经济发展模式分类

外向型经济发展模式						
德清县	开平市	绥芬河市	新会区	张家港市	萧山区	顺德区
斗门区	昆山市	通州市	扬中市	增城市	福清市	南海区
桐乡市	仪征市	嘉善县				
资源依托型经济发展模式						
长岛县	巩义市	胶南市	莱州市	平湖市	寿光市	温江区
德清县	广饶县	金坛市	溧阳市	迁安市	双流县	武安市
东阳市	海城市	库尔勒市	龙口市	荣成市	通州市	象山县
奉化市	海盐县	莱西市	宁海县	乳山市	招远市	兖州市
高淳县	河津市	邹城市	蓬莱市	嵊泗县	诸城市	玉环县
章丘市	邹平县					
产业集群型						
长乐市	德清县	广饶县	惠阳区	江阴市	临安市	平湖市
长兴县	东胜区	海门市	即墨市	胶南市	六合区	瑞安市
常熟市	奉化市	海宁市	嘉善县	金坛市	鹿泉市	三河市
崇明县	福清市	鹤山市	昆山市	晋江市	密云县	三水区
慈溪市	富阳市	桓台县	乐清市	靖江市	南海区	上虞市
丹阳市	高明区	惠安县	溧阳市	静海县	宁河县	绍兴县
顺德区	文登市	萧山区	宜兴市	玉环县	石狮市	石河子市
太仓市	吴江市	新昌县	鄞州区	张家港市	温岭市	象山县
桐庐县	武进区	新会区	余杭区	诸城市	余姚市	诸暨市
扬中市						

二、土地利用与经济发展相关度的发展模式差异的总体特点

通过对百强县不同经济发展模式的土地利用与经济发展各要素进行回归计算,我们将计算结果进行了整理(表 5—14)。

表 5—14 中国百强县不同经济发展模式土地与经济发展相关度系数表

(单位:%,亿元/万亩)

		全部	资源依托型	产业集群型	外向型
GDP 与建设用地	弹性	2.597	4.78	2.206	1.897
	绝对量	11.448	26.278	11.584	18.065
固定资产投资与建设用地面积	弹性	4.1	15.63	2.987	2.526
	绝对量	0.2133	17.252	0.4078	1.705
地区 GDP 与耕地面积	弹性	−1.321	−1.933	−1.529	−1.304
	绝对量	−7.224	−10.958	−6.053	−8.093
财政收入与耕地面积	弹性	−1.321	−2.112	−1.111	−0.564
	绝对量	−2823.94	−5111.17	−2578.28	−1261.01
三次产业结构与耕地面积	弹性	0.641	0.594	0.71	1.312
	绝对量	0.0021	0.0068	0.0016	0.0019
固定资产投资与耕地面积	弹性	−3.475	−7.403	−2.563	−2.754
	绝对量	−19488.1	−52739.6	−15758.9	−3672.23

资料来源:耕地和建设用地数据来自国土资源部数据,经济指标数据来自《中国县(市)会经济统计年鉴》,中国统计出版社和各省统计年鉴

通过对不同发展模式百强县土地利用与经济变化相关度比较,可以观察出以下特点:

第一,资源依托型经济发展模式的百强县,无论是绝对变化还是相对变化,建设用地增加或者耕地减少绝对量还是相对量变化,所引起的经济要素的绝对和相对弹性变化系数都是三种经济发展模型中最强的,而且,不同模式间差异是很大的。反映了资源依托型百强县,土地对于经济发展的各个指标的影响度都是最高的。这也反映了资源依托型百强县中资源对于经济发

展的敏感度是最强的。

第二,产业集群型经济发展模式的百强县,土地即建设用地增加或耕地减少单位绝对量变化,所引起的经济发展各指标的绝对变化弹性系数,在三种经济发展模式中大都处于第二位(只有耕地与固定资产投资的绝对弹性系数排名第三),土地建设用地增加或耕地减少单位相对量变化,所引起的经济发展各指标的相对变化弹性系数,在三个经济发展模型中大都处于第三位(只有耕地与财政收入的相对弹性系数排名第二),这就说明了,产业集群型的百强县,虽然单位土地隐含的价值量比资源依托性百强县的小,但要比外向型百强县单位土地价值量高,这也正是产业集群规模的集聚特点,从而,才使得其价值量较高。但是产业集群型百强县土地的相对变化,对于经济发展的各因素的弹性不是很明显,也就是说,产业集群型百强县对于经济发展提高速度还处于较低的水平,增长速度还不是很高。

第三,外向型经济发展模式的百强县,土地即建设用地增加或者耕地减少的绝对变化,所引起的经济发展各因素的绝对变化弹性系数,在三个经济发展模型中大都位于第三位(只有耕地与固定资产投资绝对弹性系数排名第二),也就是说,外向型百强县经济发展模式,尽管外资投入和外向型经济特点明显,但是单位土地绝对价值量含量则是最低的。建设用地增加或者耕地减少单位相对变化量,引起经济发展各因素相对变化弹性系数大都位于第二位置(耕地与财政收入相对弹性系数出于第三位置),说明外向型经济尽管绝对价值含量是最低的,但是对于经济增长、固定资产投资、产业结构调整等的增长速度的影响力却高于产业集群型发展模式的百强县。

三、不同模式土地利用与经济发展相关度差异分析

以上是对不同经济发展模式的百强县土地与经济发展各要素间相关度进行了一个总体性的比较分析,为了能更深入进行分析与比较,我们分别对土地与经济发展各要素的不同模式分别进行了比较,从中可以考察出不同模式在每一个一一对应关系中的差异大小。

(一) GDP与建设用地相关度的发展模式差异比较分析

第一,资源依托型模式百强县GDP与建设用地相对比弹性关系最强,绝对变化数也要大于其他地区。从表5—15可以明显看出,在三种不同的发展模式中,资源依托型的百强县的GDP对建设用地的弹性最大,高于产业集群型和外向型的县市,也大于全部百强县的总体水平。从绝对量变化角度看也是如此,资源依托型县市的GDP相对建设用地的绝对量变化为26.278亿元每万亩,这一数值是全部百强县总体水平的2倍多,这说明资源依托型模式的百强县目前正处在建设用地与GDP之间关系最强最敏感的时期。造成这种结果的原因可能在于,资源依托型的县市主要依靠物质资源出口或加工出口,或者人文及自然风光资源发展旅游业和相关服务业来创造产值,而这些资源都与土地有密切关系,因此增加建设用地能显著发挥该地区的资源优势,迅速推动GDP的增长。资源依托型模式百强县的建设用地和弹性关系在近期非常敏感,说明当下正是资源依托型城市大力利用建设用地增加加速发展经济的黄金时期。由于这些地区主要依靠各种资源实现经济增长,发挥资源优势,更快更好地合理开发资源,才能使经济更快

更好地发展,因此在这些地区,适当放松土地政策,大力开发各种资源,是经济发展的重要途径。

表 5—15 我国不同发展模式百强县 GDP 与建设用地相关度比较表

发展模式	相关度(相对比)	相关度(绝对数变化)
资源依托型	建设用地每增加 1%,将导致 GDP 提高 4.78%。	建设用地每增加 1 万亩,将使 GDP 增加 26.278 亿元。
产业集群型	建设用地每增加 1%,将导致 GDP 提高 2.206%。	建设用地每增加 1 万亩,将使 GDP 增加 11.584 亿元。
外向型	建设用地每增加 1%,将导致 GDP 提高 1.897%。	建设用地每增加 1 万亩,将使 GDP 增加 18.065 亿元。
全部百强县	当建设用地面积每增加 1%时,地区 GDP 增加 2.597%左右。	当建设用地增加 1 万亩时,地区 GDP 增加 11.448 亿元。

资料来源:耕地和建设用地数据来自国土资源部数据,经济指标数据来自《中国县(市)会经济统计年鉴》,中国统计出版社和各省统计年鉴

第二,外向型模式百强县 GDP 与建设用地相对比弹性关系最弱,绝对弹性变化数却高于产业集群型模式的百强县。与资源依托型百强县相反,外向型百强县 GDP 与建设用地弹性为 1.897%,也就是说,建设用地每增加 1%,GDP 增加比例为 1.897%。从绝对量上看,建设用地每增加 1 万亩,GDP 增加 18.065 亿元,却要高于产业集群型模式的百强县。外向型模式百强县 GDP 与建设用地之间的弹性是我国所有区域中弹性最小的,这个事实说明了外向型模式百强县具有自己的特点,以增加建设用地来带动经济增长的动力不如其他模式明显了,这有其自身的原因。外向型经济主要依赖外部需求有密切关系,因为对于外向型的经济体,需求方来自外部,总产值受外部需求波动影响很大,而对土地变化的敏感度相对较小,

因此外向型经济的 GDP 对建设用地的弹性不会很大。

第三,产业集群型模式百强县 GDP 与建设用地的绝对变化关系是最不明显的,但两者之间弹性较强,高于外向型模式百强县。回归结果显示,产业集群型百强县 GDP 与建设用地的正相关关系为,建设用地每增加 1%,将使 GDP 提高 2.206%,高于外向型模式的 1.897%,但低于资源依托型百强县的 4.78%。较高的弹性说明产业集群模式的 GDP 对建设用地变化还是相当敏感的,这是因为产业集群的发展必然需要占用耕地新增建设用地,然而这种增长的效益并不是太高,这可能与当前我国产业集群还倾向于粗放型发展模式,以增加生产要素的形式进行扩张有关,而这从新增建设用地上的产值相对而言并不算高就可以看出来。从绝对变化量上看,建设用地每增加 1 万亩,GDP 仅增加 11.584 亿元,排名最后,也低于全部百强县的水平。这说明目前产业集群模式百强县面临着建设用地的资产价值量较低的问题,也说明其内部的经济结构布局、产业配置效益目前仍有待调整,尚未达到成熟阶段。综合产业集群型模式建设用地与经济增长的关系,两者间弹性系数较强、绝对量变化较弱。这充分说明,当前我国产业集群还倾向于粗放型发展模式,以增加土地、人力、资本等生产要素的形式进行扩张,效益不高,质量不佳,对环境造成了较大压力,因此应该改变这种增长方式,确立集约增长的新方式。

总而言之,通过以上的回归分析,我们可以看到,GDP 与建设用地呈现正相关关系是一致的,但在不同模式间,相关程度和弹性敏感程度存在着明显差异,这与不同模式百强县经济发展的特定方式和思路有密切关系。资源依托型模式百强县中两者的关系非常明显,从绝对量上看,建设用地每增加 1 万亩,GDP 能增加

26.278亿元,是百强县整体水平的两倍多。这个数字是很惊人的,正如上文中的分析,这个结果与资源依托型城市主要依赖资源开发,而它又依赖于土地变化有很重要的关系。另两种模式的百强县的特点不如资源依托型这么明显,也体现了相应模式自身的特点和问题。

二、固定资产投资与建设用地相关度发展模式差异比较分析

从数据分析结果来看,百强县中,不管哪个地区,固定资产投资与建设用地之间都呈现明显的正相关关系。但区域之间固定资产投资与建设用地之间的相关度仍然是有差异的(表5—16)。

第一,资源依托型模式百强县固定资产投资与建设用地相对

表5—16 中国不同发展模式百强县固定资产投资与建设用地相关度比较表

发展模式	相关度(相对比)	相关度(绝对数变化)
资源依托型	建设用地每增加1%,将导致GDP提高15.63%。	建设用地每增加1万亩,将使GDP增加17.252亿元。
产业集群型	建设用地每增加1%,将导致GDP提高2.987%。	建设用地每增加1万亩,将使GDP增加0.4078亿元。
外向型	建设用地每增加1%,将导致GDP提高2.526%。	建设用地每增加1万亩,将使GDP增加1.705亿元。
全部百强县	当建设用地面积每增加1%时,地区GDP增加2.597%左右。	当建设用地增加1万亩时,GDP增加0.2133亿元。

资料来源:耕地和建设用地数据来自国土资源部数据,经济指标数据来自《中国县(市)会经济统计年鉴》,中国统计出版社和各省统计年鉴

比弹性关系最强,绝对变化数也要大于其他地区。资源依托型经济的回归结果特别引人注目,这是因为这一类型经济的固定资产投资对建设用地的弹性以及绝对量都异常的大,远远高于其他两种发展模式的经济和全部百强县的总体水平。其弹性达到了 15.6%,也就是说,建设用地每增加 1%,固定资产投资就有近 16 个百分点的增长,这个数据是非常惊人的。同时,当建设用地每增加 1 万亩时,固定资产投资会增加 17.3 亿元,数十倍于其他两种模式的经济体。总而言之,无论从绝对量还是相对量上看,这一时期资源依托型百强县的固定资产投资增长势头都是非常惊人的。这说明资源依托型经济固定资产投资与建设用地相对比和绝对弹性目前在所有地区中是最强的,也说明了资源依托型经济建设用地增加对固定资产投资增长效应是极其明显的。其实资源依托型经济中固定资产投资对建设用地如此敏感的原因可能就在于,对资源的开发,不论是开采自然资源,或是建设旅游经济,都需要巨大的投资。这些投资在开发初期往往以固定资产投资的形式出现。而百强县整体上处于城市化的中期左右,在这一阶段正需要大量的固定资产投资来开发各种资源,因此资源依托型经济的固定资产投资对建设用地会异常敏感。然而应当引起重视的是,越是在固定资产投资增加最快、增量最大的时候,越要注意建设用地增加不能过度,政策上的抑制和调控还是非常必要的。

第二,产业集群型百强县固定资产投资对建设用地变化的绝对量最小,弹性也不高,仅略高于外向型经济。从对各地区数据回归结果可以看出,百强县中产业集群型模式建设用地每增加 1 万亩,仅能使固定资产投资提高 4078 万元,较资源依托型和外向型经济低一个数量级左右。说明相比之下,产业集群型百强县的建设用地增加拉动 GDP 的效果并不显著。同时,对于产业集群模式,建设用地增加 1 个百分点,将使 GDP 增加 3 个百分点左右,仅比排名末位的外向型经济高 0.5 个百分点左右。而外向型经济的 GDP 本来就与建设用地的变化关系不很大,因为其产值主要依赖于外部需求,尤其受需求波动影响很大。因此,这些结果都说明产业集群型百强县可能仍然走的是粗放型发展模式,经济增长需要依靠大量的耕地占用和建设用地的增加,而不是产品质量和企业竞争力的提高。因此,产业集群型经济需要改变发展思路,提高经济增长的质量。

第三,外向型经济固定资产投资与建设用地相对比弹性和绝对弹性系数依然保持一定弹性,但仍与位于榜首的资源依托型模式有很大的距离,说明其仍有相当的上升空间。外向型百强县的 GDP 对建设用地的弹性仅为 2.526%,是三种考察的经济模式中最低的,但仅比排名第二的产业集群型经济低 0.5 个百分点,差异并不明显。考虑到外向型经济的发展并不太依赖于建设用地的变化,达到这个水平已经不算差了。而且,外向型经济就绝对量上看,当建设用地增加 1 万亩时,GDP 仅加 1.705 亿元,虽然相对资源依托型经济有较大距离,但也高出产业集群型经济不少。

外向型经济 GDP 对建设用地增加的绝对量较大,是一个比较有趣的结果,这说明外向型经济在有效利用建设用地方面做得不错。外向型经济主要以引进外资、以开放型经济为主导的发展路径。而资本是现代经济运行的核心要素,引进和消化吸收外来资本是县域经济起步腾飞的捷径。在这方面,江苏昆山的经验就很值得借鉴。从 1978 年综合经济实力在当时苏州地区 8 个县中倒数第一,到 2005 年年底,人均 GDP 达到 78553 元,城镇居民人均可支配收入达到 16809 元,农民人均纯收入达到 8519 元,昆山已经成为一个以开放型经济为主导、三次产业协调发展的新兴工商城市。实现这种变化的原因就在于,上个世纪 90 年代中后期以来,昆山市侧重于集中规划、集中开发的办法,大大提高土地资源利用水平,引导区域经济社会集约发展。招商引资变为招商选资,不仅看重投资强度、科技含量,更看重产出效益、生态效应,从而进一步优化了经济结构,形成了布局更加合理的现代化产业格局。

三、GDP 与耕地相关度发展模式差异比较分析

第一,GDP 与耕地呈负相关关系。从回归分析结果亦可以看出,无论是所有的百强县,还是不同模式的百强县,耕地与 GDP 的弹性都是大于 1 的,说明两者之间富有弹性。不论哪种模式的百强县,耕地减少的过程也是经济高速增长的过程(表 5—17)。

表 5—17　中国不同发展模式百强县 GDP 与耕地相关度比较表

发展模式	相关度(相对比)	相关度(绝对数变化)
资源依托型	耕地每减少 1%,将导致 GDP 增加 1.933%。	耕地每减少 1 万亩,将使 GDP 增加 10.958 亿元。
产业集群型	耕地每减少 1%,将导致 GDP 增加 1.529%。	耕地每减少 1 万亩,将使 GDP 增加 6.053 亿元。
外向型	耕地每减少 1%,将导致 GDP 增加 1.304%。	耕地每减少 1 万亩,将使 GDP 增加 8.093 亿元。
全部百强县	当耕地面积每减少 1%时,地区 GDP 增加 1.321%左右。	当耕地减少 1 万亩时,地区 GDP 增加 7.224 亿元。

资料来源:耕地和建设用地数据来自国土资源部数据,经济指标数据来自《中国县(市)会经济统计年鉴》,中国统计出版社和各省统计年鉴。

第二,资源依托型模式百强县 GDP 与耕地弹性关系最强,绝对数变化也要大于其他地区。从表 5—17 可以明显看出,在三种不同的发展模式中,资源依托型的百强县的 GDP 对耕地的弹性最大,高于产业集群型和外向型的县市,也大于全部百强县的总体水平。从绝对量变化角度看也是如此,资源依托型县市的 GDP 相对建设用地的绝对量变化为 10.958 亿元每万亩,这一数值高出全部百强县总体水平的一半。说明资源依托型模式的百强县目前正处在耕地与 GDP 之间关系最强最敏感的时期。各种模式的 GDP 与耕地面积关系与 GDP 和建设用地关系的排名是一致的,说明在不同的模式内的耕地和建设用地之间具有类似的关系。

另外,与 GDP 和建设用地的关系比较,三种类型的百强县和全部百强县的总体水平十分接近。地区 GDP 对耕地面积的弹性和变化的绝对值都基本处在同一水平上。由此可见,这三种类型的百强县在地区 GDP 与耕地面积关系方面基本没有太大差异。下面分类别简要探讨一下其中原因。对于资源依托型经济,耕地的重要性不大,耕地不断转化为建设用地以及各种其他用途的土地,GDP 与耕地的关系和总体情况没有很大偏差。对于产业集群型的经济,GDP 主要靠工业来支撑,GDP 与耕地的关系也不密切,在这些经济体中更关心的是耕地的转化去向,是不是转化为了建设用地或是其他用途,因此 GDP 与耕地的关系和百强县总体情况也不会有很大偏差。对于外向型经济,GDP 与土地联系也不甚紧密,因为 GDP 更多依赖外部需求,因此 GDP 与耕地的关系和百强县总体情况也比较接近。

第三,外向型模式百强县 GDP 与耕地相对比弹性关系最弱,绝对弹性变化数却高于产业集群型模式的百强县。外向型百强县

GDP 与建设用地弹性为 1.304%,是各种模式中两者关系最弱的一类。也就是说,建设用地每增加 1%,GDP 增加比例为 1.897%。从绝对量上看,耕地每减少 1 万亩,GDP 增加 6.053 亿元,却要高于产业集群型模式的百强县。外向型模式百强县 GDP 与建设用地之间的弹性是我国所有区域中弹性最小的,这个事实说明了外向型模式百强县具有自己的特点,以减少耕地来带动经济增长的动力不如其他模式明显,这有其自身的原因。这与外向型经济主要依赖外部需求有密切关系,因为对于外向型的经济体,需求方来自外部,总产值受外部需求波动影响很大,而对土地变化的敏感度相对较小,因此外向型经济的 GDP 对耕地的弹性不会很大。

第四,产业集群型模式百强县 GDP 与耕地的绝对变化关系是最不明显的,但两者之间弹性较强,高于外向型模式百强县。回归结果显示,产业集群型百强县 GDP 与耕地面积的负相关关系为,耕地面积每减少 1%,将使 GDP 增加 1.529%,高于外向型模式的 1.304%,但低于资源依托型百强县的 1.933%。较高的弹性说明产业集群模式的 GDP 对耕地变化还是相当敏感的,这是因为产业集群的发展必然需要占用耕地新增建设用地。正如在对产业集群 GDP 和建设用地关系分析中所指出的,这种增长的效益并不是太高,这从新增建设用地上的总产值相对而言并不算高就可以看出来。从绝对变化量上看,耕地每减少 1 万亩,GDP 仅增加 6.053 亿元,在三种发展模式中排名最后,也低于全部百强县的水平,然而这个数目与排名第一的资源依托型模式相比相差不多,仅 4 亿元左右,然而建设用地变化 1 万亩带来 GDP 的增长为 11.584 亿元,与排名第一的资源依托型模式却相差近 15 亿元的水平。这更加明显地说明,与资源依托型百强县相比,目前产业集群模式百强县的经济资产价值量,也说明其内部的经济结构布局、产业配置效益目前仍有待调整,尚未达到成熟阶段。以上分析再次说明,当前我国产业集群还倾向于粗放型发展模式,以增加土地、人力、资本等生产要素的形式进行扩张,效益不高,质量不佳,对环境造成了较大压力,因此应该改变这种增长方式,确立集约增长的新方式。

总而言之,通过以上的回归分析,我们可以看到,GDP 与耕地呈现负相关关系是一致的,但在不同模式间,相关程度和弹性敏感程度存在着明显差异,这与不同模式百强县经济发展的特定方式和思路有密切关系。资源依托型模式百强县中两者的关系最明显,从绝对量上看,耕地每减少 1 万亩,GDP 能增加近 11 亿元,高出百强县整体水平的一半。虽然与 GDP 和建设用地面积的关系相比稍显逊色,这个数字仍是相当显著的,正如前文中的分析,这个结果与资源依托型城市主要依赖资源开发,而它又依赖于土地变化有很重要的关系。另两种模式的百强县的特点不如资源依托型这么明显,也体现和反映了相应模式自身的特点和问题。

四、固定资产投资与耕地相关度的发展模式差异分析

上文对 GDP 与耕地相关度就不同模式进行了分析,我们看到,无论从各种发展模式还是全部百强县的特点上看,GDP 与耕地呈现负相关关系是一致的,模式之间呈现了差异性。与前面分析结果类似,就固定资产投资与耕地面积相关度来看,百强县中,不管哪个地区,固定资产投资与建设用地之间都呈现明显的负相关关系。但区域之间固定资产投资与建设用地之间的相关度仍然

表 5—18 中国不同发展模式百强县固定资产投资与耕地相关度比较表

发展模式	相关度(相对比)	相关度(绝对数变化)
资源依托型	耕地每减少 1%,将导致固定资产投资增加 7.403%。	耕地每减少 1 万亩,将使固定资产投资增加 5.274 亿元。
产业集群型	耕地每减少 1%,将导致固定资产投资增加 2.563%。	耕地每减少 1 万亩,将使固定资产投资增加 1.579 亿元。
外向型	耕地每减少 1%,将导致固定资产投资增加 2.754%。	耕地每减少 1 万亩,将使固定资产投资增加 3672.2 万元。
全部百强县	当耕地面积每减少 1%时,地区固定资产投资增加 3.475%左右。	当耕地减少 1 万亩时,地区固定资产投资增加 1.949 亿元。

资料来源:耕地和建设用地数据来自国土资源部数据,经济指标数据来自《中国县(市)会经济统计年鉴》,中国统计出版社和各省统计年鉴

是有差异的,而且是很明显的(表 5—18)。

第一,资源依托型模式百强县固定资产投资与耕地弹性关系最大,绝对数变化也要大于其他地区。从表 5—18 可以明显看出,在三种不同的发展模式中,资源依托型的百强县的固定资产投资对耕地的弹性最大,高于产业集群型和外向型的县市,也大于全部百强县的总体水平。而且这种关系是非常明显的,资源依托型百强县的固定资产投资对耕地的弹性是其他发展模式的 2—3 倍。从绝对量变化角度看也是如此,资源依托型县市的固定资产投资相对建设用地的绝对量变化为 5.274 亿元每万亩,这一数值为全部百强县总体水平的 2.5 倍左右。说明资源依托型模式的百强县目前正处在耕地与固定资产投资之间关系最强最敏感的时期。各种模式的固定资产投资与耕地面积关系与固定资产投资和建设用地关系的排名是一致的,说明在不同模式下,耕地和建设用地之间具有类似的关系。

这个结果的原因依然可以用资源型城市发展的最直接依赖就是资源和土地来解释,因为耕地变化在很大程度上控制着资源的变化,从而也影响了固定资产投资的变化。这里面比较典型的就有山东省寿光市。在百强县评比中,几乎都是"工业县"的天下,2004年"工业县"占了总数的80%以上,纯农业县几乎一个没有,但寿光就创造了奇迹,它也有工业,但多是在农业基础上发展的加工、储藏等工业项目,并出口日本、韩国。因此诸如山东寿光这样的县市的固定资产投资对耕地面积的变化会比较敏感,因为那里基本保持了较大比例的农业,发展的是农产品加工和储藏等附加值较高的产业,占地少,投资多,因此固定资产投资和耕地之间的面积会很敏感。

第二,产业集群型模式百强县固定资产投资与耕地相对比弹性关系最弱,绝对弹性变化数却高于产业集群型模式的百强县。产业集群型模式百强县固定资产投资与建设用地弹性为2.563%,是各种模式中两者关系最弱的一类。也就是说,建设用地每增加1%,固定资产投资增加比例为2.563%。从绝对量上看,耕地每减少1万亩,固定资产投资增加1.579亿元,却要高于外向型模式的百强县。产业集群型模式百强县固定资产投资与建设用地之间的弹性是我国所有区域中弹性最小的,这个事实说明对产业集群型模式百强县而言减少耕地来带动经济增长的动力不如其他模式明显了。正如前面所指出的,目前产业集群模式百强县的经济资产价值量,也说明其内部的经济结构布局、产业配置效益目前仍有待调整,尚未达到成熟阶段。以上分析再次说明,当前我国产业集群还倾向于粗放型发展模式,以增加土地、人力、资本等生产要素的形式进行扩张,效益不高,质量不佳,对环境造成了较大压力,因此应该改变这种增长方式,确立集约增长的新方式。

第三,外向型模式百强县固定资产投资与耕地的绝对变化关系是最不明显的,但两者之间弹性较强,高于外向型模式百强县。回归结果显示,外向型百强县固定资产投资与耕地面积的负相关关系为,耕地面积每减少1%,将使固定资产投资增加2.754%,高于产业集群型模式的2.563%,但远低于资源依托型百强县的7.103%。

外向型模式百强县对耕地的变化不太敏感的事实再一次说明了,外向型经济主要依赖外部需求,总产值受外部需求波动影响很大,而对土地变化的敏感度相对较小,因此外向型经济的固定资产投资对耕地的弹性不会很大。另一方面,外向型经济耕地减少导致固定资产增加仅为3672.2万元,相比之下是很少的,这可能是由于外向型经济的投资大部分来源于国外投资,而这一部分是不包括在固定资产投资之内的,因此回归结果中外向型经济的固定资产投资比全部百强县的总体水平低很多。如江苏省昆山市就是一个很好的例子,到90年代末,昆山实际利用外资占社会固定资产投资比重达90%以上,外资已经成为昆山经济增长的主体和主要动力。在实际计算时,实际利用外资是不包括在固定资产投资之内的。

第六节 按GDP排名的土地利用与经济发展相关度差异比较

由于GDP是衡量地区经济发展的重要指标,根据百强县GDP

排名(以 2004 年百强县排名为准)将其分为前 30、中间 40 和后 30 名分别进行一个自变量、一个解释变量的回归分析,以期找出不同排名的百强县组群间在经济发展和土地利用方面的相似点和不同点。与综合排名相同,主要考察五组关系:地区 GDP 与建设用地面积、固定资产投资与建设用地面积、地区 GDP 与耕地面积、财政收入与耕地面积、三次产业结构与耕地面积。

一、不同指标之间相关度分析

(一)固定资产投资与建设用地关系

1. 后 30 名百强县

对按 GDP 排名后 30 名的百强县的地区 GDP 和建设用地面积之间的关系进行一一变量的回归,采用固定效应和双对数的模型,回归结果如下表所示(此处只列出表头,下同):

变量	相关系数	标准差	T 值	P 值
			−1.01494	
C	−1.024552	1.009469	2	0.3143
LOG(BUSINESS L?)	1.929358	0.371420	5.194544	0.0000

通过对回归结果的分析,我们发现回归结果显著,GDP 与建设用地具有显著的正相关关系,建设用地每增加 1%,将导致 GDP 提高 1.92%。另外,从绝对量上看,建设用地每增加 1 万亩,将使 GDP 增加 3.73 亿元。

2. 中间 40 名百强县

对按 GDP 排名中间 40 名的百强县地区 GDP 和建设用地面积之间的关系进行一一变量的回归,结果如下表所示:

变量	相关系数	标准差	T值	P值
			−3.87085	
C	−4.299684	1.110784	7	0.0002
LOG(BUSINESS L?)	2.928032	0.352686	8.302084	0.0000

回归结果显著,GDP 与建设用地具有显著的正相关关系,建设用地每增加 1‰,将导致 GDP 提高 2.92%。另外,从绝对量上看,建设用地每增加 1 万亩,将使 GDP 增加 17.6 亿元。

3. 前 30 名百强县

对按 GDP 排名前 30 名百强县地区 GDP 和建设用地面积之间的关系进行——变量的回归,结果如下表所示:

变量	相关系数	标准差	T值	P值
			−3.99638	
C	−3.239929	0.810714	9	0.0002
LOG(BUSINESS L?)	2.557673	0.233949	10.93260	0.0000

回归结果显著,GDP 与建设用地具有显著的正相关关系,建设用地每增加 1‰,将导致 GDP 提高 2.56%。另外,从绝对量上看,建设用地每增加 1 万亩,将使 GDP 增加 25.01 亿元。

因此,就建设用地与 GDP 的相关关系而言,中间排名 40 名的县市,GDP 变化对建设用地变化最敏感,其次是排名前 30 名的县市,排名后 30 名的县市建设用地变化引起 GDP 变化程度最小。

(二)固定资产投资与建设用地关系

1. 后 30 名百强县

对后 30 名百强县固定资产投资和建设用地指标进行单变量回归,采用固定效应和双对数的模型,回归结果如下表所示:

变量	相关系数	标准差	T值	P值
C	9.452650	3.336314	2.833261	0.0063
LOG(BUSINESS L?)	0.669275	1.214578	0.551035	0.5837

由于建设用地的 P 值为 0.58，在 0.1 的显著性水平下都不显著，因此无法得出固定资产投资与建设用地具有显著的正相关的关系。

2. 中间 40 名百强县

对按 GDP 排名中间 40 名的百强县固定资产投资与建设用地之间关系，回归结果如下表所示：

变量	相关系数	标准差	T值	P值
C	−12.23354	5.202286	−2.351571	0.0212
LOG(BUSINESS L?)	7.636613	1.651785	4.623249	0.0000

固定资产投资与建设用地具有显著的正相关关系，建设用地每增加 1%，将导致固定资产投资提高 7.636%。另外，从绝对量上看，建设用地每增加 1 万亩，将使固定资产投资增加 8.2 亿元。

3. 前 30 名百强县

对按 GDP 排名前 30 名百强县固定资产投资与建设用地之间关系，回归结果如下表所示：

变量	相关系数	标准差	T值	P值
C	−6.967112	4.284762	−1.626021	0.1093
LOG(BUSINESS L?)	5.506379	1.236461	4.453337	0.0000

回归结果显著，固定资产投资与建设用地具有显著的正相关

关系,建设用地每增加1%,将导致固定资产投资提高5.506%。另外,从绝对量上看,建设用地每增加1万亩,将使固定资产投资增加3.17亿元。

(三)地区GDP与耕地面积关系

1.后30名百强县

对后30名百强县GDP与耕地面积进行单变量回归,采用固定效应和双对数的模型,回归结果如下表所示:

变量	相关系数	标准差	T值	P值
C	3.043578	0.982959	3.096344	0.0030
LOG(PLOWLAND?)	0.344706	0.288392	1.195270	0.2368

分析回归结果可知,耕地面积的系数为0.237,在0.1的显著性水平下是不显著的,因此不能得出地区GDP与耕地面积具有负相关关系的结论。

2.中间40名百强县

对按GDP排名中间40名的百强县GDP与耕地面积之间关系,回归结果如下表所示:

变量	相关系数	标准差	T值	P值
C	20.74170	2.645092	7.841579	0.0000
LOG(PLOWLAND?)	−3.856022	0.644704	−5.98107 0	0.0000

回归结果显著,对中间40名百强县,GDP与耕地面积具有显著的负相关关系,耕地面积每降低1%,将导致地区GDP提高3.856%,弹性大于1,说明GDP对耕地面积变化相当敏感。另外,从绝对量上看,耕地每减少1万亩,将使GDP增加10.189亿元。

3. 前 30 名百强县

对按 GDP 排名前 30 名百强县 GDP 与耕地面积之间关系,回归结果如下表所示:

变量	相关系数	标准差	T 值	P 值
C	10.82390	1.058673	10.22402	0.0000
			−4.91376	
LOG(PLOWLAND?)	−1.268541	0.258161	8	0.0000

回归结果显著,对后 30 名百强县,GDP 与耕地面积具有显著的负相关关系,耕地面积每降低 1%,将导致地区 GDP 提高 1.27%,弹性大于 1,说明 GDP 对耕地面积变化相当敏感。另外,从绝对量上看,耕地每减少 1 万亩,将使 GDP 增加 9.132 亿元。

综合上面的比较,我们发现,就耕地与 GDP 的相关关系而言,仍是中间 40 名的耕地变化对 GDP 影响最为明显,弹性达到了 3.856;而前 30 名的影响次之,只有 1.27 左右;而最后 30 名的耕地变化与 GDP 关系不显著。

(四)财政收入与耕地面积的关系

1. 后 30 名百强县

对后 30 名百强县财政收入与耕地面积进行单变量回归,采用固定效应和双对数的模型,回归结果如下表所示:

变量	相关系数	标准差	T 值	P 值
C	11.76060	0.968628	12.14151	0.0000
			−1.46215	
LOG(PLOWLAND?)	−0.413854	0.283043	8	0.1490

耕地面积系数的 P 值为 0.15，在 0.1 的显著性水平下是不显著的，因此无法得出财政收入与耕地面积之间的负相关关系。

2. 中间 40 名百强县

对按 GDP 排名中间 40 名的百强县财政收入与耕地面积之间关系，回归结果如下表所示：

变量	相关系数	标准差	T 值	P 值
C	30.07175	3.189320	9.428890	0.0000
LOG(PLOWLAND?)	−4.679586	0.777352	−6.019903	0.0000

在 0.1 的显著性水平下，耕地的回归系数是显著的，因此耕地的财政收入与耕地面积具有显著的负相关关系，耕地面积每降低 1%，将导致财政收入提高 4.679%。另外，从绝对量上看，耕地每减少 1 万亩，将使财政收入增加 4284.87 万元。

3. 前 30 名百强县

对按 GDP 排名前 30 名百强县财政收入与耕地面积之间关系，回归结果如下表所示：

变量	相关系数	标准差	T 值	P 值
C	15.29110	1.485723	10.29202	0.0000
LOG(PLOWLAND?)	−0.860333	0.362298	−2.374655	0.0208

在 0.1 的显著性水平下，耕地面积的系数是显著的。因此，可以认为财政收入与耕地面积具有显著的负相关关系，耕地面积每降低 1%，将导致财政收入提高 0.86%。另外，从绝对量上看，耕地每减少 1 万亩，将使财政收入增加 2847.78 万元。

(五)三次产业结构与耕地面积的关系

1. 后 30 名百强县

对后 30 名百强县三次产业结构指标与耕地指标进行单变量回归,采用固定效应和双对数的模型,回归结果如下表所示:

变量	相关系数	标准差	T 值	P 值
			−3.07754	
C	−2.615535	0.849878	2	0.0032
LOG(PLOWLAND?)	0.155867	0.249347	0.625102	0.5344

耕地面积系数的 P 值为 0.53,在 0.1 的显著性水平下是不显著的,因此无法得出三次产业结构与耕地面积之间的负相关关系。

2. 中间 40 名百强县

对按 GDP 排名中间 40 名的百强县三次产业结构指标与耕地面积之间关系,回归结果如下表所示:

变量	相关系数	标准差	T 值	P 值
C	−12.22910	2.054699	−5.95177	0.0000
			2	
LOG(PLOWLAND?)	2.449787	0.500804	4.891706	0.0000

三次产业结构指标与耕地面积具有显著的正相关关系,耕地每减少 1%,将导致三次产业结构指标降低 2.45%。另外,从绝对量上看,耕地面积每减少 1 万亩,将使三次产业结构指标降低约 0.0065。

3. 前 30 名百强县

对按 GDP 排名前 30 名百强县三次产业结构指标与耕地面积

之间关系,回归结果如下表所示:

变量	相关系数	标准差	T值	P值
			−7.44577	
C	−7.012361	0.941791	0	0.0000
LOG(PLOWLAND?)	1.062003	0.229659	4.624272	0.0000

在0.1的显著性水平下,三次产业结构指标与耕地面积具有显著的正相关关系,耕地每减少1%,将导致三次产业结构指标降低1.062%。另外,从绝对量上看,耕地面积每减少1万亩,将使三次产业结构指标降低约0.001。

(六)固定资产投资与耕地面积

1. 后30名百强县

对后30名百强县固定资产投资与耕地面积之间关系进行单变量回归,采用固定效应和双对数的模型,回归结果如下表所示:

变量	相关系数	标准差	T值	P值
C	19.72431	2.494604	7.906788	0.0000
			−3.38176	
LOG(PLOWLAND?)	−2.453420	0.725485	4	0.0013

耕地面积系数在0.05显著性水平下是显著的,固定资产投资与耕地面积具有显著的负相关关系,耕地面积每降低1%,将导致固定资产投资增加2.453%,弹性大于1,说明三次产业结构指标对耕地面积变化相当敏感。另外,从绝对量上看,耕地面积每减少1万亩,将使固定资产投资增加23957.78万元。

2. 中间40名百强县

对按GDP排名中间40名的百强县固定资产投资与耕地面积

之间关系,回归结果如下表所示:

变量	相关系数	标准差	T 值	P 值
C	67.87527	10.55972	6.427754	0.0000
			−5.30885	
LOG(PLOWLAND?)	−13.66384	2.573784	3	0.0000

固定资产投资与耕地面积具有显著的负相关关系,耕地面积每降低1%,将导致固定资产投资增加13.66%。另外,从绝对量上看,耕地面积每减少1万亩,将使固定资产投资增加55796.08万元。

3. 前30名百强县

对按GDP排名前30名百强县固定资产投资与耕地面积之间关系,回归结果如下表所示:

变量	相关系数	标准差	T 值	P 值
C	23.86861	4.139957	5.765424	0.0000
			−2.83999	
LOG(PLOWLAND?)	−2.867087	1.009541	2	0.0062

固定资产投资与耕地面积具有显著的负相关关系,耕地面积每降低1%,将导致固定资产投资增加2.87%,弹性大于1,说明三次产业结构指标对耕地面积变化相当敏感。另外,从绝对量上看,耕地面积每减少1万亩,将使固定资产投资增加10025.34万元。

二、不同排名相关度差异比较与分析

(一)地区GDP与建设用地关系的差异比较与分析

按照综合排名的不同阶段划分,百强县之间就新增建设用地对GDP贡献程度的差异比较平均。前30名的贡献程度居中,和全国的水平比较接近；中间 40 名最大；后 30 名最小。

从绝对量上看，不同排名的百强县之间的差异则比较明显。前 30 名组的 GDP 对建设用地的绝对变化量最大，达到了 25.01 亿元每万亩，远高于中间 40 名和尤其是后 30 名组的绝对变化，以及全部百强县的平均水平。综合排名前 30 名的百强县中新增同样数量的建设用地能带来更大的 GDP，这种现象有可能是由于按 GDP 进行排名时，中间 40 名百强县的 GDP 水平比较接近（按照 2004 年百强县 GDP 排名，处于第 31 位的胶州市 GDP 为 229.4 亿元，而处于第 70 位的金坛市 GDP 为 122.1 亿元），无论从绝对量还是相对量关系来看都比较接近，因此这一个排名阶段的百强县处在基本相同的经济总量上，回归结果集中体现了这个档次的百强县内地区 GDP 与建设用地之间的相互关系，因此回归结果的弹性最大。后 30 名百强县中 GDP 的水平最靠前的三河市（120 亿元）与排名最末的长岛县（16.8 亿元）相差一个数量级，因此根据这些县市所做的回归结果可能并不能体现具有特色的百强县中的 GDP 和建设用地的相互关系。

表 5—19 中国不同排名阶段百强县地区 GDP 与建设用地相关度比较表

排名段	相关度（相对比）	相关度（绝对数变化）
前 30 名	建设用地每增加 1%，将导致 GDP 提高 2.56%。	建设用地每增加 1 万亩，将使 GDP 增加 25.01 亿元。
中间 40 名	建设用地每增加 1%，将导致 GDP 提高 2.92%。	建设用地每增加 1 万亩，将使 GDP 增加 17.6 亿元。
后 30 名	建设用地每增加 1%，将导致 GDP 提高 1.92%。	建设用地每增加 1 万亩，将使 GDP 增加 3.73 亿元。
全部百强县	建设用地面积每增加 1% 时，地区 GDP 增加 2.597% 左右。	当建设用地增加 1 万亩时，地区 GDP 增加 11.448 亿元。

资料来源：耕地和建设用地数据来自国土资源部数据，经济指标数据来自《中国县（市）社会经济统计年鉴》，中国统计出版社和各省统计年鉴。

(二)固定资产投资与建设用地关系的差异比较与分析

经过回归计算可以看出,在固定资产投资与建设用地关系方面,前30名与中间40名的贡献程度均大于全国的水平,后30名没有显著的正相关关系。

从绝对量上看,回归结果显著的前、中两个档次的百强县的固定资产投资对建设用地变化的绝对量都要远高于全部百强县的回归结果,并且量值高出10倍以上。这可能是由于按照2004年GDP数值不同进行排名分类时,只反映了不同百强县中GDP水平的差异,而可能并未反映出固定资产投资水平的差异。因此,与根据综合排名进行分类的情况类似,固定资产投资对建设用地变化较大的一些县市集中在了某个排名阶段内,而在全部百强县回归时,这些县市的数据有可能互相抵消了很大一部分,从而导致对全部百强县回归的绝对量变化远低于按不同排名分别回归的情况。

表 5—20　中国不同排名阶段百强县固定资产投资与建设用地相关度比较表

排名段	相关度(相对比)	相关度(绝对数变化)
前30名	建设用地每增加1%,将导致固定资产投资提高5.506%。	建设用地每增加1万亩,将使固定资产投资增加3.17亿元。
中间40名	建设用地每增加1%,将导致固定资产投资提高7.636%。	建设用地每增加1万亩,将使固定资产投资增加8.2亿元。
后30名	建设用地系数不显著,无显著的正相关关系。	
全部百强县	当建设用地增加1%时,固定资产投资增加4.10%左右。	建设用地面积每增加1万亩,固定资产投资增加0.21亿元。

资料来源:耕地和建设用地数据来自国土资源部数据,经济指标数据来自《中国县(市)社会经济统计年鉴》,中国统计出版社和各省统计年鉴

(三)GDP与耕地面积相关度差异比较与分析

按地区 GDP 排名进行分类,考察地区 GDP 与耕地面积之间关系,前 30 名的弹性略低于全国水平,中间 40 名高于全国水平,但是后 30 名回归结果不显著。在绝对量的比较上看也有类似的情况,后 30 名的 GDP 对耕地变化的绝对量不显著,但是前 30 名和中间 40 名的绝对量要高于全部百强县的平均水平。

因此,如果不考虑回归结果不显著的后 30 名百强县,以及全国平均水平而言,为了刺激 GDP 以更快速度和更大幅度增长,应该降低耕地水平,并将其转换为建设用地。另一方面,我们注意到,对于前 30、中 40 名而言,无论从弹性还是绝对数量来看,相应地区的 GDP 对耕地面积的关系不如其对建设用地的关系敏感(例如对于前 30 名的百强县组群,耕地面积每减少 1%,导致 GDP 提高 1.27%;而建设用地增加 1%,则能导致 GDP 提高 2.56%),说明减少的 GDP 不完全转换为了建设用地,还有可能转换为了其他用途,如公共基础设施或者仅仅闲置起来。

表 5—21　中国不同排名阶段百强县地区 GDP 与耕地相关度比较表

排名段	相关度(相对比)	相关度(绝对数变化)
前 30 名	耕地每减少 1%,将导致 GDP 提高 1.27%。	耕地每减少 1 万亩,将使 GDP 增加 9.132 亿元。
中间 40 名	耕地每减少 1%,将导致 GDP 提高 3.856%。	耕地每减少 1 万亩,将使 GDP 增加 10.189 亿元。
后 30 名	无显著的负相关关系。	
全部百强县	耕地面积每减少 1%,将导致地区 GDP 提高 1.321%。	耕地面积每减少 1 万亩时,地区 GDP 增加 7.224 亿元。

资料来源:耕地和建设用地数据来自国土资源部数据,经济指标数据来自《中国县(市)社会经济统计年鉴》,中国统计出版社和各省统计年鉴

(四)财政收入与耕地面积相关度的差异比较与分析

在财政收入与耕地面积的关系上,不论从弹性还是绝对量上看,前30名的变化关系低于中间40名以及全部百强县的平均水平,这可能是由于前30名的百强县包括了在财政收入与耕地面积的关系方面差异很大的县市,它们的数据在回归分析时可能互相抵消一部分,而后30名的百强县财政收入与耕地面积之间无显著相关关系。

就财政收入与耕地面积的弹性上看,中间40名百强县中两者关系最敏感,而前30名则较低。这可能说明中间40名百强县的财政收入对土地的依赖性更大,也可能是由于按GDP排名仅考虑到了GDP这个单一指标的关系,而没有综合考虑到其他指标,因此有可能在中间40名中包含了将GDP对耕地面积变化最敏感的部分百强县市。

表5—22 中国GDP不同排名段百强县财政收入与耕地面积相关度比较表

排名段	相关度(相对比)	相关度(绝对数变化)
前30名	耕地面积每降低1%,将导致财政收入提高0.86%。	耕地每减少1万亩,将使财政收入增加2847.78万元。
中间40名	耕地面积每降低1%,将导致财政收入提高4.679%。	耕地每减少1万亩,将使财政收入增加4284.87万元。
后30名	无显著负相关关系。	
全部百强县	耕地面积每减少1%,将导致财政收入增加1.195%。	耕地每减少1万亩,将使财政收入增加2823.94万元。

资料来源:耕地和建设用地数据来自国土资源部数据,经济指标数据来自《中国县(市)社会经济统计年鉴》,中国统计出版社和各省统计年鉴

(五)三次产业结构与耕地面积相关度的差异比较与分析

综合不同排名阶段的回归结果,我们看到中间40名百强县的

三次产业结构指标对耕地面积的弹性最大,达到了 2.45%,数值大于 1,说明中间 40 名的产业结构对耕地面积是富有弹性的。而且,从绝对量上看,中间 40 名百强县的产业结构指标对耕地变化量最高,为 0.0065,也要高于前 30 名和全部百强县的总体水平。这可能是因为综合排名中间 40 名百强县的产业结构升级最快,这些县市中可能着重发展第三产业或高新科技产业,同时大力促进农民转型,降低了农业产值的份额,使三次产业结构指标降低很快(产业结构升级很快)。排在第二的是前 30 名百强县,三次产业结构指标对耕地面积的弹性为 1.062%。高于全部百强县的总体水平。后 30 名的三次产业结构指标与耕地面积之间也无显著关系。

表 5—23 中国不同排名段百强县三次产业结构与耕地面积相关度比较表

排名段	相关度(相对比)	相关度(绝对数变化)
前 30 名	耕地面积每降低 1%,将导致三次产业结构指标降低 1.062%。	耕地面积每减少 1 万亩,将使三次产业结构指标降低约 0.001。
中间 40 名	耕地面积每减少 1%,将导致三次产业结构指标降低 2.45%。	耕地面积每减少 1 万亩,将使三次产业结构指标降低约 0.0065。
后 30 名	无显著关系。	
全部百强县	耕地面积每减少 1%,三次产业结构(以第一产业与二三产业比重表示)会相应降低 0.6412%。	耕地面积每减少 1 万亩,将使三次产业结构指标降低约 0.0021。

资料来源:耕地和建设用地数据来自国土资源部数据,经济指标数据来自《中国县(市)社会经济统计年鉴》,中国统计出版社和各省统计年鉴

(六)固定资产投资与耕地面积相关度的差异比较与分析

就固定资产投资与耕地面积的关系来看,前 30 名和后 30 名中两者的关系相近,而中间 40 名的固定资产投资对耕地面积的敏

感性显著高于其他两个排名阶段,体现在中间 40 名的固定资产投资与耕地面积的弹性和绝对量变化都是最高的。

另外,从比较固定资产投资与耕地面积和固定资产投资与建设用地面积关系可以看出,全部百强县的固定资产投资对耕地面积的弹性均大于对建设用地的弹性。而在前文中我们分析过,GDP 对耕地面积的弹性要低于 GDP 对建设用地的弹性。我们的这两个结论似乎有点矛盾,然而这都是在将百强县按 GDP 排名进行分类后得到的,因此体现了按照 GDP 排名不同的百强县不同组群间的特点。

表 5—24　中国不同排名段百强县固定资产投资与耕地面积相关度比较表

排名段	相关度(相对比)	相关度(绝对数变化)
前 30 名	耕地面积每降低 1%,将导致固定资产投资增加 2.87%。	耕地面积每减少 1 万亩,将使固定资产投资增加 1.00 亿元。
中间 40 名	耕地面积每降低 1%,将导致固定资产投资增加 13.66%。	耕地面积每减少 1 万亩,将使固定资产投资增加 5.58 亿元。
后 30 名	耕地面积每降低 1%,将导致固定资产投资增加 2.453%。	耕地面积每减少 1 万亩,将使固定资产投资增加 2.40 亿元。
全部百强县	耕地面积每降低 1%,将导致固定资产投资增加 3.475%。	耕地面积每减少 1 万亩,将使固定资产投资增加 1.95 亿元。

资料来源:耕地和建设用地数据来自国土资源部数据,经济指标数据来自《中国县(市)社会经济统计年鉴》,中国统计出版社和各省统计年鉴

从上面的分析我们可以总结出按照 GDP 排名进行分类回归的以下特点:

第一,排名越靠前,GDP 与建设用地之间绝对相关度越大。

第二,排名越靠前,固定资产投资与建设用地关系之间绝对相

关度就越大。但两者弹性大小处于中间位置。

第三,GDP 与耕地关系的绝对和相对相关度普遍低于 GDP 与建设用地相关度系数(中间 40 名除外)。但前 30 名的绝对相关度的减少量要快于后面排名的减少量。说明在百强县排名越靠前,建设用地对 GDP 影响力度就越大。

第四,中间 40 名百强县的各项指标排名(无论是相对相关度还是绝对相关度)均大于其他分组和全部百强县的平均水平(只有 GDP 和建设用地的关系例外),其特征非常突出。另外中间 40 名百强县大部分分布在长三角、珠三角及山东半岛等经济较为发达的地区,说明这一地区的经济发展在全体百强县中基本处于中游水平。

第七节 按耕地减少速度排名的土地利用与经济发展相关度差异比较

由于耕地在经济发展中具有至为重要的作用,将百强县按照在 2002—2004 年间耕地减少的速度进行排名之后进行分类回归,以期找到不同的耕地数量减少的百强县在社会经济发展各方面的相异和相似之处。仍然主要采用一一对应的回归,着重考察五组关系:地区 GDP 与建设用地面积、固定资产投资与建设用地面积、地区 GDP 与耕地面积、财政收入与耕地面积、三次产业结构与耕地面积。

一、土地利用与经济发展相关度回归分析

(一)GDP 与建设用地面积相关度

1. 前 30 名百强县

对耕地减少速度前 30 名的百强县的地区 GDP 和建设用地面

积之间的关系进行一一变量的回归,采用固定效应和双对数的模型,回归结果如下表所示(此处只列出表头,下同):

变量	相关系数	标准差	T值	P值
			−0.43931	
C	−0.381033	0.867331	7	0.6621
LOG(BUSINESS L?)	1.702173	0.279726	6.085152	0.0000

通过对回归结果的分析,我们发现回归结果显著,GDP 与建设用地具有显著的正相关关系,建设用地每增加 1%,将导致 GDP 提高 1.70%。另外,从绝对量上看,建设用地每增加 1 万亩,将使 GDP 增加 8.33 亿元。

2. 中间 40 名百强县

对耕地减少速度中间 40 名的百强县地区 GDP 和建设用地面积之间的关系进行一一变量的回归,结果如下表所示:

变量	相关系数	标准差	T值	P值
			−6.14192	
C	−5.458549	0.888736	7	0.0000
LOG(BUSINESS L?)	3.352320	0.285387	11.74659	0.0000

回归结果显著,GDP 与建设用地具有显著的正相关关系,建设用地每增加 1%,将导致 GDP 提高 3.35%。另外,从绝对量上看,建设用地每增加 1 万亩,将使 GDP 增加 25.19 亿元。

3. 后 30 名百强县

对耕地减少速度后 30 名百强县地区 GDP 和建设用地面积之间的关系进行一一变量的回归,结果如下表所示:

变量	相关系数	标准差	T值	P值
			−5.25156	
C	−8.976271	1.709255	9	0.0000
LOG(BUSINESS L?)	4.419667	0.545406	8.103446	0.0000

回归结果显著,GDP 与建设用地具有显著的正相关关系,建设用地每增加1%,将导致 GDP 提高4.42%。另外,从绝对量上看,建设用地每增加1万亩,将使 GDP 增加18.362亿元。

(二)固定资产投资与建设用地相关度

1. 前30名百强县

对前30名百强县固定资产投资和建设用地指标进行单变量回归,采用固定效应和双对数的模型,回归结果如下表所示:

变量	相关系数	标准差	T值	P值
C	6.011716	3.560057	1.688657	0.0966
LOG(BUSINESS L?)	1.836977	1.146126	1.602771	0.1143

分析回归结果可知,建设用地的系数为0.11,在0.1的显著性水平下不显著,因此固定资产投资和建设用地之间没有显著的正相关关系。

2. 中间40名百强县

对耕地减少速度中间40名的百强县固定资产投资与建设用地之间关系回归结果如下表所示:

变量	相关系数	标准差	T值	P值
			−2.75269	
C	−10.97779	3.988020	3	0.0073
LOG(BUSINESS L?)	7.329313	1.280614	5.723280	0.0000

固定资产投资与建设用地具有显著的正相关关系,建设用地

每增加 1%,将导致固定资产投资提高 7.33%,弹性远大于 1,说明固定资产投资对建设用地面积变化非常敏感。另外,从绝对量上看,建设用地每增加 1 万亩,将使固定资产投资增加 5.25 亿元。

3. 后 30 名百强县

对耕地减少速度后 30 名百强县固定资产投资与建设用地之间关系,回归结果如下表所示:

变量	相关系数	标准差	T 值	P 值
C	−22.30510	8.695603	−2.56510 1	0.0129
LOG(BUSINESS L?)	10.75410	2.753744	3.905265	0.0002

回归结果显著,固定资产投资与建设用地具有显著的正相关关系,建设用地每增加 1%,将导致固定资产投资提高 10.75%。另外,从绝对量上看,建设用地每增加 1 万亩,将使固定资产投资增加 8.83 亿元。

(三)地区 GDP 与耕地面积相关度

1. 前 30 名百强县

对前 30 名百强县 GDP 与耕地面积进行单变量回归,采用固定效应和双对数的模型,回归结果如下表所示:

变量	相关系数	标准差	T 值	P 值
C	5.925849	0.822984	7.200447	0.0000
LOG(PLOWLAND?)	−0.278652	0.222487	−1.252439	0.2154

分析回归结果可知,耕地的回归方程系数为 0.22,在 0.1 的显著性水平下不显著,因此 GDP 与耕地之间没有显著的正相关关系。

2. 中间 40 名百强县

对耕地减少速度中间 40 名的百强县 GDP 与耕地面积之间关系,回归结果如下表所示:

变量	相关系数	标准差	T 值	P 值
C	38.79784	3.206874	12.09833	0.0000
			−10.5454	
LOG(PLOWLAND?)	−8.460874	0.802328	0	0.0000

耕地面积系数很接近于 0,在 0.05 显著性水平下是显著的,地区 GDP 与耕地面积具有显著的负相关关系,耕地面积每降低 1%,将导致地区 GDP 提高 8.46%,弹性远大于 1,说明财政收入对耕地面积变化十分敏感。另外,从绝对量上看,耕地每减少 1 万亩,将使地区 GDP 增加 21.67 亿元。

3. 后 30 名百强县

对耕地减少速度后 30 名百强县 GDP 与耕地面积之间关系,回归结果如下表所示:

变量	相关系数	标准差	T 值	P 值
			−0.56618	
C	−9.951238	17.57588	7	0.5734
LOG(PLOWLAND?)	3.748938	4.444464	0.843507	0.4024

分析回归结果可知,耕地的回归方程系数为 0.40,在 0.1 的显著性水平下不显著,因此对于耕地减少速度最慢的后 30 名百强县,GDP 与耕地之间没有显著的正相关关系。

(四)财政收入与耕地面积的相关度

1. 前 30 名百强县

对前 30 名百强县财政收入与耕地面积进行单变量回归,采用

固定效应和双对数的模型,回归结果如下表所示:

变量	相关系数	标准差	T值	P值
C	13.53910	0.947009	14.29669	0.0000
			−2.62328	
LOG(PLOWLAND?)	−0.669694	0.255289	2	0.0111

耕地面积系数为 0.01,在 0.05 显著性水平下是显著的,财政收入与耕地面积具有显著的负相关关系,耕地面积每降低 1％,将导致财政收入提高 0.67％,弹性小于 1,说明财政收入对耕地面积变化并非十分敏感。另外,从绝对量上看,耕地每减少 1 万亩,将使财政收入增加 2107.24 万元。

2. 中间 40 名百强县

对耕地减少速度中间 40 名的百强县财政收入与耕地面积之间关系,回归结果如下表所示:

变量	相关系数	标准差	T值	P值
C	42.42228	4.250989	9.979392	0.0000
			−7.38173	
LOG(PLOWLAND?)	−7.850885	1.063555	7	0.0000

在 0.05 的显著性水平下,耕地的系数是显著的,因此耕地的财政收入与耕地面积具有显著的负相关关系,耕地面积每降低 1％,将导致财政收入提高 7.85％,远大于 1,可见耕地面积变化对财政收入拉动作用非常明显。另外,从绝对量上看,耕地每减少 1 万亩,将使财政收入增加 8480.62 万元。

3. 后 30 名百强县

对耕地减少速度后 30 名百强县财政收入与耕地面积之间关

系,回归结果如下表所示:

变量	相关系数	标准差	T值	P值
			−0.78408	
C	−14.81147	18.89008	7	0.4361
LOG(PLOWLAND?)	6.482888	4.776789	1.357164	0.1799

分析回归结果可知,耕地的回归方程系数为0.18,大于0.1,因此在0.1的显著性水平下不显著,因此对于耕地减少速度最慢的后30名百强县,财政收入与耕地之间没有显著的正相关关系。

(五)三次产业结构与耕地面积的相关度

1. 前30名百强县

对前30名百强县三次产业结构指标与耕地指标进行单变量回归,采用固定效应和双对数的模型,回归结果如下表所示:

变量	相关系数	标准差	T值	P值
			−5.94745	
C	−4.080253	0.686051	1	0.0000
LOG(PLOWLAND?)	0.486284	0.185468	2.621925	0.0111

耕地面积系数为0.01,在0.05显著性水平下是显著的,三次产业结构指标与耕地面积具有显著的正相关关系,耕地面积每降低1%,将导致三次产业结构指标降低0.48%,弹性小于1,说明三次产业结构指标对耕地面积变化并不非常敏感。另外,从绝对量上看,耕地面积每减少1万亩,将使三次产业结构指标降低约0.0014。

2. 中间40名百强县

对耕地减少速度中间40名的百强县三次产业结构指标与耕

地面积之间关系,回归结果如下表所示:

变量	相关系数	标准差	T值	P值
C	−25.63745	2.707790	−9.468036	0.0000
LOG(PLOWLAND?)	5.815969	0.677462	8.584935	0.0000

三次产业结构指标与耕地面积具有显著的正相关关系,耕地每减少1%,将导致三次产业结构指标降低5.8%。另外,从绝对量上看,耕地面积每减少1万亩,将使三次产业结构指标降低约0.009。不论从弹性还是绝对量上看,耕地变化对三次产业结构升级所起的作用都是非常明显的。

3. 后30名百强县

对耕地减少速度后30名百强县三次产业结构指标与耕地面积之间关系,回归结果如下表所示:

变量	相关系数	标准差	T值	P值
C	9.437693	14.52778	0.649631	0.5185
LOG(PLOWLAND?)	−2.937297	3.673682	−0.799551	0.4272

分析回归结果可知,耕地的回归方程系数为0.42,大于0.1,因此在0.1的显著性水平下不显著,因此对于耕地减少速度最慢的后30名百强县,三次产业结构与耕地之间没有显著的正相关关系。

(六) 固定资产投资与耕地面积的相关度

1. 前30名百强县

对前30名百强县固定资产投资与耕地面积之间关系进行单

变量回归,采用固定效应和双对数的模型,回归结果如下表所示:

变量	相关系数	标准差	T值	P值
C	22.59517	2.369522	9.535750	0.0000
			−4.59309	
LOG(PLOWLAND?)	−2.933890	0.638761	8	0.0000

耕地面积系数在 0.05 显著性水平下是显著的,固定资产投资与耕地面积具有显著的负相关关系,耕地面积每降低 1%,将导致固定资产投资增加 2.93%,弹性大于 1,说明三次产业结构指标对耕地面积变化比较敏感。另外,从绝对量上看,耕地面积每减少 1 万亩,将使固定资产投资增加 1.82 亿元。

2. 中间 40 名百强县

对耕地减少速度中间 40 名的百强县固定资产投资与耕地面积之间关系,回归结果如下表所示:

变量	相关系数	标准差	T值	P值
C	83.62302	13.84093	6.041721	0.0000
			−5.18595	
LOG(PLOWLAND?)	−17.95826	3.462863	7	0.0000

固定资产投资与耕地面积具有显著的负相关关系,耕地面积每降低 1%,将导致固定资产投资增加 17.96%。另外,从绝对量上看,耕地面积每减少 1 万亩,将使固定资产投资增加 5.70 亿元。不论从弹性还是绝对量上看,对耕地变化速度居中的 40 名百强县而言,耕地变化对固定资产投资的拉动作用都是非常显著的。

3. 后 30 名百强县

对耕地减少速度后 30 名百强县固定资产投资与耕地面积之

间关系,回归结果如下表所示:

变量	相关系数	标准差	T 值	P 值
C	9.909127	65.99012	0.150161	0.8812
LOG(PLOWLAND?)	0.438389	16.59343	0.026419	0.9790

分析回归结果可知,耕地的回归方程系数为 0.97,大于 0.1,因此在 0.1 的显著性水平下不显著,因此对于耕地减少速度最慢的后 30 名百强县,固定资产投资与耕地之间没有显著的正相关关系。

二、按耕地减少速度排名百强县土地利用与经济发展相关度排名差异分析

(一)GDP 与建设用地相关度的比较与差异分析

按照百强县耕地减少速度不同进行划分,从弹性上看,百强县之间就新增建设用地对 GDP 贡献程度的差异不大,均介于 1%—4%之间。在两者弹性关系上,前 30 名高于中间 40 名一点几个百分点,后 30 名则高于前两者一点几个百分点,也高于全部百强县的平均水平,但总的说来差距不是很大。

从绝对量上看,不同排名的百强县之间的差异则比较明显。中间 40 名百强县的 GDP 对建设用地面积变化最敏感,建设用地面积每增加 1 万亩,就能使 GDP 增加 25.19 亿元。而前 30 名组群的 GDP 对建设用地的绝对变化量次之,达到了 18.36 亿元每万亩。建设用地变化最快的百强县的 GDP 对建设用地增加的反应最不敏感,建设用地每增加 1 万亩,仅能导致 GDP 增加 8.33 亿元,这个数字仅为耕地减少最慢的百强县组群的 1/3 左右。耕地减少速度最慢的百强县中新增同样比例的建设用地能带来 GDP

的更快增长,而耕地减少速度最快的百强县的GDP对建设用地面积的变化反而最不敏感,究其原因,可能由于耕地减少速度较慢的县市更多地依靠整理土地"存量",即通过开发现有的建设用地,以及调整土地使用结构来实现经济增长,因此GDP对建设用地增加的弹性更大;而耕地速度减少较快的县市可能走的仍然是土地粗放型增长的道路,更多依赖放弃耕地甚至直接出售耕地带来的收益拉动经济增长,因此GDP对建设用地的变化不够敏感。

表5—25 按照耕地减少速度排名百强县地区GDP与建设用地相关度比较表

排名段	相关度(相对比)	相关度(绝对数变化)
前30名	建设用地每增加1%,将导致GDP提高1.70%。	建设用地每增加1万亩,将使GDP增加8.33亿元。
中间40名	建设用地每增加1%,将导致GDP提高3.35%。	建设用地每增加1万亩,将使GDP增加25.19亿元。
后30名	建设用地每增加1%,将导致GDP提高4.42%。	建设用地每增加1万亩,将使GDP增加18.36亿元。
全部百强县	当建设用地面积每增加1%时,地区GDP增加2.597%左右。	建设用地增加1万亩时,地区GDP增加11.45亿元。

资料来源:耕地和建设用地数据来自国土资源部数据,经济指标数据来自《中国县(市)社会经济统计年鉴》,中国统计出版社和各省统计年鉴

(二)固定资产投资与建设用地相关度的比较与差异分析

关于固定资产投资与建设用地的关系,最明显的特点在于,耕地减少速度处于中间40名的百强县的固定资产投资对建设用地关系变化的弹性最大,但从建设用地增加拉动固定资产投资增长的绝对量上看,后30名百强县的建设用地增加最能拉动固定资产投资增长。

固定资产投资是与土地供应紧密地联系在一起的,土地供应越多越快,固定资产投资可能增加的越快。现在回归分析的结果是,排名前30名的百强县,固定资产投资变化对建设用地的回归结果不显著,而从绝对量上看,耕地速度减少最慢的后30名百强县,固定资产投资随建设用地增加而增加的效果最明显。究其原因,可能是由于固定资产投资与建设用地增加的关系最紧密,而与耕地减少的关系并不那么紧密,而耕地减少速度较慢的百强县更多地依靠建设用地的增加来拉动经济增长,因此这部分百强县就表现出了固定资产投资与建设用地间更紧密的联系。

从绝对量上看,只有耕地减少速度处于中间40名的百强县的固定资产投资对建设用地变化的弹性高于全部百强县的回归结果,而除前30名外,绝对量的变化都要高于全部百强县的水平,并且量值高出20倍以上。这从另一个侧面体现出在耕地速度减少不那么快的百强县中,固定资产投资乃至经济增长更多地依赖建设用地的增加以及土地利用方式的调整。

表5—26 我国不同排名段百强县固定资产投资与建设用地相关度比较表

排名段	相关度(相对比)	相关度(绝对数变化)
前30名	回归结果不显著。	
中间40名	建设用地每增加1%,将导致固定资产投资提高7.33%。	建设用地每增加1万亩,将使固定资产投资增加5.25亿元。
后30名	建设用地每增加1%,将导致固定资产投资提高1.75%。	建设用地每增加1万亩,将使固定资产投资增加8.83亿元。
全部百强县	当建设用地增加1%时,固定资产投资增加4.10%左右。	建设用地面积每增加1万亩,固定资产投资增加0.21亿元。

资料来源:耕地和建设用地数据来自国土资源部数据,经济指标数据来自《中国县(市)社会经济统计年鉴》,中国统计出版社和各省统计年鉴

(三)地区 GDP 与耕地面积相关度的比较与差异分析

就地区 GDP 与耕地面积之间的关系来看,只有耕地减少速度排名中间 40 名百强县的回归结果是显著的,而前 30 名和后 30 名组群的 GDP 对耕地面积的回归结果全都不显著。对于中间 40 名百强县,GDP 对耕地面积的变化是非常敏感的,无论从弹性还是绝对数量的变化上看都是如此。

中间 40 名百强县的 GDP 对耕地面积的弹性达到了 8.46%,高于全部百强县总体水平的 6 倍;从绝对量变化看,耕地面积每减少 1 万亩,将导致 GDP 增加 21.67 亿元,为全部百强县总体水平的 3 倍。按耕地减少速度排名的中间 40 名百强县之所以其 GDP 对耕地面积变化如此敏感,与这些地区的土地政策有关。从土地变化量来看,2002—2004 年间,中间 40 名百强县的耕地减少比例都在 1%—5%之间,减少幅度并不大,因此这些百强县经济增长,GDP 规模的攀升更多地依靠土地"集约型"的发展模式,依靠建设用地的增加和土地的重新整合,因此 GDP 对建设用地的面积变化非常敏感。另外,耕地减少前 30 名的百强县的耕地降低幅度差异过大,从接近 55%到 5%,因此无法得出地区 GDP 与耕地面积之间的负相关关系;而对于耕地面积减少后 30 名的百强县,其中有一些耕地面积在 2002—2004 年间是增加的,如果仅考虑这些县市,它们的 GDP 对耕地应是正相关关系,因此对于后 30 名百强县,将这些县市考虑在内之后,必然无法得出 GDP 和耕地面积之间的负相关关系。

(四)财政收入与耕地面积相关度的比较与差异分析

在财政收入与耕地面积的关系上,不论从弹性还是绝对量上看,中间 40 名的变化关系都比其他排名组以及全部百强县的平均水平敏感,这里的原因同上面分析 GDP 与耕地面积关系时所分析的原因相同,主要是因为这一部分百强县的经济发展模式更趋向

表 5—27　我国不同排名段百强县地区 GDP 与耕地面积相关度比较表

排名段	相关度（相对比）	相关度（绝对数变化）
前 30 名	回归结果不显著，不能认为地区 GDP 与耕地面积呈负相关关系。	
中间 40 名	耕地面积每降低 1%，将导致地区 GDP 提高 8.46%。	耕地每减少 1 万亩，将使 GDP 增加 21.67 亿元。
后 30 名	回归结果不显著，不能认为地区 GDP 与耕地面积呈负相关关系。	
全部百强县	耕地面积每降低 1%，将导致地区 GDP 提高 1.321%。	耕地面积每减少 1 万亩时，地区 GDP 增加 7.22 亿元。

资料来源：耕地和建设用地数据来自国土资源部数据，经济指标数据来自《中国县（市）社会经济统计年鉴》，中国统计出版社和各省统计年鉴

于土地"集约型"，积极保护耕地，合理规划利用已开发土地。

前 30 名百强县的财政收入对耕地面积的弹性很低，这主要是由于其中包含了耕地面积变化程度差异很大的县市；后 30 名百强县的财政收入对耕地面积的回归结果不显著，原因同分析 GDP 与耕地面积关系的情况相同，也是由于这一部分百强县中包括耕地面积增加的县市的财政收入与耕地面积是同向变化的。

表 5—28　我国不同排名段百强县财政收入与耕地面积相关度比较表

排名段	相关度（相对比）	相关度（绝对数变化）
前 30 名	耕地面积每降低 1%，将导致财政收入提高 0.67%。	耕地每减少 1 万亩，将使财政收入增加 2107.24 万元。
中间 40 名	耕地面积每降低 1%，将导致财政收入提高 7.85%。	耕地每减少 1 万亩，将使财政收入增加 8480.62 万元。
后 30 名	回归结果不显著，不能认为财政收入与耕地面积呈负相关关系。	
全部百强县	耕地面积每减少 1%，将导致财政收入增加 1.195%。	耕地每减少 1 万亩，将使财政收入增加 2823.94 万元。

资料来源：耕地和建设用地数据来自国土资源部数据，经济指标数据来自《中国县（市）社会经济统计年鉴》，中国统计出版社和各省统计年鉴

(五) 三次产业结构与耕地面积相关度的比较与差异分析

对耕地减少速度排名不同的百强县,所得到的不同排名阶段的回归结果与财政收入和耕地面积之间的关系类似。前30名百强县的三次产业结构指标对耕地面积的弹性最小,仅为0.49%,数值小于1,说明前30名的产业结构对耕地面积是没有弹性的。中间40名百强县的三次产业结构指标对耕地面积最敏感,无论从弹性还是绝对变化数量上看都是如此。同样,后30名百强县的三次产业结构指标对耕地面积的回归结果并不显著。与前文所进行的分析类似,造成这种结果的原因在于按照耕地减少速度进行排名,耕地面积减少的速度在前30名中差异很大,而在后30名中有一部分百强县的耕地是增加而非减少的。这种减少速度的巨大差异(数值和符号上的)造成了回归结果的显著区别。

表5—29 中国不同排名段百强县三次产业结构与耕地面积相关度比较表

排名段	相关度(相对比)	相关度(绝对数变化)
前30名	耕地面积每降低1%,将导致三次产业结构指标降低0.49%。	耕地面积每减少1万亩,将使三次产业结构指标降低约0.0014。
中间40名	耕地面积每减少1%,将导致三次产业结构指标降低5.8%。	耕地面积每减少1万亩,将使三次产业结构指标降低约0.009。
后30名	回归结果不显著,不能认为三次产业结构与耕地面积呈正相关关系。	
全部百强县	耕地面积减少1%,三次产业结构(以第一产业与二三产业比重表示)会相应降低0.6412%。	耕地面积每减少1万亩,将使三次产业结构指标降低约0.0021。

资料来源:耕地和建设用地数据来自国土资源部数据,经济指标数据来自《中国县(市)社会经济统计年鉴》,中国统计出版社和各省统计年鉴

(六)固定资产投资与耕地面积相关度的比较与差异分析

对耕地减少速度排名不同的百强县,回归结果也和上面两组分析过的关系相近。前30名百强县的固定资产投资对耕地面积的弹性最小,仅为2.93%,小于百强县总体水平,说明前30名百强县的固定资产投资对耕地面积的贡献较低,低于全部百强县平均水平。中间40名百强县的固定资产投资对耕地面积最敏感,无论从弹性还是绝对变化数量上看都是如此。同样,后30名百强县的固定资产投资对耕地面积的回归结果并不显著。与前文所进行的分析类似,造成这种结果的原因在于按照耕地减少速度进行排名,耕地面积减少的速度在前30名中差异很大,而在后30名中有一部分百强县的耕地是增加而非减少的。这种减少速度的巨大差异(数值和符号上的)造成了回归结果的显著区别。

表5—30 中国不同排名段百强县固定资产投资与耕地面积相关度比较表

排名段	相关度(相对比)	相关度(绝对数变化)
前30名	耕地面积每降低1%,将导致固定资产投资增加2.93%。	耕地面积每减少1万亩,将使固定资产投资增加1.82亿元。
中间40名	耕地面积每降低1%,将导致固定资产投资增加17.96%。	耕地面积每减少1万亩,将使固定资产投资增加5.71亿元。
后30名	回归结果不显著,不能认为固定资产投资与耕地面积具有显著正相关关系。	
全部百强县	耕地面积每降低1%,将导致固定资产投资增加3.475%。	耕地面积每减少1万亩,将使固定资产投资增加1.95亿元。

资料来源:耕地和建设用地数据来自国土资源部数据,经济指标数据来自《中国县(市)社会经济统计年鉴》,中国统计出版社和各省统计年鉴

由于中间40名百强县的耕地减少幅度不大且相近,这样的地区比较有代表性,将这里的回归结果与固定资产投资和建设用地的回归结果进行比较,无论从弹性还是绝对数量上看,固定资产投资

对建设用地的敏感程度和对耕地的敏感程度都是相近的。因此可以得出结论,为了加快固定资产投资的增长,并真正实现可持续发展,我们应该合理利用已经转化的耕地,提高建设用地使用效率。而这一结论是与构建资源节约型社会、生态友好型社会的要求相一致的,也和保护耕地的要求相一致。

第六章 中国未来耕地面积变化预测及耕地保护

通过前面的分析可以看出,我国百强县的土地利用与经济发展之间存在着很大的相关性,这不仅反映在土地对经济发展有着很大的影响度,反过来说,也正是经济发展中的资源、市场等各种要素的共同作用,使得土地利用结果发生变化,即耕地的不断减少,建设用地规模的不断增加,给我国粮食生产安全、资源利用安全、社会安定等带来了一系列问题。因此,控制土地规模,调整经济发展结构,实现自然社会、经济和环境等和谐发展,成为我国新时期的新目标。而其中最重要的就是耕地规模保护问题。按照国务院关于到 2020 年我国耕地面积必须保持在 18 亿亩的总目标要求,保护耕地规模的任务非常艰巨,对此我们根据我国目前经济发展水平和发展趋势,对我国未来耕地面积变化进行了预测,从这些预测中,我们可以清楚看到保护耕地是一项极其艰巨的任务。

第一节 中国土地利用总体变化概述

我们将 1949 年到 2005 年我国耕地变化分为 1949 年到 1995 年和 1996 年到 2005 年两个阶段来考察,通过观察我国耕地面积变化可以发现以下规律:

第一，1949—1957年，我国耕地面积是急剧增加的，在1957年达到高峰，1957年以后，耕地面积缓慢减少。但总体上在1979年之前，耕地面积还是增加的，之后呈现缓慢下滑之势。

第二，1996年以来我国的耕地总量呈现出明显的下滑趋势。从1996年起，我国每年都进行一次土地变更调查，从而能及时掌握全国土地利用的变化状况，并由国土资源部、国家统计局正式向社会公布，被认为是比较权威的数据。1996—2005年全国耕地总面积与人均耕地面积变化曲线如下图所示：

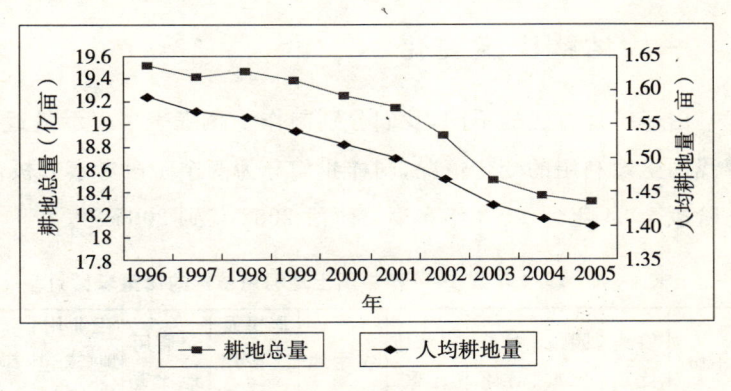

图6—1 我国1996—2005年耕地面积变化

资料来源：国土资源部

从上图可以看出，1996年以来我国的耕地总量呈现出明显的下滑趋势，从1996年的19.51亿亩下降到2005年的18.31亿亩，9年累计下降了1.2亿亩，下降幅度达到了6.15%。1996年到2001年变化比较平缓，在1998年的时候什么耕地数量还有所回升，2002年到2005年下降速度相对较快，尤其是2002年和2003年，下降的幅度比较大，其中2003年达到最大，耕地数量减少了2.01%。人均耕地数量变化比较平稳，几乎呈线性递减，从1996

年的 1.59 亩到 2005 年的 1.40 亩,仅为世界平均水平的 40%,下降了 0.19 亩,下降幅度达到 12%。

从这里可以看出,由于经济的发展对建设占用耕地需求长期存在,加上生态建设对生态退耕的要求以及农业结构调整等多方面原因,我国耕地总量下降趋势明显,在短期内难以逆转。

第二节 中国土地利用结构变化概况

一、结构比重变化

由于统计方法的不同,我们分别制作了两张表来表示最近 20 年我国土地利用的变化情况,同样我们分为两个阶段考察分析,第一阶段 1984 年到 1996 年和第二阶段 2002 年到 2005 年。

表 6—1 1984 年到 1996 年中国土地利用结构的比重表(%)

年份	耕地比重	园地比重	林地比重	牧草地比重	农用地	居民及工矿用地比重	交通用地比重	工业用地(未包括水域)	其他
1984—1995	14.19	0.85	23.71	27.94	66.68	2.34	0.53	2.86	30.46
1985	13.20	0.63	20.72	27.52	62.07	2.09	0.76	2.85	35.08
1990	13.06	0.76	21.57	27.50	62.88	2.25	0.80	3.04	34.08
1996	13.70	1.06	23.98	28.03	66.77	2.54	0.58	3.11	30.12

资料来源:国土资源部

第一阶段,1984 年到 1996 年。总体上看,我国 1984 年到 1996 年,土地利用结构总体变化不大,各部分比重维持在相对稳定的位置,同时农用地和建设用地的比重也是比较平稳的。根据

2005年的土地利用变更调查结果,全国耕地12208.27万公顷(18.31亿亩)、园地1154.90万公顷(1.73亿亩)、林地23574.11万公顷(35.36亿亩)、牧草地26214.38万公顷(39.32亿亩)、其他农用地2553.09万公顷(3.83亿亩)、居民点及独立工矿用地2601.51万公顷(3.90亿亩)、交通运输用地230.85万公顷(0.35亿亩)、水利设施用地359.87万公顷(0.54亿亩)、其余为未利用地(图6—2)。

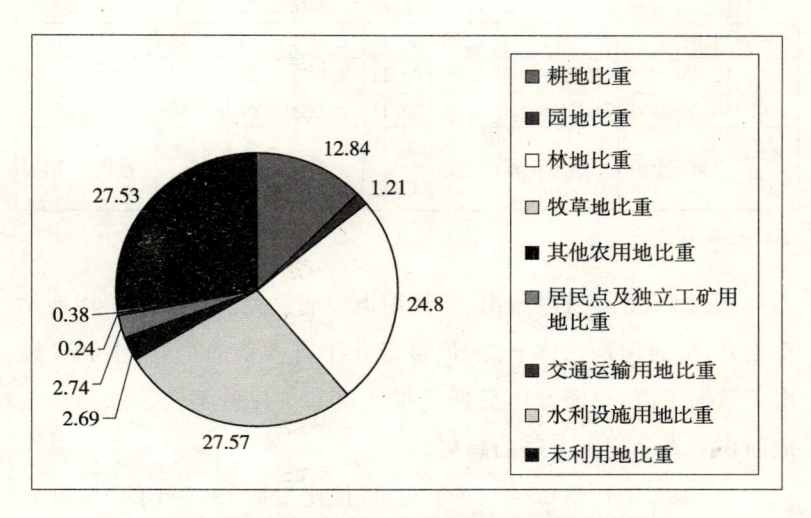

图6—2　2005年中国土地利用结构比重图(%)

资料来源:国土资源部

但是因为中国国土面积巨大,同时人口众多,仅仅是1%的变化在绝对数量上也将会是一个很大的数字,对这些变化我们还是应该给予关注。下面我们更进一步分析1985年到2005年20年间和最近几年我国土地利用的变化情况。

第二阶段,2002—2005年,我国农用地比重上升,建设用地比重上升,未利用土地比重下降。农用地中耕地利用比重下降,园地、林地比重上升,牧草地从大时间跨度来讲变动不大,但期间经历了一次上升和两次下降的阶段,近几年比重在不断下降(表6—2)。

表6—2　2002—2005年我国土地利月结构的比重表(%)

年份	耕地	园地	林地	牧草地	其他农用地	农用地	居民点及工矿	交通运输用地	水利设施用地	建设用地	未利用地
2002	13.25	1.13	24.27	27.72	2.70	69.07	2.64	0.22	0.37	3.23	27.70
2003	12.98	1.17	24.61	27.68	2.68	69.11	2.67	0.23	0.38	3.27	27.62
2004	12.88	1.19	24.72	27.63	2.69	69.11	2.71	0.23	0.38	3.32	27.57
2005	12.84	1.21	24.80	27.57	2.69	69.11	2.74	0.24	0.38	3.36	27.53
变化趋势	下降	上升	上升	下降	不变	趋于稳定	上升	不变(升)	不变(升)	上升	下降

资料来源:国土资源部

从表6—2还可以看出,建设用地中居民点及独立工矿用地比重上升,交通用地总体下降,但最近几年有微量的上升,水利设施由于数据原因,只能看出最近几年比重基本保持不变。未利用土地面积一直呈现出下降的趋势。

从1985年到2005年20年间,耕地比重从1985年的13.20%下降到2005年的12.84%,比重下降了0.36个百分点;园地比重从0.63%上升到1.21%,比重上升0.58个百分点,林地比重从20.72%上升到24.80%,比重上升4.08个百分点;牧草地比重从27.52%上升到27.57%,期间比重有两次下滑的阶段,但总体比重上升了0.05个百分点;总的来说农用地在整个国土利用中的比重从62.07%上升到69.11%,变动了7.04个百分点,可以看出农用地比重上升。居民及工矿用地从2.09%上升到2.74%,比重上升 0.65 个百分点;交通用地从 0.76% 下降到 0.24%,期间比重有一段上升的时期,但总体比重下降 0.52 个百分点;工业用地(为了保持数据的可比性,我们这里没有包括水利设施)比重从 2.85% 上升到 2.98%,比重上升了 0.13 个百分点,工业用地比重上升,通过观察最近几年的数据,可以猜测水利设施的比重总体上也是上升的趋势,所以不会影响到工业用地比重的整体上升趋势。其他主要是未利用土地面积,比重 35.08% 下降到 27.53%,下降了 7.55 个百分点,从上面的分析我们可以猜测,农业用地和建设用地的比重上升,应该有一部分是从未利用土地转换过来的。但是最近几年,我国未利用土地比重变化很小,所以其他各种土地利用比重的变化大部分应该是源自农用地和建设用地内部的比例调整。我国正处在工业化的进程中,必然伴随着耕地的减少和建设用地的增加,所以有必要更深入考察农用地尤其是耕地和建设用地的变化情况。

考虑到中国农业所面临的压力,我国耕地面积只占世界耕地面积的 7%,却要养活占世界人口 22% 的人口。人口不断增加的情况下,耕地资源的变化无疑是影响中国可持续发展的关键问题。随着我国经济和人口的发展,我国耕地资源面临着巨大的压力。尤其是改革开放以来,耕地资源表现出向其他利用方式的转变,总面积不断减少。细致地分析我们近几年来,土地资源尤其是耕地资源的变化,对制定合理的耕地保护政策有着尤为重要的意义。

对比分析建设用地比重的变化,我们看到建设用地总体比重的上升很大一部分是由居民点及独立工矿用地带动的,交通运输用地和水利设施用地比重变化并不大。

二、中国建设用地占用耕地的概况及特点

根据我们掌握的 2002 年至 2005 年土地利用情况,可以发现在绝对数量上,建设用地占用农用地和未利用地、建设用地占用农用地和建设用地占用耕地都表现出波动变化的特点,一年增加一年减少,而建设用地占用未利用地则表现出逐年递减的趋势。为了更进一步地分析,我们列出如下表所示的建设用地占用其他类型用地的情况:

表 6—3 2002—2005 年建设用地占各类用地的比重(%)

年份	建设用地占农用地和未利用土地	建设用地占农用地	建设用地占耕地	建设用地占未利用土地
2002	100(78+16+6)	79(77+17+6)	52(80+17+3)	21(85+9+7)
2003	100(77+16+7)	80(78+18+4)	67(79+17+3)	20(72+9+19)
2004	100(78+16+7)	86(78+16+5)	60(80+16+3)	14(73+12+15)
2005	100(75+17+8)	85(76+18+6)	58(78+19+4)	15(68+15+16)

注:我们取建设用地占农用地和未利用地为 100%,考察建设用地分别占农用地和未利用地的比重;取建设用地占农用地为 100%,考察其中建设用地占用耕地的比重;括号内为居民点工矿用地、交通运输用地和水利建设用地在各自部分所占的比例。

资料来源:国土资源部

分析上面的数据,我们可以发现:第一,在所有新增建设用地中,农业用地占据了大部分,为 80%—85% 左右,并且整体上呈上升趋势;未利用地占据了 15%—20%,整体上呈下降趋势。由于未利用地不易开发,建设用地将更多的占用农用地面积。第二,在建设用地占用农用地中,占用耕地占了一半以上,大概为六成左右,2003 年曾达到了 67%。由于林地和牧草地所处的地理生态等自然环境的原因,导致建设用地只能通过占用更多的接近人类居

住和生活的耕地。可以看出建设用地的增加主要是通过占用农用地尤其是其中的耕地。第三,进一步分析建设用地中居民点工矿用地、交通运输用地和水利建设用地所占的比重,发现居民点工矿用地占据了近八成,其他两部分占据了不到两成,并且居民点工矿用地、交通运输用地和水利建设用地在农用地和耕地中所占的比重保持着比较稳定的分配,同建设用地占农用地和未利用土地的比重也基本保持一致,比较具有代表性。说明在新增的建设用地中,居民点工矿用地占据了大部分,并且在居民点工矿用地的增加,经济发展和人民生活的需要,交通运输用地和水利建设用地也需要配套的按照相应的比例增加。第四,建设用地各部分占据未利用土地中,居民点工矿用地的比重相对较小,另两部分尤其是水利设施用地比重相对较大,并且各类比重相对比例变化较大。由于未利用土地多是一些难以开发利用的山地或水域,所以居民点工矿用地占据的比重会小一些,并且这其中的比重更多的是由工矿用地贡献的(如 2005 年仅独立工矿用地就贡献了一半以上的比重)。水利建设也多是利用未利用地独特的自然环境,对其进行开发。

第三节 对未来中国耕地变化的预测

对未来耕地的预测分为三个阶段,首先是建立耕地与人均 GDP 相关模型;然后,建立人口预测模型对未来人口进行预测;最后进行我国未来耕地面积变化预测。

一、耕地与人均 GDP 相关模型的建立

我们首先利用人均 GDP 代表经济发展水平,来研究耕地面积

随人均 GDP 增长的变化关系,以确定耕地资源变化与经济发展水平的定量关系。对全国近 10 年(1996—2005)耕地面积变化与人均 GDP 增长数据的统计相关分析发现,以及相关的散点图分析,耕地面积随人均 GDP 的增长呈显著的指数递减关系。其原因是人均 GDP 达到一定水平后,GDP 的增长主要依赖技术革新和产业高度化,而不再依靠土地投入的增加。我们以耕地面积为因变量,以人均 GDP 为自变量,利用 stata 统计软件对全国 1996—2005 年的数据进行指数回归分析,得到全国耕地面积与人均 GDP 的指数相关表达式,为:

$$S = 17.97469 + 5.98102 \times 0.9980953^{GDP}$$
  (0.000)   (0.030)   (0.000)
t=(56.52)   (2.71)   (1348.61)
    $R^2 = 0.9355$ 校正 $R^2 = 0.9171$

S 表示耕地面积(亿亩),GDP 表示人均 GDP(美元/人)

下面的图形反映的即为拟合的效果:散点图反映的是耕地面积与人均 GDP 之间的关系,而曲线条反映的是耕地面积拟合值与人均 GDP 之间的关系。

无论从理论上来说,还是从实际的模型来说,我们的模型都具有一定的可信性。理论上来分析,随着技术革新和产业高度化的发展,经济发展所需要的耕地越来越少,耕地减少的速度将呈递减的趋势,而指数递减模型能够很好地满足这一条件。这也是与我国目前的发展情况相吻合的:提高经济质量,转变经济增长方式,产业升级。从我们模型本身来说,三个系数都通过了 5% 的显著性检验,并且校正的 R^2 高达 0.9171,最后的散点图也说明我们的模型具有很好的拟合效果。

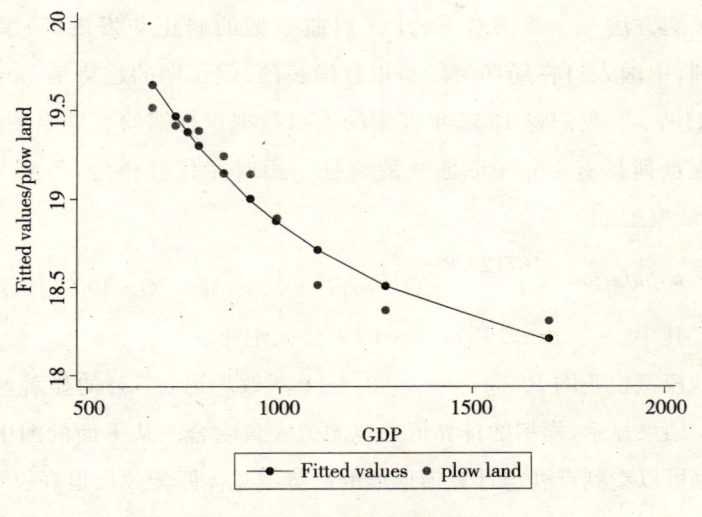

图 6—3　模型的拟合效果

李兆富等人用苏州市、常熟市近 30 年的数据以及江苏省、全国近 20 年的数据来分析耕地面积和人均 GDP 之间的关系,结果表明耕地面积与人均 GDP 有着显著的指数递减关系,并且估算值与实际统计值之间有着较好的一致性。[①] 这表明利用耕地面积随人均 GDP 的增加呈指数递减的关系,来估算未来耕地面积的宏观变化具有比较可靠的精度。

二、人口预测模型的建立

人口的长期预测是一件复杂而又困难的事情,但中短期的预报却是现实可能的。陈彦光等人在《人口增长的常用数学模型及

[①] 李兆富等:《苏州市近 50 年耕地资源变化过程与经济发展关系研究》,《资源科学》2005 年第 4 期。

其预测方法——兼谈对 Keyfitz 双曲模型的修正与发展》一文曾提到,中国人口在局部时段是指数增长的,但长期的趋势是 Logistic 过程。[①] 我们将 1952 年以来的人口数据点标描绘在散点图上,发现点列具有 Logistic 曲线的特征。用时序代替年份,得到 Logistic 模型如下:

$$population = \frac{167123.8}{(1+\exp(-0.0384368\times(t-19.25218)))}$$

其中 $t=\text{year}-1951$,year 即为公元纪年。

模型校正的 R^2 高达 0.9999,三个系数均通过 1‰ 的显著性检验。结果显示,模型的计算值与观测值大致吻合。从下面的图中我们也可以看到点列与计算值形成的趋势线总体匹配效果很好。

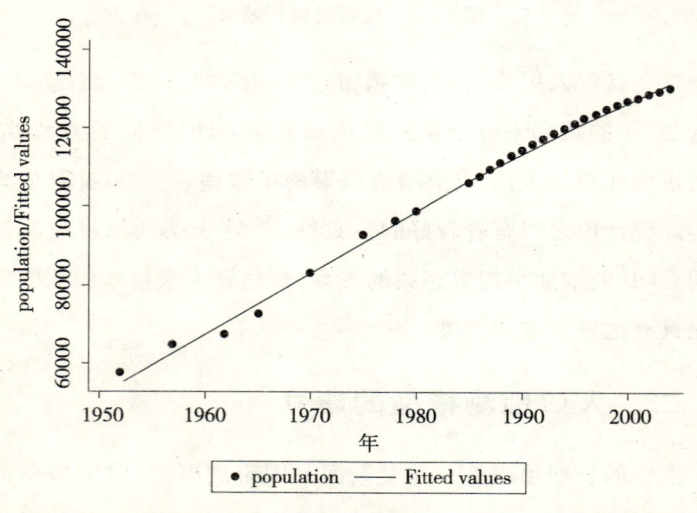

图 6—4　中国 50 年代以来的人口增长及其 Logistic 拟合曲线

---

① 陈彦光:《人口增长的常用数学模型及其预测方法——兼谈对 Keyfitz 双曲模型的修正与发展》,《华中师范大学学报(自然科学版)》2006 年第 3 期。

三、中国未来耕地面积变化预测

对未来耕地面积变化预测是一件很艰难的事情,因为未来有很多不确定性的因素,但是,从近几年的耕地变化趋势,我们则可以大略预测出耕地变化趋势。2005 年我国 GDP 的初步核实数据为 183085 亿美元,人均 GDP 为 1703 美元,耕地面积为 18.31 亿亩。"十一五"规划提出的宏观经济发展目标是:国内生产总值年均增长 7.5%。如按照这样的发展速度,2010 年我国的 GDP 总量将达到 262842.1952 亿美元。利用建立的人口预测模型对我国 2010 年的人口进行预测,得到我国 2010 年人口预测值为 13.7 亿人,这样 2010 年我国的人均 GDP 将达到 2336.6 美元。再由上文建立的耕地模型对 2010 的耕地面积进行预测,得到我国 2010 年耕地面积预测值为 18 亿亩。由此可见如按照目前发展模式与发展速度,大概在 2010 年左右,我国的耕地面积就会减少到 18 亿亩。这种预测与国土资源部制定规划纲要即耕地面积年均减少 280 万亩,2010 年耕地面积减少到 18 亿亩的预测时一致的。

按照"十一五"发展规划 GDP 以年均 7.5% 增长速度,我国到 2010 年耕地将会减少到 18 亿亩左右,这个结果,与国务院要求的到 2020 年耕地保持在 18 亿亩目标提前了五年时间,按照目前每年减少 280 万亩,实际上将会有 1400 万亩要继续减少,这样到 2020 年我国的耕的面积就成了 17.86 亿亩,除非 2010 年到 2020 年每年耕地不再减少,但这是不可能的。而且,从我们选取的质变来看,也是最保守的数据。首先看看 GDP 增速。我们在计算时是以 GDP 年均 7.5% 来计算的,但实际情况会是这样吗? 2004 年至 2006 年前三季度 GDP 增长都在 10% 左右的情况来看,7.5% 只相当于实际的将近 3/4 水平,也就是说,我们的预测实际上是在缩小了 1/4 水平情况下的预测,假如不是 7.5%,而是 8.5% 或者 9% 的话,实际上 8.5% 也是最保守的估计了,很可能就是在 9% 水平(这也很难),那么,到 2010 年,耕地肯定会少于 18 亿亩,那么,到 2020 年,将会超过国务院耕地保护目标(18 亿亩)至少 2000 万亩以上。这对我国各级政府尤其是土地管理部门将是个巨大挑战。因此,严格控制耕地,强化土地管理,高效利用土地是大势所趋,但是,保持经济可持续发展也是未来处理土地与经济发展的前提条件。

第七章 土地利用与中国经济发展

2007年,出于各方面考虑,中国国家统计局正式取消了全国百强县评比。尽管以中国县域经济研究所为代表的民间研究机构还在进行类似《全国县域经济基本竞争力与科学发展评价报告》等相关研究和评比工作,但无论是权威性还是在指标口径的一致性上都与官方的百强县有所区别,这使得过去基于百强县的相关研究不得不暂时告一段落。为了分析能够继续延续,在此,我们以全国数据对近几年的土地利用与经济可持续发展进行了分析。

第一节 土地规模与经济规模的分析研究

在传统经济理论中,土地是生产函数中的一个要素变量。通常,生产函数被构造为下面的形式:

$$Q=f(L,K,N,E)$$

式中 Q 为产量,L 为劳动,K 为资本,N 为土地,E 为企业家才能,在更一般的研究中(特别是各类生产率的研究),Q 往往也使用产出或生产总值的形式表达。但传统上由于企业家才能无法定量估算,土地也被当作一定时期内为固定值,使得研究的关注点被简化成:

$$Q=f(L,K)$$

这导致土地在传统的经济规模研究中往往被不自觉的忽略。但显然,作为一种生产要素,土地是产量(产出)的一个维度。这就为在土地总量与经济规模总量间建立函数等式,考察经济总量这个多变量共同作用的结果在经济总量—土地总量二元系统(二维空间)上的投影提供了理论依据。即只针对

$$Q = f(E)$$

进行研究和分析,而将劳动、资本和企业家才能等其他变量被视作误差。

作为传统的统计计量方法之一,相关性研究能够分析一些简单的问题,因此运用较为广泛。在下面对全国宏观层面的研究中,选择了北京、天津、河北、山西、内蒙古、辽宁、吉林、黑龙江、上海、江苏、浙江、安徽、福建、江西、山东、河南、湖北、湖南、广东、广西、海南、重庆、四川、贵州、云南、西藏、陕西、甘肃、青海、宁夏、新疆31省市自治区的统计数据(数据出自历年《中国统计年鉴》)。由于《中国统计年鉴2010》中并没有更新土地数据(仍然是2008年数据),因此下面的分析采用了2004—2008年数据。为保证研究的可比性,在下面的研究中,各区域历年的生产总值(GDP)均使用全国消费者价格指数(CPI)进行定基换算至2004年可比价格。

首先让我们对中国各省市自治区经济规模与土地规模的分布有一个直观的认识。图7—1中绘制了2008年中国31个省市自治区中,经济规模—土地规模的分布情况。从图中可以比较清楚地看出,散点呈一个较为特殊的峰函数趋势,伴随着土地规模的增加,其有先快速上升后相对缓慢下降的趋势。为了把握散点图的整体趋势,采用了非线性拟合的方式进行分析,拟合使用了OriginLab的Origin7.5软件进行计算。

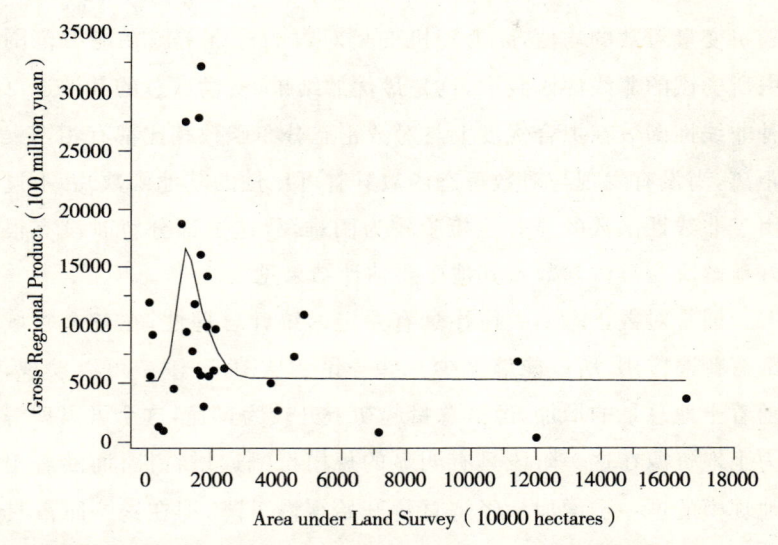

图7—1 2008年中国各省市自治区生产总值—土地调查面积散点图

但正如众所周知的那样,两点间只有一条直线但却可以有无数条曲线,所以完全基于有限样本数据的非线性拟合往往会引起争议,而要证明数据间服从某种特定的非线性函数关系也需要大量的工作和理论推导,因此这里并非要论证中国各省市自治区的经济规模与土地规模间存在特定非线性函数关系,只是提出一种思路,供读者参考和更深入的研究。

在拟合函数的选取上,我们本着反映数据趋势、决定系数 R^2 最大和残差平方和(SSR 和 x^2/f)最小为标准三个原则,对Origin7.5数据库中的非线性函数进行了全面的试错和比较,最后选定了对数正态分布函数(Lognormal Distribution)进行近似和分析:

$$y = y_0 + \frac{A}{\sqrt{2\pi}wx} e^{-\left[\frac{\ln\frac{x}{\mu}}{2w^2}\right]^2}$$

式中 y 为生产总值,x 为土地调查面积,y_0 为截距,A 为系数,μ 为随机变量对数的均值，ω 为随机变量对数的标准差。在能力范围内所尝试的非线性函数中，这是最优的结果（所尝试过的其他近百种非线性函数在拟合优度上与对数正态分布函数相比都有相当大距离，尚没有发现与对数正态函数具有可比性的其他函数）。不过由于非线性函数的显著性检验较为困难，故这个部分暂时没有很好地解决。具体参数及其他主要估计结果见表7—1。

通常对数正态函数往往具有一定的统计合理性，在各个领域都有普遍应用，所以能够减少一些争论。从图7—1中可以发现，随着土地总量的增加，经济总量起初上升较为迅速，这个可以理解为土地资源在这一阶段具有明显的规模报酬递增特性；而随着土地规模的进一步增加后经济总量开始缓慢下降，即在这一阶段具有规模报酬递减特性。分布表明土地面积在对中国各省区经济总量的影响可能并非越大越好，过大的土地面积反而会不利于经济总量的扩大，其可能是因为土地面积越大在现阶段技术水平下各经济单元的联系距离就会增大，从而使区域经济系统运行更难协调，难以产生聚集效应。同时对数正态函数峰宽较窄且靠左，这也就意味着有限土地面积对于经济规模似乎更具有促进作用，在理论上对土地的集约利用效能提供了一定的支持依据。当然也应注意到在一定范围内土地增加对于经济增加是有正向作用的，如果从散点图和回归曲线上做直观分析，区域土地面积在1500万公顷左右位置时经济总量达到顶峰，这也意味着如果土地规模过小会对经济规模产生必然限制。但也应注意到在1500万公顷附近，数据的离散也最为明显，所以其他因素对于经济规模的影响仍然不能忽视，类似土地最佳规模这样的观点还值得进一步的推敲和验证。

表 7—1　2004—2008 年中国省市自治区生产总值—土地调查面积非线性拟合结果

年份	2004	2005	2006	2007	2008
y_0	3144.63209 (1154.14909)	3561.56366 (1366.69397)	4066.22568 (1585.91276)	4615.93543 (1791.85388)	5126.40628 (1964.48535)
μ	1369.47872 (155.4759)	1376.64216 (159.97199)	1376.12698 (160.90406)	1380.95006 (162.79298)	1394.44365 (168.36812)
ω	0.32749 (0.15412)	0.33091 (0.15751)	0.33149 (0.15857)	0.33482 (0.1597)	0.34113 (0.16272)
A	7.31841 ×106 (2.39235 ×106)	8.69058 ×106 (2.84713 ×106)	1.00514 ×107 (3.30657 ×106)	1.15366 ×107 (3.75321 ×106)	1.29859 ×107 (4.14985 ×106)
决定系数 R^2	0.25902	0.2612	0.25981	0.26474	0.27478
残差平方和 SSR	4.55134 ×108	6.35621 ×108	8.55325 ×108	1.08759 ×109	1.29727 ×109
平均剩余残差平方和 x^2/f	1.68568 ×107	2.35415 ×107	3.16787 ×107	4.0281 ×107	4.8047 ×107

图 7—2 中列出了 2004—2007 年的散点图。不难看出这种对数正态分布随时间变化具有相当好的稳定性，其分布形态基本上没有明显变化，这也能从一个侧面反映出选择对数正态分布进行近似具有一定的合理性。

图 7—2　2004—2007 年中国各省市自治区生产
总值—土地调查面积散点图

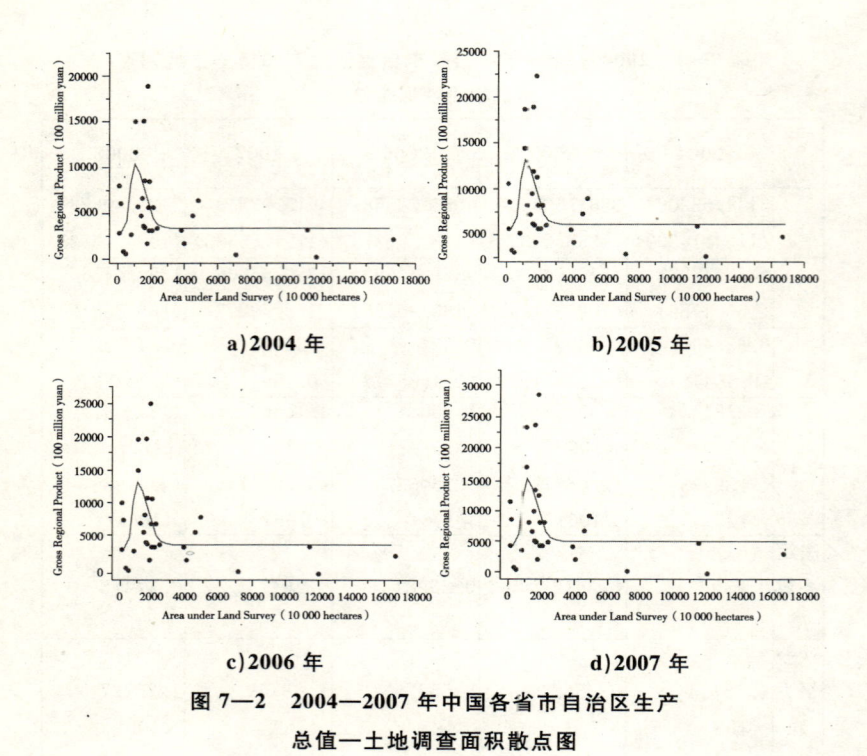

结合图 7—1 和图 7—2，可以在一定程度上表明对于中国各省市自治区的经济规模—土地规模而言，对数正态分布函数有一定的符合力，而且其分布趋势是基本稳定的。如果从直观的角度看，曲线最明显的变化只是沿 y 轴（经济规模）向上平移。具体结合表 7—1 中各年参数估计的结果也可以发现，主要参数随时间变化有一定的趋势，部分也具有较为明确的经济含义。

首先来看决定系数 R^2，2004—2008 年其都在 0.259—0.274 范围内波动，因此就经济规模整体而言，仅考虑土地变量的对数正态函数解释力仍然是比较有限的，只能解释大约 25%—27% 的部分。

但如前所述,如果从生产函数的角度考察产出(生产总值),土地只是四种要素之一,即只考察经济总量—土地总量二元系统(二维空间)上的投影,劳动、资本和企业家才能在上述研究中被当作系统误差处理,出现这样的结果显然也是部分合理的。对于决定系数,其在 2004—2008 年间呈一个在波动中微弱上升的趋势,这也就说明土地要素对经济总量影响的相对比例有微弱的上升。而残差平方和 SSR 与平均剩余残差平方和 x^2/f,二者都呈单调增加趋势,这可能反映出经济总量中的非土地要素影响的绝对值也在增大,另外就是省市自治区间的经济总量差距在拉大,样本点逐渐离散。

对于具体的估计参数,y_0 反映了分布函数的沿 y 轴方向平移情况,其单调增加很好地反映了全国 31 个省市自治区的经济总量在过去几年中的直线上升。而 μ 和 ω 的经济含义可能仍然需要更深入研究,理论上 μ 和 ω 是只和 x(土地调查面积)有关的参数,分别反映峰位和峰宽。从原始数据看,2004—2008 年各省市自治区的土地调查面积尽管并不明显但确实有微弱的调整,这可能是造成 μ 和 ω 数据有所变化的一个原因,另一个原因可能也和非线性拟合的迭代计算方法有关,由于各点沿 y 轴方向有所移动和离散化,这对拟合计算也产生了一定的影响。整体上看 μ 和 ω 呈微弱上升的趋势,这似乎意味着各省的土地调查面积和生产总值有微弱的增大和离散倾向。参数 A 反映了分布函数沿 y 轴方向的拉伸程度,在 2004—2008 年其基本呈直线增加趋势,也就意味着中国 31 个省市自治区间经济总量的差距在呈单调拉大趋势。

综上所述,我们可以粗略的得到这样的结论:土地规模与经济规模之间呈近似对数正态分布的关系,对经济总量而言土地规模并非越大越好,土地要素大约能解释经济规模的 1/4,而在 2004—

2008年土地总量对经济总量的影响基本恒定,并呈波动中微弱上升的趋势。

当然如果从更深层的角度讲,经济总量与土地总量之间是否还存在内生性(在经济含义上可以理解为土地总量与经济总量间还存在某种拟合结果外的误差关联)可能也会是人们感兴趣的问题,不过这个问题确实超出了本书作者目前的能力范围,就把它留给感兴趣的读者自己进行更加深入的研究。

第二节 土地利用与经济规模的分析研究

中国的土地利用通常被分为农用地和建筑用地两种大类。这两种主要的土地利用方式与经济规模之间是否有某种关联,无疑是人们感兴趣的问题。本书着重从相关性的角度对这个问题进行探讨,因此下面采用多元线性回归的方法,将土地分解为农用地和建筑用地两个成分,考察二者对经济规模的影响和趋势,我们仍然采用

$$Q = f(E)$$

的研究思路,仍然将劳动、资本和企业家才能视作误差,只是进一步将土地要素 E 分解为农用地 E_1 和建筑用地 E_2,即

$$Q = f(E_1, E_2)$$

从而基于下式进行参数估计:

$$GDP = \alpha + \beta_1 E_1 + \beta_2 E_2 + \varepsilon$$

在回归计算上使用31个省市自治区的相关数据作为截面,并考察2004—2008年的各参数变化趋势,使用软件为 Microsoft Excel 2007 和 Eviews 6。

但正如众所周知的那样,解释变量与误差之间有可能有关联

（即内生性问题），这会导致 OLS 方法有偏不一致，甚至出现误导的结论，通常的做法是选择工具变量 2SLS 法进行处理从而降低有偏性。通过 Hauseman 检验的方法，我们在比较和筛选了一系列有相关性的工具变量后，发现参数估计所用方程的选择变量确实存在内生性。不过工具变量的选择会带来另一个问题，就是工具变量的经济含义解释会存在一些潜在问题。在理论上，尽管可能很难解释但残差也包含经济信息，这就使得 2SLS 法计算会加大残差部分的解释难度。最终我们选择了这样一组工具变量 $Z=(E_3, Y_{II+III})$，其中 E_3 是各省市自治区耕地面积（单位：万公顷），Y_{II+III} 是各省市自治区第二产业与第三产业产值之和（2004 年价格，单位：亿元）。这组工具变量在 Hauseman 检验中明确证实了原始选择变量存在内生性，同时也能够部分地保证经济含义的解释。在理论上，耕地面积与农用地面积是必然相关的；而且农用地与第二、第三产业之间也存在关联，如农用地面积会决定化肥、能源需求量，并影响农产品的产量、运输、销售、下游餐饮服务业等方面，甚至可能对剩余农村劳动力迁徙产生影响，这些都会对第二、三产业产生影响。同样，建筑用地与耕地之间也存在明显关联，近年来多发的建筑用地侵占耕地事件也非常好地证明了这点；而建筑用地与二、三产业之间的关联也显而易见，第二、三产业所需要基础设施、工厂、服务场所都与建筑用地密切相关。但这个问题可能也要从另外一个角度理解，事物是普遍联系的，所以在事物间建立起相关性联系非常容易，但在具体的传导机制解释上就会存在困难。就本系统而言，OLS 法可能会产生估计参数有偏不一致，2SLS 法会存在潜在的经济含义解释问题，所以决定将两种方法都进行计算，具体参数估计和回归结果见表 7—2 和表 7—3，供读者参考。

表 7—2　2004—2008 年中国经济规模与土地利用相关分析 OLS 法估计结果

年份	参数	估计结果	P 值	显著性 F	调整后决定系数 $\overline{R}^2$	方差 σ	残差平方和 SSR
2004	α	1815.492 (1251.350)	0.1579	0.0000	0.495757	3213.120	2.89×10^8
	β_1	−0.674251 (0.261809)	0.0156				
	β_2	49.31871 (9.685671)	0.0000				
2005	α	1771.353 (1449.105)	0.2318	0.0000	0.518083	3717.577	3.87×10^8
	β_1	−0.772034 (0.302907)	0.0166				
	β_2	59.54832 (11.08698)	0.0000				
2006	α	1830.838 (1667.469)	0.2816	0.0000	0.525712	4274.192	5.12×10^8
	β_1	−0.864816 (0.347965)	0.0192				
	β_2	68.93592 (12.56888)	0.0000				
2007	α	1990.721 (1866.880)	0.2954	0.0000	0.537806	4773.776	6.38×10^8
	β_1	−0.969455 (0.388558)	0.0188				
	β_2	78.39009 (13.92909)	0.0000				
2008	α	1983.420 (1984.349)	0.3261	0.0000	0.570712	5059.328	7.17×10^8
	β_1	−1.047670 (0.411725)	0.0167				
	β_2	88.53827 (14.66834)	0.0000				

表7—3 2004—2008年中国经济规模与土地利用相关分析2SLS法估计结果

年份	参数	估计结果	P值	显著性F	调整后决定系数$\bar{R}^2$	方差 σ	残差平方和 SSR
2004	α	6155.494 (614.6380)	0.0000	0.0000	0.935556	1172.261	37103291
	β_1	−3.379772 (0.225052)	0.0000				
	β_2	64.96585 (3.889813)	0.0000				
2005	α	6756.650 (171.3900)	0.0000	0.0000	0.996387	327.9928	2904641
	β_1	−3.714862 (0.059219)	0.0000				
	β_2	73.82202 (1.044431)	0.0000				
2006	α	7646.028 (167.9539)	0.0000	0.0000	0.997438	319.8627	2762429
	β_1	−4.265974 (0.058132)	0.0000				
	β_2	84.66043 (1.000940)	0.0000				
2007	α	9259.325 (208.0799)	0.0000	0.0000	0.997152	374.7372	3931984
	β_1	−5.033266 (0.0724032)	0.0000				
	β_2	91.12643 (1.192371)	0.0000				
2008	α	9731.537 (233.8780)	0.0000	0.0000	0.997045	419.7699	4933789
	β_1	−5.311590 (0.080814)	0.0000				
	β_2	100.6072 (1.318688)	0.0000				

在讨论参数估计结果前,有几个地方需要说明一下。在 2SLS 法估计中,我们选择了工具变量 $Z=(E_3, Y_{II+III})$。但是在《中国统计年鉴》中,2006 年以前的数据中,尽管分别提供了重庆和四川的生产总值、各产业产值、农用地、建筑用地数据,但耕地面积仍是将重庆和四川统一以四川为样本提供的,因此 2SLS 法中 2004—2006 年的经济数据我们将四川与重庆相加作为一个样本(OLS 法中没有涉及耕地等工具变量,所以没有处理)。这样就使得 2SLS 法中,2004—2006 年是基于 30 个样本分析的,而 2007—2008 年是 31 个样本,我们假设这个处理并不会破坏理论上的分布,这就使得尽管两段时期的残差平方和 SSR 之间不再有可比性,但方差由于消除了样本影响,仍然具有可比性。另一个问题是 Y_{II+III},2005 年时中国全面调高了 GDP,并在统计年鉴上提供了调整后的历年总量数据(前面也是按照调整后的数据计算的),但并未给出 2004 年调整后的各地区产业数据(只有调整前的)。因此,2004 年的各产业产值,我们假定其调整没影响其产业结构比例,从而利用 2004 年产业结构比例和调整后的 2004 年生产总值相乘做估算获得的。由于采用的是估计数据,这导致 2SLS 法的 2004 年的部分计算结果存在不可比问题。

就回归结果而言,无论是哪种方法,统计显著性都是较高的,只有 OLS 法中的截距项偏低,但如果置信水平放宽到 67%,仍然可以通过检验。就模型整体而言,在 99% 的置信水平下都是可以通过检验的,因此在模型设定上问题不是很大。比较一下 OLS 和 2SLS 结果可以发现,2SLS 法由于能够剔除一些误差影响,其统计显著性有极大的提高(但其所剔除掉的误差到底包含了什么样的经济信息是值得探讨的),调整后决定系数达到 99.6% 以上,只有 2004 年由于采用估计数据为 93.6%,但仍然高于 OLS 法的 50% 左右,方差和残差平方和也有显著下降。可见,2SLS法的修正是可取的。当然关于调整后决定系数、残差平方和与方差的问题,由于2SLS方法存在样本和数据口径变化,所以这几个参数的可比性就较差。而OLS方法尽管可比性较好,但是内生性的存在也使得一些趋势和结论可能存在误导成分。所以在这方面就请读者自行参考和分析。

从经济含义的角度看,尽管OLS与2SLS法的具体结果有所差别,但随时间的参数变化趋势基本上没有实质区别,这也就在解释上减少了很多争议。无论是OLS还是2SLS法,β_1都是单调递减,且均为负,这就意味着农用地面积越大,经济总量下降越多,而随着时间推移,这个下降效应在增强。2SLS法还表明,农用地的负边际效应要比想象中大的多,而且其下降幅度也更大。而与之相反,β_2是单调递增,且均为正,这就意味着建筑用地面积越大,经济总量增加越快,而随着时间推移,这个增加效应在增强。2SLS法表明,建筑用地的正边际效应要比想象中略大,不过其上升幅度与OLS法相比并没有显著变化。显然我们可以得到这样一个结论,就是减少农用地面积,扩大建筑用地面积供给,能够有效地促进经济规模的扩大,建筑用地的对经济产出促进作用在逐年增强,而农用地对经济产出的阻碍作用也在逐年增强。

显然,这样的结论符合中国的现实,未来应当在土地的供给方面做出更大的调整。而这个事实可能也在一定程度上表明,各地目前大规模出现的农用地转为建设用的现象是有内在经济动力的。当然我们并不应该完全围绕经济规模而回避粮食安全等问题,另外农用地转为建设用地可能也还存在一些社会层面的现实问题需要解决。但事实显然证明了土地利用效率提高仍然有必要,其发展方向也将是较为明确的,所以未来如何更好地平衡各方面问题从而提高土地留水平,政府还需要做更多的研究和考察。

第三节 土地利用与产业结构的分析研究

显然,下面一个会引起人们兴趣的问题就是土地利用与具体产业之间是否有某种关联。因为这也能够部分地解释上一节中农用地与建筑用地对经济总量的影响。因此继续前面的研究思路,针对三种产业的土地要素单变量作用进行研究。在研究前,我们先考虑一种假设情况,就是在农用地与建筑用地的分类利用基础上,认为农用地主要与第一产业之间有较强因果关系,而建筑用地则与第二、三产业之间具有较强因果关系,在理论上这种假设显然是有合理性的。于是我们可以建立这样一组单变量关系:

$$\begin{cases} Y_1 = g_1(E_1) \\ Y_{II+III} = g_2(E_2) \end{cases}$$

其中,Y_I为各省市自治区第一产业产值,Y_{II+III}各省市自治区第二产业与第三产业产值之和,E_1为农用地,E_2为建筑用地。与前面一样,将其他因素对产出的影响看作误差,显然这也意味着E_1对Y_{II+III}的影响和E_2对Y_I的影响都被包含在了误差项中。

在图7—3中绘制了2008年第一产业产值—农用地的散点图。横坐标为农用地面积(Land for Agriculture Us,单位:万公顷),纵坐标为第一产业产值(Primary Industry,2004年价格,单位:亿元)从散点图上看,可以清楚地看出散点表现出一个峰函数特点。但在实际的非线性拟合试错中,我们却遇到了一个问题。与第一节中生产总值—土地调查面积的情况不同,在第一产业产值—农用地的体系中,并没有一种类似对数正态的函数能够在反映数据趋势、决定系数R^2最大和残差平方和(SSR和x^2/f)最小三个标准中明显超出其

a) ECM 函数近似

b) GCAS 函数近似

c) InvsPoly 函数近似

d) Lorentz 函数近似

e) PsdVoigt1 函数近似

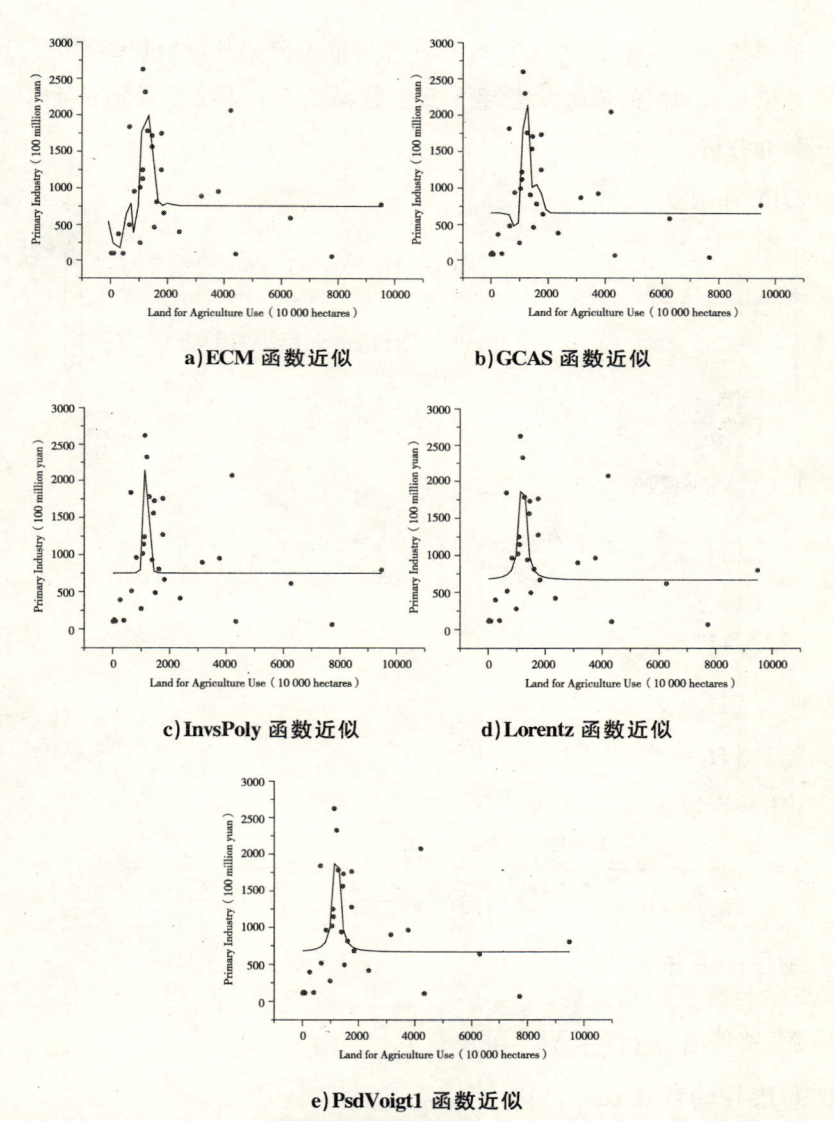

图 7—3 2008 年中国各省市自治区第一产业产值—农用地散点图

他函数。在本体系中,大约有数种峰函数不分伯仲,经过比较历年数据拟合情况的筛选方法,我们最后选择了五个非线性函数进行比较和分析。分别是:

a) ECM 函数

$$\begin{cases} y = y_0 + \dfrac{A}{w\sqrt{2\pi}} \left\{ e^{-0.5z^2} \begin{bmatrix} 1 + \dfrac{a_3}{3!}z(z^2-3) + \dfrac{a_4}{4!}(z^4-6z^3+3) + \\ \dfrac{10a_3^2}{6!}(z^6-15z^4+45z^2-15) \end{bmatrix} \right\} \\ z = \dfrac{x-x_c}{w} \end{cases}$$

b) GCAS 函数

$$\begin{cases} f(z) = y_0 + \dfrac{A}{w\sqrt{2\pi}} e^{-z^2/2} \left(1 + \left| \sum_{i=3}^{4} \dfrac{a_i}{i!} H_i(z) \right| \right) \\ z = = \dfrac{x-x_c}{w} \\ H_3 = z^3 - 3z \\ H_4 = z^4 - 6z^3 + 3 \end{cases}$$

c) InvsPoly 函数

$$y = y_0 + \dfrac{A}{1 + A_1 \left(2\dfrac{x-x_c}{w}\right)^2 + A_2 \left(2\dfrac{x-x_c}{w}\right)^4 + A_3 \left(2\dfrac{x-x_c}{w}\right)^6}$$

d) Lorentz 函数

$$y = y_0 + \dfrac{2A}{\pi} \dfrac{w}{4(x-x_c)^2 + w^2}$$

e) PsdVoigt1 函数

$$y = y_0 + A \left[m_u \dfrac{2}{\pi} \dfrac{w}{4(x-x_c)^2 + w^2} + (1-m_u) \dfrac{\sqrt{4\ln 2}}{\sqrt{\pi}w} e^{-\frac{4\ln 2}{w^2}(x-x_c)^2} \right]$$

非线性近似及其参数估计结果见表7—4：

表7—4 2008年第一产业产值—农用地非线性拟合结果

函数		参数估计	决定系数 R^2	残差平方和 SSR	平均剩余残差平方和 x^2/f
ECM	y_0	800.8036 (153.93458)	0.43396	8.69397×10⁶	347758.87768
	x_c	926.46318 (53.11651)			
	A	446406.24999 (273313.3556)			
	w	303.187 (36.32156)			
	a_3	−2.41172 (0.9977)			
	a_4	−3.33843 (2.5664)			
GCAS	y_0	667.27203 (137.90229)	0.41112	9.0448×10⁶	361792.16878
	x_c	1351.55701 (53.59915)			
	A	601927.0398 (196270.38999)			
	w	178.47168 (42.61437)			
	a_3	2.11851 (1.20817)			
	a_4	−0.42423 (0.89579)			

续表

InvsPoly	y_0	744.64189 (168.58762)	0.37977	9.52626×106	396927.44075
	x_c	1224.7412 (35.95186)			
	w	370.85271 (230295.60581)			
	A	1723.18658 (663.02587)			
	A_1	0 (105.03464)			
	A_2	18.37366 (46062.51898)			
	A_3	0 (232.29469)			
Lorentz	y_0	661.90194 (143.90363)	0.37823	9.54996×106	353702.35193
	x_c	1239.66724 (32.90452)			
	w	227.94533 (104.1785)			
	A	624789.29243 (232179.64932)			
PsdVoigt1	y_0	622.66151 (175.24331)			
	x_c	1229.31386 (42.03762)			
	w	771554.74017 (439323.67029)			

续表

	A	291.93618 (173.69946)	0.36292	9.78511×10^6	376350.3953
	m_u	1.03155 (1.13893)			

正如前面所说的,想要论证某种趋势服从特定非线性关系需要严格的推导论证,单凭有限样本的数据拟合会存在巨大困难,本体系就是一个典型的情况。上述 5 种函数在满足评判标准上各有千秋,无法有效排序,所以我们只能以"近似"为研究分析的基本出发点。如果以决定系数和残差平方和、平均剩余残差平方和为标准,那么毫无疑问 ECM 函数的近似效果最好,但是 ECM 函数在图形上存在多个波峰(见图 7—3a),其在趋势过于复杂,很难解释。GCAS 函数的情况类似,虽然其决定系数和残差平方和仅次于 ECM,但是平均剩余残差平方和仍然大于 Lorentz 曲线,而且其函数趋势也存在一些难以解释的叠加峰和波谷。InvsPoly 函数的决定系数和残差平方和排第三,但是平均剩余残差平方和是五个函数中最大的,其函数趋势尽管较为简单,但是几乎折线的变化趋势仍然在解释上存在较大难度。Lorentz 曲线和 PsdVoigt1 曲线在趋势上较为理想,但其余参数都不甚理想,Lorentz 曲线的参数比 PsdVoigt1 曲线略好,但曲线趋势直观上不如 PsdVoigt1。所以,简单的论断哪种曲线最好是很困难的。如何严谨客观地解决这个问题超过了本文作者目前的能力范围,相信未来会有其他研究者给这个问题一个圆满的答案,或者找到更合适的近似函数。本文在这里将结果全部列出,希望读者能够从中得到启发,如果能够为有缘人提供思路无

为了研究方便,笔者采用了一个折中的方案,选择了 Lorentz 曲线做后续研究。其决定系数和残差平方和排倒数第二,平均剩余残差平方和排第二,曲线趋势较为简单直观,便于解释。关键是 Lorentz 曲线的函数公式较为简单,估计参数只有四个,在经济含义的解释上较为方便,其他函数公式过于复杂,参数的经济含义很难解释。在图 7—4 中绘制了其余 4 年的散点图和 Lorentz 曲线拟合情况,具体参数回归结果见表 7—5。

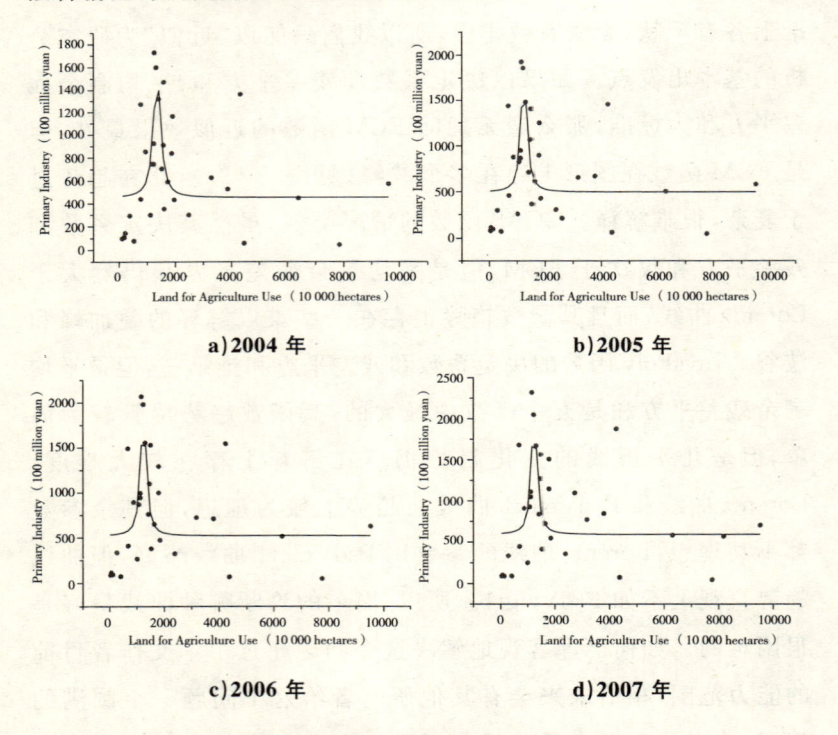

a) 2004 年

b) 2005 年

c) 2006 年

d) 2007 年

图 7—4 2004—2007 年中国各省市自治区第一产业—农用地散点图

表 7—5　2004—2008 年中国省市自治区生产总值—土地调查面积 Lorentz 拟合结果

年份	y_0	x_c	w	A	决定系数 R^2	残差平方和 SSR	平均剩余残差平方和 x^2/f
2004	450.50764 (101.81773)	1260.86485 (38.67974)	298.36101 (129.68235)	521368.82662 (189410.45118)	0.399	4.24695×10^6	157294.59229
2005	494.44302 (105.4001)	1245.51414 (30.36473)	234.60067 (97.42526)	514163.24465 (173879.5217)	0.42853	5.029×10^6	186259.10188
2006	526.53893 (110.30243)	1243.08662 (28.77289)	223.48267 (90.7909)	534747.68755 (176357.81983)	0.4347	5.63784×10^6	208808.97142
2007	590.18498 (128.52548)	1241.80297 (32.79466)	231.2415 (104.75404)	568535.51223 (209237.52575)	0.38408	7.55189×10^6	279699.62733
2008	661.90194 (143.90363)	1239.66724 (32.90452)	227.94533 (104.1785)	624789.29243 (232179.64932)	0.37823	9.54996×10^6	353702.35193

从散点图和参数估计的结果看，Lorentz 曲线的趋势基本上是稳定的，所以我们选择 Lorentz 曲线近似具有一定的合理性。需要提醒一下的是，2004 年的第一产业产值是估计数据（原因见上节工具变量部分），不过显然其对于估计结果并没有实质性影响。在趋势上，第一产业产值—农用地面积与第一节的经济总量—土地总量情况类似（所不同的是后者是用对数正态函数近似的），都是产值随着农用地面积增加先上升再下降。当然由于峰附近散点分布较为分散，因此最优农用地面积的结论仍然需要谨慎。不过数据趋势仍然反映出农用地的规模报酬递增趋势是有限的，当达到一定水平后会出现规模报酬递减。

就参数情况而言，首先决定系数基本在 40% 左右波动，这说明 Lorentz 曲线近似大概能够解释系统的 40%，尽管略为偏低但对于单变量分析而言仍然是可以接受的。决定系数随时间变化波动比较明显，其可能意味着一些其他因素的影响力在变化。残差平方和和平均剩余残差平方和在单调增大，这一方面说明农用地以外的其他因素影响可能在增强，另外就是和省市自治区间的离散增强有关。具体参数估计方面，y_0 作为截距，其随时间单调上升表明了我国各省市自治区的第一产业产值总体上是上升的。x_c 和 w 分别反映峰位和峰宽，理论上只和农用地有关，但由于涉及非线性拟合的叠代运算以及农用地面积的微弱变化，因此其具体波动原因还有待考证。A 是系数，其单调增加意味着曲线在沿 y 轴方向拉长，即各省市自治区间的第一产业差距在拉大。因此，基于上述分析，我们似乎可以得到类似于第一节的结论,即对于第一产业而言,农用地面积呈先规模报酬递增再递减的趋势。因此就增加第一产业产值而言,农用地并非越大越好。

第二个问题即建筑用地 E_2 对第二产业和第三产业的影响,由于建筑用地同时作为第二产业、第三产业的投入要素之一,因此为简化问题实现单变量分析,我们将第二、三产业看作一个整体,用其产值的和 Y_{II+III} 作为被解释变量。

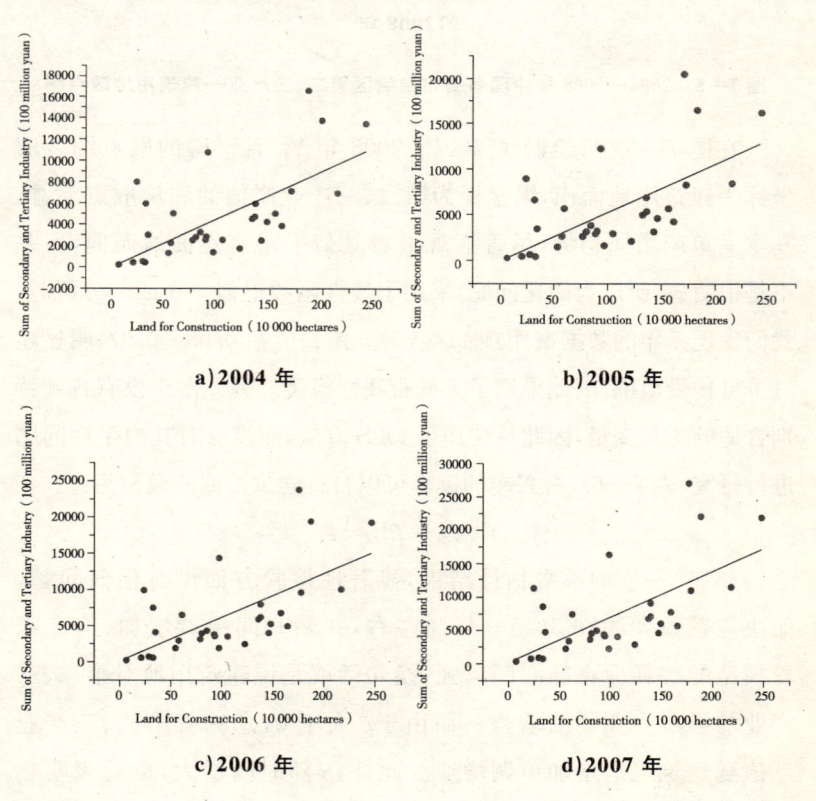

a) 2004 年

b) 2005 年

c) 2006 年

d) 2007 年

e) 2008 年

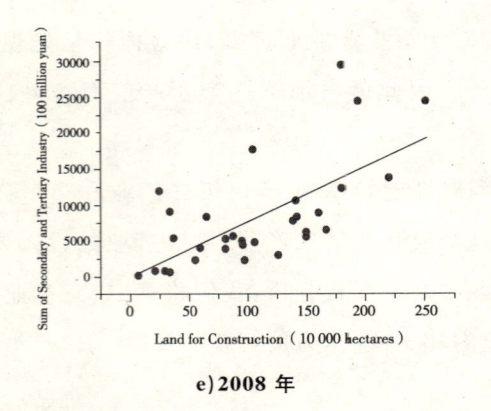

图 7—5　2004—2008 年中国各省市自治区第二、三产业—建筑用地散点图

在图 7—5 中,绘制了 2004—2008 年 $Y_{II+III}-E_2$ 的散点图。横坐标为建筑用地面积,纵坐标为第二、三产业产值的和从散点上看,基本呈单调增加趋势,尽管直观上看其似乎略有点曲线倾向,但并不是很明显,所以为简化问题,采用了线性函数近似。在回归分析时,我们发现 5 年的数据截距项都不显著,其 P 值在 0.65—0.97,明显超过了可接受范围,因此采用了无截距线性模型。另外由于没有找到特别合适的工具变量,因此只使用了 OLS 方法,而没有对其内生性问题进行研究(表 7—6),有兴趣的读者可以自行尝试。回归模型为:

$$Y_{II+III} = \beta E_2 + \varepsilon$$

如表 7—6 的参数估计结果,显著性检验方面没有任何问题,而决定系数大约在 35%—45% 左右,并随时间单调增加,这意味着模型的解释力在随时间增强,换句话就是说建筑用地对第二、三产业的影响力在逐渐增强。而由于 β 大于 0,意味着第二、三产业产值随建筑用地增加单调增加。此外,β 随时间增大,也就表明建筑用地对第二、三产业的贡献在逐渐增强。当然,方差和 SSR 也呈单调增加趋势,这意味着其他因素影响的绝对值也在增大,数据有离散倾向(各省市自治区的差距在拉大)。

表 7—6 2004—2008 年第二、三产业与建筑土地相关分析 OLS 法估计结果

年份	参数	估计结果	P 值	显著性 F	调整后决定系数$\bar{R}^2$	方差σ	残差平方和 SSR
2004	β	45.08073 (5.118313)	0.0000	0.0000	0.351708	3361.665	3.39×10^8
2005	β	52.90762 (5.877070)	0.0000	0.0000	0.383599	3904.643	4.57×10^8
2006	β	61.11963 (6.646668)	0.0000	0.0000	0.404908	4477.306	6.01×10^8
2007	β	69.23789 (7.387795)	0.0000	0.0000	0.416245	5026.924	7.58×10^8
2008	β	77.29138 (7.798505)	0.0000	0.0000	0.450241	5355.456	8.60×10^8

综上所述,我们采用了 Lorentz 曲线和线性函数分别对第一、二、三产业与农用地、建筑用地之间的关系进行了近似:

$$\begin{cases} Y_1 = g_1(E_1) \\ Y_{II+III} = g_2(E_2) \end{cases} \Rightarrow \begin{cases} Y_I = Y_{I0} + \dfrac{2A}{\pi} \dfrac{w}{4(E_1 - E_k)^2 + w^2} + \varepsilon_1 \\ Y_{II+III} = \beta E_2 + \varepsilon_{II+III} \end{cases}$$

尽管并没有考虑农用地对第二、三产业以及建筑用地对第一产业的影响,不过近似函数仍然可以解释大约 40% 的结果,因此在一定程度上有其合理性。分析结果表明,土地要素大约能解释中国产业产值的 40%,农用地对第一产业的影响呈非线性,农用地超过一定值后有规模报酬递减的趋势,但建筑用地对第二、三产业的影响始终呈线性单调增加趋势,而且其边际效应和影响力还在逐年增大。尽管还存在一些耦合因素,但这也能部分的解释在第二

节的分析中所出现的农用地阻碍经济规模,建筑用地促进经济规模的结论。因此,适当扩大建筑用地,缩小农用地,在提高土地利用效率实现集约利用方面是有合理性的。政府应该在协调各方利益的基础上,进一步扩大建筑用地供给。

第四节 中国土地利用与经济发展的现状与展望[①]

2010年是国家"十一五"规划全面收官之年,2011年是国家"十二五"规划全面启动之年。回首过去五年,我国土地利用与经济社会保持协调发展,为经济发展提供了强大支撑和内在动力,特别是在应对国际金融危机、抗击汶川地震等特大自然灾害、促进经济平稳较快发展等方面做出了重要贡献。展望当前和未来五年,面对国际宏观经济形势日益复杂化,面对城镇化、工业化进程不断加快,我国土地利用和管理事业在保障经济发展和保护资源环境上面临严峻挑战,需要进一步加大改革创新力度,加快土地利用方式转变,为实现经济顺利转型、提高经济发展质量,增加人民福祉而不懈努力。

一、过去五年中国土地利用与经济发展的基本形势

第一,土地保障经济发展的能力不断提升。"十一五"期间,我国GDP年均增长11.2%,而全国共批准新增建设用地3300

---

① 本节中除未特别说明外,相关数据基本来自于国土资源部网站。

多万亩。单位GDP建设用地下降29%,土地资源利用效率明显提高。全国土地出让收入近7万亿元,为经济持续发展提供了重要的财力支持。《全国土地利用总体规划纲要》全面实施,土地法修改稳步推进。第二次全国土地调查完成,摸清了土地家底,为经济转型发展提供了重要依据。合理满足建设项目用地需求,一大批国家和省级重点项目建设用地得到保障。2010年全国批准建设用地726.75万亩(含往年结转指标),其中农用地转用506.55万亩,耕地317.85万亩。依法清理处置闲置土地,盘活土地存量,其中仅2010年全国共清理房地产闲置用地13万亩,处置10万亩。

第二,土地资源市场化配置水平进一步提高。充分发挥市场配置土地资源的基础性作用,配置范围、规模和作用越来越大。划拨用地总量逐渐缩减,有偿用地总量逐渐扩大,协议出让方式逐渐缩减,招拍挂出让面积逐年攀升且占出让面积的比例逐年增大,工业用地招标拍卖挂牌制度全面落实。2008年,全国招拍挂出让土地13.36万公顷,占出让总面积的81.9%,比上年提高32个百分点。加速推进节约集约用地机制创新,积极推进节约集约模范县市创建活动。湖南、青海等省开展节约集约用地试点,广东省推进城市"三旧"用地改造,甘肃省制定节约集约用地考核办法,浙江省更是把节约集约用地评价结果纳入市县级政府领导干部考核体系。

第三,土地资源保护和监管能力增强。耕地保护目标责任制得到落实,坚守18亿亩耕地红线,基本农田面积稳定在15.6亿亩以上。全国土地整治面积6000多万亩,新增耕地2000多万亩,农业生产能力提高10%—20%。完成了125万平方公里农用地分等定级评估，完成165万平方公里54种土壤微量元素测评分析。"全国覆盖、全程监管、科技支撑、执法督察、社会监督"的综合监管体系初步建成，促进地方各级政府对土地执法工作的高度重视，许多违法用地行为得到及时查处和制止，土地问责力度和强制执行力度进一步加大。土地违法违规形势逐步趋向好转，尤其是近三年来违法建设用地宗数、面积和占用耕地面积平均分别下降25%、24%和26%。2010年开展的土地卫片执法检查的违法用地宗数、违法占用耕地面积同比分别下降18%、51.57%。

第四，土地改善民生的力度不断加大。坚守18亿亩耕地红线，确保国家粮食安全和人民生活需要。征地补偿标准提高30%以上，2500多万被征地农民纳入社会保障。各级政府不断加大对中小户型、中低价商品房、经济适用房、廉租房、保障性住房供应力度，全国保障性住房供地超过68万亩，各省（区、市）保障房供地做到了"应保尽保"，其中仅2010年全国保障性住房用地供应计划超过36万亩。土地出让净收益逐渐更多地用于保障房建设，例如2009年及去年北京80%的土地出让金都用于廉租房建设、基础设施建设等民生领域。

第五，土地杠杆对宏观经济的调控力日益明显。在宏观经济政策调控中，土地政策积极与财政政策、货币政策密切配合，积极贯彻"有保有压、区别对待"的土地供应原则，严把土地闸门，在经济上升过快时趋紧，严格土地供应总量和投向，抑制固定资产增长过快和房价上涨过快的势头，遏制工业用地低成本粗放利用；在经济日益下滑时趋松，在土地利用计划安排、建设用地审批和土地供应等环节加大力度，千方百计保证扩大内需项目用地，促进经济企稳回升。在2008年国际金融危机爆发后，我国土地政策及时配合四万亿元财政刺激计划,为扭转经济快速下滑趋势做出了重要贡献。在日常管理中,按照产业政策和供地政策审批、供应土地,积极调整产业结构和经济结构,为促进经济发展方式转变、实现经济可持续发展打下坚实基础。

二、当前中国土地利用与经济发展面临的五大挑战

"十二五"时期是全面建设小康社会的关键时期,是深化改革开放、加快转变经济发展方式的攻坚时期。工业化、城镇化和农业现代化同步快速推进,能源资源安全、粮食安全等问题更加突出,经济增长的资源约束不断强化,我国的土地利用和管理肩负着"保障发展、保护资源"的双重历史责任,面临着以下五个方面的严峻挑战。

一是土地供求矛盾将长期存在。土地是民生之本、发展之基。我国人口越来越多,而土地越来越少。我国基本国情、发展阶段和资源禀赋决定了土地资源约束将长期存在,导致资源供需矛盾日益凸显。随着工业化、城镇化和农业现代化加速推进,随着应对国际金融危机政策措施和一系列区域发展规划的实施,随着加快水利、交通基础设施、战略性新兴产业、旅游业、现代服务业发展和改善民生的要求日益突出,全国建设用地的刚性需求量不断增加,与新增建设用地计划指标之间的缺口日益加大。在相当长的一段时间内,我国经济发展中的土地供给和土地需求之间的矛盾依旧比较尖锐,统筹保障发展与保护土地资源的任务更加繁重艰巨。

二是土地集约化利用管理水平仍需提高。从理论上来看,由于土地利用报酬递减规律的作用,土地集约利用的度是有临界点

的。当对土地的连续投入达到经济上的报酬递减点,经营者将不会继续追加投入。这一临界点就是土地集约利用的边界,即便再增加投入,也不会使土地利用的整体效用递增。现实地来看,在我国多年来粗放型经济增长模式的影响下,土地利用和管理方式还比较粗放,土地利用的效率和质量还不高。这主要有以下几种表现形式:①各类建设用地仍然"广种薄收",项目建设大手大脚、用地标准人为过高的状况比较普遍。②工业园区布局分散,产业定位不明确,而且为了吸引投资而大打土地价格战,形成了恶性竞争局面,导致土地贬值与收益流失。③一些地方和企业大量圈地,多圈少用、圈而不用的情况比较严重。④土地闲置数量较大。如:2007—2009 年间,江西省南昌市闲置土地面积 9077 亩,占已供应面积的 20%。

三是农村土地产权关系亟待明确。根据普罗斯曼对中国 7 个省市 240 家农户的 119 次访谈发现,至少在三个方面农民的所有权不确定:(1)使用期限不足也不确定,(2)存在因人口分化因调整土地而失去土地的危险,(3)存在着因非农征地而失去土地的危险。这表明农户的土地使用权不是明确而永久的。因而,普罗斯曼指出,土地制度不稳定的原因在于土地使用规则的不明确。当前,我国现有法律法规普遍规定我国农村土地属于农民集体所有,但是"集体"究竟是指哪一级,不大清晰。如《宪法》笼统规定为"集体所有",《民法通则》界定为乡(镇)村两级集体,而《农业法》《土地管理法》界定为乡(镇)或村内集体经济组织。这种多元化的所有权主体导致大多数农民对土地所有权归属的认识比较模糊不清,使得农村土地关系极为混乱。农民对土地所有权有着比较强烈的危机感,直接影响其经营热情和农业规模化发展。在城建征地过程中,征地收入分配的比例大约为:农民占 5%—10%、集体占 25%—30%、政府及其机构占 60%—70%。征地补偿机制的不公平使得农民获得的失地收益甚少,也失去安身立命的最后保障。此外,在农村土地使用权的自由转让和产权市场化上,也存在诸多制度瓶颈,尚未形成以市场为主体的资源配置机制,农民通过土地获得经营性收入和财产性收入的机会比较小。《土地管理法》对农村集体所有的土地如何进入市场尚未制定出相关明确细则,使得国家常常用行政手段而非市场化手段征用农村土地,这在一定意义上就是对土地的一种经济掠夺,是对集体使用权的一种侵犯。

四是违法违规用地现象比较严重。这主要表现为三个方面。第一,违法违规用地总量仍然较大。2010 年开展的土地卫片执法检查发现,违法违规用地 3.42 万宗,涉及土地面积 73.35 万亩,其中耕地 27.45 万亩,有 13 个省(区)违法占用耕地超过 1 万亩。国家和省级重点工程项目违法用地 33.04 万亩,其中耕地 15.02 万亩,分别占全国违法用地面积和违法占用耕地面积的 45.05% 和 54.72%。交通运输项目违法用地面积 33.93 万亩,其中耕地 15.62 万亩,分别占全国违法用地面积和违法占用耕地面积的 46.27% 和 56.89%。第二,违规供地用地方式日益多元化。有的地方违反土地供应政策向有关企业无偿供应土地。有的地方执行保障性住房用地政策有偏差或擅自改变保障性住房土地用途,有的地方违规调整容积率,还有的地方违规建设低密度大户型住宅、别墅、高尔夫球场。第三,地方政府主导的违法违规问题日益增加。一些地方政府打着新农村建设、农业产业结构调整的幌子,大肆侵占基本农田,违规增加土地供应量,并给失地农民较低的补偿。全国因征地补偿不公平问题所导致的集体上访事件和恶性冲突频繁发生,不仅严重地损害了党和政府在人民群众中的威信,还激发和恶化了部分社会矛盾,极大地增加了不稳定、不安全因素。

五是土地质押引致的地方政府债务风险加大。在城市基础设施的投资中,真正属于财政预算内的资金不到10%,土地出让金占20%—30%、60%—70%的资金则从银行贷款,且大多是被政府和企业以土地作抵押。土地和金融结合,一方面导致了城市基本建设投资居高不下,并拉动当地GDP增长;另一方面也带来系统性的金融风险和房价的不正常上涨。在部分地方,违规利用土地抵押贷款,融资规模甚至超过当地财力许可范围,已经带来了比较严重的债务负担和金融危机。2010年国家土地例行督察结果表明,"一些地方政府融资平台违规利用土地抵押贷款,存在较大债务和金融风险。在抽查的13个城市中,地方违法违规将公共建筑、基础设施用地和集体土地进行抵押贷款项目136个,涉及土地面积3.65万亩,贷款金额109.96亿元。"

三、深化土地管理制度改革、提高经济发展水平的六点建议

2010年8月23日下午,中共中央政治局就完善我国土地管理制度问题研究进行第31次集体学习。中共中央总书记胡锦涛在主持学习时强调,要落实节约优先战略,进一步完善符合我国国情的最严格的土地管理制度,坚持各类建设少占地、不占或少占耕地,以较少的土地资源消耗支撑更大规模的经济增长;坚持经济效益、社会效益、生态效益协调统一,不断提高土地利用效率;坚持统一规划、合理布局,促进区域、城乡、产业用地结构优化;坚持当前与长远相结合,提高土地对经济社会发展的保障能力,努力建设资

源节约型、环境友好型社会。胡锦涛总书记的重要讲话精神为进一步深化土地管理体制改革,促进土地利用方式转变指明了前进方向[①]。下一步,要以讲话精神为引领,着力从六个方面进一步深化土地管理制度改革。

(一)进一步以改革创新精神推进土地管理制度改革

近些年,在党和政府的高度重视下,我国土地利用和管理体制改革取得了明显成效和重大进展,解决了一些长期束缚土地事业发展、阻碍经济发展的体制性问题和深层次矛盾。但是,随着改革逐渐进入深水区,改革的阻力和难度也日益加大,制度变迁的成本和代价也日益增加。农村土地管理制度、国家征地制度、土地审批制度等都需要进一步改革和完善。因此,还要一如既往地加大改革创新力度,既不能因循守旧,不思进取,又不能急于求成,一蹴而就,需要不断坚定信心,凝聚共识,加强协调,变压力为动力,化消极因素为积极因素,积极稳妥、依法依规地推进各项改革。

而且,在改革创新过程中,要坚决避免"头痛医头、脚痛医脚"的毛病,加强土地改革的顶层设计和综合配套,加强改革推进的协调配合和舆论支持,统筹解决好改革措施的前瞻性和现实性、全局性和局部性、长效性和阶段性等基本关系。

(二)进一步发挥土地资源在转变经济发展方式中的重要支撑作用

土地作为经济发展依赖程度最大、具有稀缺性和不可再生性的重要生产资源,作为参与宏观经济调控的手段之一,在未来经济

---

① 《胡锦涛强调:促进经济社会发展与土地利用相协调》,中央人民政府网,2011年8月23日。

发展中，特别是在转变经济发展方式中起着举足轻重的支撑作用，具有十分重要的意义。具体而言，要做到以下几点：

首先，要认真贯彻落实"节约优先"战略，把推进资源节约集约利用作为破解经济发展与保护资源之间矛盾的根本途径，大力推进土地资源集约利用，彻底转变粗放型资源消耗方式，为推动经济发展提供有力的资源支撑。认真总结国家级开发区土地集约利用管理经验，不断提高开发区、高新区等各类园区节约集约用地水平。

其次，要健全完善耕地保护制度，严守18亿亩耕地红线。加强耕地保护责任目标考核，部署划定永久基本农田，开展耕地保护补偿试点。进一步强化耕地占补平衡动态监管，探索耕地占补平衡市场化的方式。做好农用地分等定级评估和土壤微量元素测评分析成果应用，探索成果动态更新机制，促进耕地质量提高。

再次，要服务于推动经济结构战略性调整。坚持分类指导、有保有压的方针，对国家支持和鼓励的项目，优先安排供应土地，加快审批进度，确保及时开工；对不符合产业政策和供地政策的项目如产能过剩和重复建设的项目，坚决严格控制用地。通过优化土地利用结构和城乡用地布局，促进产业结构优化升级，支持工业化、城镇化和农业现代化进程。按照国家宏观调控要求，积极探索不同区域、不同产业差别化用地政策，并探索实行精细化、差别化管理，强化政策落实情况的监督检查，提高政策的有效性和执行力。

最后，要加强和改善房地产用地调控。科学编制实施房地产用地供应计划，确保保障性住房、棚户区改造和自住性中小套型商品房用地不低于住房建设用地供应总量的70%。坚持和完善土地招拍挂出让制度。继续规范和完善"限房价竞地价"、"双向竞价"、"综合评标"等房地产用地出让模式,推动工业用地弹性出让和租赁制,推动土地供应由"价高者拿地"的单一目标管理向完善市场、保护秩序、保障民生等多目标管理转变。继续用高科技和信息化手段加强房地产用地的动态监管,大力推进闲置土地的整治清理,加大违规违法房地产公司的曝光力度和查处力度。

(三)进一步规范推进农村和城市土地管理制度改革

积极稳妥地推进农村集体土地产权制度改革。全面加快农村集体土地确权登记发证工作。加快推进征地制度改革,探索缩小征地范围途径和方式,完善征地补偿安置机制,切实维护失地农民和城镇居民的合法权益。加强农村集体建设用地和宅基地管理,有序推进集体经营性建设用地流转试点。认真贯彻落实《国务院关于严格规范城乡建设用地增减挂钩试点,切实做好农村土地整治的通知》的要求,切实做好增减挂钩试点工作和农村土地整治情况的清理检查,集中组织实施10个重大工程,落实配套资金和工程监管,规范推进农村土地示范省的建设。

深化国有土地有偿使用制度改革。及时出台新修订的划拨用地目录,逐步扩大有偿用地范围。开展城市批次用地审批制度改革试点。继续改进单独选址建设项目用地审批,确保重点建设项目依法及时落地。建立健全土地产权交易市场。加快推进城乡统一建设用地市场建设。

(四)进一步强化土地督察和执法监察

制止各类土地违法行为,遏制乱占滥用耕地之风,关键在于严明法纪,完善监管,问责到位。一是要严明法纪,做到执法必严,违法必究。要敢于硬碰硬,不怕得罪人,严格执行土地督察制度。加强对地方政府贯彻落实土地调控政策情况的督查,加强对重点地区耕地保护政策执行情况的督察,加强对地方政府土地利用和管理业务的全流程监管。二是完善执法监察体系。坚持每季度公开通报和挂牌督办一批违法案件。切实抓紧做好土地矿产卫片执法检查和实施问责相关工作。建立与公、检、法和纪检监察机关联席会议制度和协同作战机制。推动部、省、市、县四级土地违法举报工作信息互联互通,及时发现和报告土地的违法违规行为。三是加大非法占地和违规操作的惩罚力度。要切实改变土地违规成本过低的问题,不断加大惩罚力度,着力查处一批大案要案和典型案件,让违规者降职、丢官直至判刑坐牢。要对非法批地和暗中支持违法占地的国家机关工作人员,特别是对土地违法行为发生起决定性作用的领导干部,坚决依法追究党纪政纪责任;对于涉嫌犯罪的,要依法移送司法机关追究刑事责任。

(五)进一步完善我国财税金融体制

我国从1994年实行分税制改革,使得目前财政收入的格局基本为:中央占50%,省市占30%,县乡占20%。根据国家委经济研究所王小广的研究,1994年至2005年期间,中央财政收入占全国财政总收入的比重平均为52%,地方各级政府平均为48%,而同时期中央所承担的事权平均在30%左右,地方则达到70%左右。地方各级政府的财权和事权的严重不对称是地方投资屡难调控的制度根源,也是地方过于依赖"土地财政"的根本原因。在现行分税制下,增值税的75%上缴中央,25%留作地方,且地方拥有的税收种类主要是建筑业和房地产业的营业税、所得税及耕地占用税等。所以,地方政府只有"以地生财",过度依赖"土地财政"。这种财税模式不仅加大了地方政府的管理成本和运营风险,还使得国家在对基建投资、房地产市场进行宏观调控时的政策措施大打折扣。因此,当前必须加快财税体制改革,一方面让地方政府的事权与财权相匹配,给地方留下"办事的钱",帮助其逐渐摆脱"靠地生财、卖地发钱"的困境;另一方面重新核定国税与地税的征收范围,适当扩大地税征收范围,并在适当时机变分税制为分级上缴包干制。此外,还要加大金融体制创新和金融监管,对于土地质押贷款要予以总量控制和动态监管,消除系统性金融风险。这才是彻底解决地方政府"卖地财政"和融资平台债务危机的治本之策。

(六)进一步改革干部考核选拔制度

干部考核选拔制度是一个风向标。由于长期以来干部考核过于依赖GDP增长指标,使得不少地方政府官员为追求本届政府任期内的政绩,大肆违规征地用地,盲目铺新摊子,上新项目,导致"为官一任、举债一方"的不良局面,给下届和后任留下沉重的债务负担。因此,要从根本上消除地方政府的"用地冲动"和"投资冲动",还必须坚决贯彻落实科学发展观,改革现行干部考核制度,将土地利用绩效纳入干部考核体系,树立干部提拔的新风尚。对于认真实践科学发展观、合规集约用地的官员要大力提拔;对于唯GDP马首是瞻、违规违法用地的官员给予诫勉降职或法律处理。只有这样,才能有效化解地方经济增长与资源保护之间的矛盾,才能够做到严格执法,遏制违规违法用地的不良风气。此外,还要考核干部在任期内对土地资源的利用和保护的情况,看其是否切实采取措施保护耕地、基本农田和资源。

第八章 高效利用土地与经济可持续发展的对策思考

土地利用与经济发展关系实际上既反映着一个国家经济变化历程,又体现着不同国家在不同阶段的经济政策、社会制度和法律法规体变化,同时也是一个经济实体在市场经济条件下的经济关系、资源关系、市场要素、资本要素和技术人才要素综合配置的过程,因此,土地利用经济关系协调之时,往往也是经济增长平稳、资源利用效率较高、市场秩序有序化时期。而土地与经济发展之间不协调,往往也是自然、社会、经济和资源、市场、技术、资本之间配置出现矛盾、失衡和运行体系断链之时,因此,土地高效利用与经济可持续发展是一项系统工程,涉及很多方面,需要政策、制度与法律不断完善和创新,需要国家发展战略和经济增长方式的全面调整和优化。

第一节 土地与经济可持续发展结论与启示

第一,耕地减少和建设用地增加是经济发展的必然过程,但经济发展与耕地减少或者建设用地增加之间应均衡与同步,不能超过一定限度范围及临界度。耕地减少和建设用地增加是经济发展的必然过程,这是由经济增长和社会需求增加及其变化规律所决定的,但是,这并不是说耕地的减少和建设用地的增加就是无止境的。事实上,经济发展与耕地减少或者建设用地增加之间有内在变化规律,这是经济增长与土地利用之间均衡发展的有机统一机体,两者之间配置是有规律的,如果超过了均衡范围,那么,土地利用与经济增长就会出现矛盾,甚至会出现逆向变化结果。尽管不同地区、不同国家之间有差异(这主要取决于本国的人口规模、经济发展速度、科技进步和资源利用效率大小),但绝不能说,因为区域差异,就任其耕地无限制的减少而不管。其实,耕地减少仅仅是发展趋势性规律,人们可以积极进行干预,而不是被动接受。人们完全可以根据经济的发展需求和土地资源条件主动进行调整,所有的国家在任何阶段都会采取土地调控政策,只要资源的有限性没有改变,只要存在着不同的利益主体,只要存在着市场经济,土地利用就要遵循自然规律和经济变化规律,无限制的使用都是不可能的。

第二,城市化与耕地之间不仅仅是简单的占用与被占用的关系。日本和韩国的经验告诉我们,城市化与耕地不仅仅是简单的占用与被占用的关系。从短期发展来看,城市扩张占地为主要表现;从长期发展来看,城市通过吸引人口聚集,减少农村占地,发挥集聚效应,从而减少对耕地的占用。其中的关键在于要选择与国土资源条件相适应的城市化发展方式和速度。城市化滞后或超前于工业化都将造成对耕地利用的不集约。在保持城市化与工业化同步发展的同时,应结合城镇发展及时合理调整村镇结构,突出中心镇、中心村的作用,避免零散布局,同时加大土地整理的力度,有效保护和增加耕地面积。事实证明,只要选择了合适的城市化发展道路和保持适当的速度,就能够充分发挥城市化集约用地的优势,从而直接减少耕地占用,有利于耕地保持。在经济持续快速发展的阶段,要防止耕地数量的急剧减少。由于我国正处于工业化和城市化的关键时期,各方面对土地的需求量都相当大,我们在发展经济的过程中,要尽量提高对土地的集约利用程度,提高土地的使用效率,这就需要正确选择城市化发展道路和模式,根据中国各个区域不同的自然条件、地理分布、人口结构和经济发展条件,确定城市适度扩张规模和扩张方式,以实现资源要素配置高效化、经济发展可持续化及社会环境的和谐化。

第三,我国正处在"双中期区间"阶段,即工业化中期和城市化中期阶段,必须坚决控制住我国目前耕地减少速度过快的问题。根据我国经济发展现状进行综合判断,我国正处在"双中期区间"阶段。这主要是因为我国工业化程度与美国工业化中期阶段相当,也符合钱纳里多国模型中期阶段,城市化水平在 2003 年和 2004 年分别是 40.53%、41.76%,也正好处在诺瑟姆"S"形曲线的中期阶段。与日本和韩国相比,我国还比较落后,因为日本和韩国已经进入到了后工业化时期。但对照日本和韩国在工业中期和城市化中期的土地利用变化特点,可以看出,我国现在正处于倒"U"形曲线的左端。因此,耕地数量还将进一步减少,而且减少的数量还会不断增加。即我国土地利用正处在加速非农化(耕地减少、建设用地增加)的时期,在经济加速增长情况下,所面临的土地需求激增、耕地数量不断减少局面,将会在相当长时期内存在。但对比日本和韩国的发展情况及土地变化数量,我们认为,随着工业化进程的不断推进,耕地数量快速减少的局面会有所改观,因为随着工业用地及建设用地的需求的减少,耕地数量减少的水平会有所下降,这样,我国经济发展阶段也将从倒"U"形曲线的左端移到右端。

第四,中国的土地利用与经济发展之间存在着密切弹性相关关系,但不同经济发展模式间相关度有很大差异。从我们对百强县的资源依托型、产业集群型和外向型经济发展模式的各项指标回归结果可以看出,资源依托性区域土地与经济增长、固定资产投资无论是绝对相关度系数还是绝对相关系数,都要大于其他模式相关度系数。说明我国目前资源对经济发展的约束性越来越强,提高资源利用效率应成为我国各项政策的基点。而产业集聚型和外向型经济发展模式虽然相对于资源依托型模式来说,土地与经济发展相关度小一点,但是,这只是反映出产业集聚型经济和外向型经济受产业自身发展和外资企业因素的影响更大一些。但也说明对于外向型经济发展模式区域,吸引外资的因素已经不再是土地因素,而是其他环境性因素。而对于产业集聚型的区域来说,这类地区经济发展合作更多是由区域产业结构优化、产业升级和产联、产业集群效应来决定,而不是由土地利用决定。因此,对于不同地区的经济发展政策和土地政策制定方面,就可以根据其内在关系,采取相应的土地政策。例如,运用土地调控政策就可以在资源依托性地区起到明显效果。对于产业集群型和外向型地区土地调控的效应发挥就不会如资源依托型地区那样敏感,政策效应的发挥可能需要一定时间才会显现。

第五,研究中国土地利用与经济发展之间的弹性变化关系,对国家制定宏观和区域政策极其重要。从百强县及其各地区经济发展和土地利用的分析可看出经济发展与土地利用的确存在着很强的相关关系,而且不同经济发展模式、不同区域和不同排名(实际上反映着经济发展不同阶段)的相关度也是有差异的,因此,我们在制定国家宏观经济政策时就要考虑两个方面问题:第一,在土地政策和经济政策方面要注意区域之间的差别,要根据不同区域情况制定相应的政策;第二,要对经济政策不断地进行调整和优化。政策的最大作用和最佳效果,总是在一定时间内表现得最明显,超过了一定时限后,政策的正效应就会减弱,负效应、负作用就会逐渐的显现,因此,我们要不断地进行政策的调整和优化,才能使政策的正效应继续延续或者不断增强,政策的负效应得以抑制或者不断减弱。

第六,虽然耕地利用结构及其规模变化将经历与工业化的倒"U"形变化类似的耕地减少速度先慢再快再慢的变化曲线。但是,这种变化并不是一种自然的自动过程,有时在工业化后期耕地减少仍然会呈现不断提高态势。因此,加强土地调控与管理并不能因为倒"U"形变化趋势而有所减弱。根据美国经济学家西蒙·库兹涅茨等人的研究成果,工业在国民经济中的比重将经历一个由上升到下降的倒"U"形变化。伴随这一过程的土地利用变化也会呈现出相对应规律,在工业化的前期阶段,土地资源消耗主要由第二产业的发展引起;在工业化后期及后工业化时期,土地资源消耗的动力主要来自于为改善居住条件而引发的居住用地需求增加。据测算,单位产值的第二产业用地要大于第三产业用地,所以,到了后工业化阶段,第三产业占据主导地位时,如果人口增长维持在较低水平,土地资源的消耗也因产业用地的减少而减少。这样,与工业化的倒"U"形变化类似,在人均耕地资源较少、后备资源有限的情况下,要保持经济持续增长,耕地减少(或者建设用地增加)同样呈现出以下变化规律:工业化前期,通过各种方式增加耕地量的速度快于耕地资源消耗(建设开发利用)速度;工业化加速时期,即经济发展快速阶段耕地减少速度大于耕地增加速度;工业化后期,农地资源的消耗速度逐渐缓慢。这是一般规律,但是这一变化规律,并不是一种自然的自动过程,有时在工业化后期耕地减少仍然会呈现不断提高态势。例如韩国在工业化的初期,由于农地保护政策的存在,占用农地资源收到较大的限制,而且韩国政府通过各种方式如开垦、填海造田等增加了部分可用农地,使得农地数量的减少并不明显。直到从1970年韩国农地的数量减少现象才显现出来。其中在1971—1975年期间,韩国农地每年平均减少0.87个百分点。但在过去30几年中,韩国已有20%的耕地消失在大片的城市住宅和高速公路网中,平均每年丧失约10119公顷,这对于一个只有990万公顷的小国来说是一个惊人的数字。但在此阶段的减少却很快,(什么)年均减幅0.21%,占全部土地面积的比重由期初的22.96%降到期末的22.48%,而且除牧草地外,耕地和林地均有所减少,年减幅分别为0.40%和0.14%。除此之外,各类建设用地面积迅速增加,占土地总面积比重快速上升,如韩国工厂建筑面积在1977—1987年间增加1.34倍。20世纪90年代以后,高速的经济增长对土地需求不断增加,为了适应国际经济环境的变化以及韩国经济建设的需要,降低非农产业发展的土地成本,韩国开始放宽耕地转用限制,从而制约了土地积极开发、供给、利用、往来,最主要目的就是为了降低土地价格,解决土地短缺问题,而采取了将耕地转化为工厂和住宅的做法,农地资源的消耗速度相比前几个阶段不仅没有下降,反而出现大幅度的上升。由此可以看出,即使到了工业化后期,如果不能继续实施严格的农地保护制度,而过分强调平抑地价,降低土地供给成本,那么农地资源消耗速度仍将持续走高,不会自动进入农地资源消耗的平稳期。

第二节 实现中国土地高效利用与经济可持续发展的战略对策思路

从前面的分析可以知道,我国目前面临的土地资源约束型越来越强,这就迫使人们必须进行两方面的思考:一、未来保护耕地规划目标的任务相当艰巨,如何来保护耕地安全规模不受威胁?这就必须确定一个最低的耕地保护底线,使国家发展战略与土地利用规划和耕地保护计划相结合。二、如何使存量土地资源能在经济发展中被高效利用,这不仅涉及土地自身的管理问题,还涉及整个国家产业结构、经济增长方式、区域发展战略与土地利用管理的结合。这就面临着国家大的战略思路转变;否则,土地利用问题不解决,经济发展最终也会因此而受到严重影响。

第一,实现从"以经济建设"为中心向"以经济可持续发展为重心"指导思想转化。经济增长是周期性循环变化的,但经济增长并不是无止境的,它是以社会需求增长和资源永续利用为前提的,没有资源的永续利用,就不可能保持持续增长。但经济发展和社会进步是持续的,片面追求经济增长,而忽视经济发展、社会进步,甚至出现思想倒退,那不是国家和政府的价值取向和追求目标。1979年我国提出并实现了党和政府工作以经济建设为中心的战略转移,目的在于彻底改变和纠正过去以阶级斗争为纲的错误思想,将党和政府关切点转移到经济建设中来。正是这样,我国在长达26年的改革开放中,只要是有利于经济发展、经济增长的因素,国家的政策、制度都允许。然而,经济增长不是人们追求的最终目标,也不是国家和政府的最终目标,提高人们生活水准和质量,才是最终目标,现在追求和谐社会、小康家庭成为新时期人民的共同追求。以经济建设为中心在目前新的历史时期已经不能完全适应新的需要,实现从以经济建设为中心向"以经济可持续发展为重心"指导思想转化,是大势所趋,人心所向,是未来中国经济与社会和谐发展的必然选择,是科学发展观的必然要求。以经济可持续发展为重心,才能克服过去经济增长中的短期行为、资源和生产要素配置效率低的弊端,才能使中国经济与社会之间、人与自然之间、不同区域之间、国家与地方政府之间、国有与民营经济之间等等从发展战略规划、产业结构调整、具体的措施和行动上实现转移。

第二,经济发展政策必须实现从以经济增长为核心确定土地利用规模变化,转向到以土地资源的可持续发展为核心的战略转移。工业化必然带来土地利用结构新变化。世界主要发达国家的发展经历证明,工业化、城市化加速的过程就是农地面积大量减少,二、三产业用地比例提高的过程,同时,工业化、城市化的高速度发展必然伴随着农地高速度消耗的现象,这是一个不容忽视的客观规律。因此在制定土地资源利用政策和农地保护政策时,必须正视并尊重这一规律。只要能将农地资源减少的速度控制在一定范围之内,就是农地保护政策的成功,强求耕地减少零消耗(建设用地零增长)是不可能的、也是没必要和不现实的。但是,城市化、工业化发展是导致土地利用结构变化的两个主要原因也昭示了控制耕地减少(建设用地增加),要以两个主线来进行。其一是制定合理、科学、持续发展的产业政策,保证工业化增长方式先进且低耗、工业化推进速度适度、产业结构高效配置。而且,产业经济政策必须以土地资源的可持续发展为核心。例如在投资政策上就要符合土地资源利用与管理的基本规律,通过土地政策和投资政策的调整与互动,实现由"以经济增长速度定土地利用"到"以土地来确定经济增长速度"转化,从"以投资定土地"到"以土地定投资"的转变,力争以最少的土地资源消耗获取最大的社会经济效益,使经济社会发展逐步摆脱要素拉动型尤其是土地要素拉动型的低效经济增长方式,走资源耗费少、要素利用率高的新型工业化道路。其二要制定适合中国实际的城市化发展模式和经济发展模式,促进人口的合理流动和就业率的提高,无论是资源依托型还是产业集聚型或者是外向型经济发展模式,均要以高效土地利用、减低土地资源消耗为前提。

第三,通过转变经济增长方式,实现经济增长方式在时空二维空间上的高效优化配置,使自然、资源环境和经济发展实现良性循环及和谐发展。实现经济增长方式转化是一项长远发展的战略要求,尽管我国非常重视经济发展模式和经济增长方式转变,但是目前还尚未有根本性的转变,突出表现就是"高投入、高消耗、高排放、不协调、难循环、低效率",而当前最为严重的就是粗放式经济增长方式对人们生存环境的压力几乎接近极限。因此,从我国长远持续发展战略出发,我们必须进行区域经济发展模式和经济增长方式的时空优化配置研究,在对我国不同区域经济发展模式和经济增长方式转变的经济社会成本极其时空分布规律系统探讨基础上,开发和探索基于区域层面上的经济发展模式和经济增长方式转变的优化方案,促使经济增长从主要依靠增加资源投入带动向主要依靠提高资源利用效率来带动;从主要依靠工业带动和扩张带动向第三产业协同带动和结构优化带动转变。而这种转变过程实际上就是土地等资源利用效率提高、土地利用结构优化过程。

第四,定位于国际大市场、着眼于世界大资源,实现从国内资源开发和初级产品出口向开发国际大市场、主要依靠国际资源进口的战略性大转化,实现两个市场、两种资源的直接对接和良性循环体系的建立。改革开放以来,我国走的是一条通过政策开放和制度完善来对我国包括土地在内的资源进行开发利用的道路,因此,土地等资源开发成为经济增长的主要推动力,而在对于市场开拓方面则主要依靠初级产品的出口来完成。这种经济发展格局是不可避免的选择,也正是这种资源开发战略和市场开拓战略,才得以促进了中国经济增长。但是,长期执行这一战略则是不明智的。充分利用并定位于国际大市场,才能使国内需求之外的"剩余"产品转化为资产价值,只有着眼于世界大资源的利用,才能缓解资源短缺的矛盾。我国目前有着丰富的人力资源,也逐渐拥有了越来越多的资本,但最短缺的就是土地及其矿产资源,在这种情况下,我们就要不断地向外输送人才资源,向内引进世界矿产资源,从而实现资源的高效对接,两个市场的良性循环,从而,在大大缓解和减轻我国包括土地在内的资源供给压力的同时,实现经济的可持续发展。

第五,提高和挖掘中国土地资源利用效率的潜力还相当大。综合比较我国与韩国及日本在工业化过程中土地与经济发展之间的关系,可以发现,同样处在工业加速发展阶段,以耕地减少对经济发展的影响为例,我国百强县2002—2004年土地利用与经济社会发展关系与韩国和日本工业化加速阶段中土地利用与经济社会发展之间却存在着很大的差距(表8—1)。

表 8—1 工业化加速时期耕地减少对经济发展影响程度国际比较

相关因素	影响方式	中国百强县	韩国	日本
耕地与 GDP	耕地每减少 1 万公顷,GDP 增加(亿美元)。	13.0	95.1	137.8
耕地与第二产业	耕地每减少 1 万公顷,第二产业增加(亿美元)。	7.8	60.5	101.9
耕地与第三产业	耕地每减少 1 万公顷,第三产业增加(亿美元)。	4.3	80	122.9
耕地与固定资产投资	耕地每减少 1 万公顷,固定资产投资增加(亿美元)。	3.5	30	47
耕地与城镇化水平	耕地每减少 1%,城镇化率提高。	****	6.6%	1.2%

注:百强县耕地减少对城镇化率的影响关系由于存在部分数据缺失问题,没有计算出来。百强县工业化加速时期仅以 2002—2004 年为例。

根据表 8—1,在土地的集约利用程度方面,耕地每减少 1 万公顷,对 GDP 和第二、三产业的增加值日本大于韩国,韩国大于中国百强县,这说明了单位土地面积对经济的贡献率在中国与韩国和日本存在较大差距。我国土地的集约利用水平远远落后于新兴发达国家韩国,与实际发达国家日本相比,差距更远。

单位土地面积对经济发展贡献率的差距,反映出我国目前土地利用还处在低附加值和粗放利用阶段,这与我国严峻的耕地资源相对不足的形势是相背离的。从另一个角度看,与严格控制农用地转为建设用地,切实保护耕地相比,挖掘已有建设用地潜力,提高土地的集约利用水平存在着非常大的提升空间,这为破解我国经济发展所带来的建设占用与耕地保护之间的矛盾提供了一个思路和切入点。也为当前转变经济增长方式的国家发展战略的宏观发展背景相适应,土地利用扮演的角色不可或缺。

第三节 实现中国土地高效利用与经济可持续发展的政策建议

在实现以上四个战略性对策思路转化的同时,我们还要在政策方面进行优化和调整,在制度方面继续进行完善和改革,这样才能实现经济可持续发展,以及资源的高效利用。

一、建立以资源(土地)保护为国家首要安全战略目标的新型政策体系

改革开放以来,我们国家的政策是以经济建设为中心,只要能够促进经济增长,都是允许的。这种以经济建设为中心的指导方针为我国经济保持近30年的高速增长奠定了基础,也正是这样,才使我国经济实力增强,人民生活水平大大改善。但是这种以高消耗、高污染、高成本的经济增长也带来了资源的巨大浪费,土地资源也因此而受到了很大的浪费,给我国的粮食安全也带来了严重的隐患。尽管工业化、城市化推进,必然伴随着农地消耗扩大,我们也无法强求耕地减少零消耗(或建设用地零增加),这也是不可能的,也是没必要和不现实的。但是,城市化、工业化发展是导致土地利用结构变化的两个主要原因也昭示了控制耕地减少(建设用地增加),必须全面实现以资源(土地)保护为国家首要安全战略目标的新型政策体系,这是关系到国家未来安全发展战略的重大问题,一刻也马虎不得,而从目前现实考虑,关键是要明确实现政策基点的两个转化。

一是实现由"以经济增长速度确定土地利用规模"向"以土地

资源保护和高效利用前提下来确定经济增长速度"的方向转化,力争以最少的土地资源消耗获取最大的经济社会效益,使经济社会发展逐步摆脱要素拉动型尤其是土地要素拉动型的低效经济增长方式,走资源耗费少、要素利用率高的新型工业化道路。

二是实现从"以投资多少来确定土地供给规模"向"以土地资源最低保护规模来确定投资多少"的方向转变,改变过去为了片面地追求招商引资,牺牲大量廉价的土地资源消耗做法,在投资政策上要符合土地资源利用与管理的基本规律,通过土地政策和投资政策的调整与互动,促进土地资源的高效利用。中国目前度过了资本短缺时期,资本约束力已经不再构成区域经济发展的最大瓶颈。相反,目前我国正在走向资源约束的新阶段,在这种新的情况下,土地资源保护才是首要目标,因此,以土地资源多少确定投资多少,就成为新时期国家政策制定的基点,这一点,国土资源部门绝不能动摇,必须牢牢记住,坚决执行。

二、尽快制定和实施全国和省市土地利用控制规模标准,以科学的经济社会发展标准,来推动土地管理从行政管理向市场管理和经济管理的转化

从前面的研究我们已经知道,尽管耕地减少和建设用地增加是经济发展的必然过程,尤其是在我国这样一个正处在工业化中期的国家来说,城市化水平也正好处在 30%—70% 的快速增长期,因此,耕地减少速度和建设用地增加速度和规模也正处在倒"U"形左端,即快速增长阶段,但从我们的研究分析中可以看出,并非耕地减少速度越快越能刺激经济增长,在任何时期,耕地的减

少或者建设用地的增加应该充分考虑环境条件、当地发展规划以及社会的承受能力等,需要对以上几个方面进行综合规划,以期最合理地利用耕地这一宝贵的资源,促进经济发展。我们必须长期坚持以下原则,即经济发展与耕地减少或者建设用地增加之间应实现均衡与同步,一方面经济发展速度要适当,不能过高或者过低,也不能忽高忽低,要稳定增长。土地利用规模要适当,建设用地规模和增加速度也不能过大过快,同样要适中,与此同时,还要使两者之间实现高效化的配置。

根据世界各国的经验,结合中国的具体实际,制定土地利用规模与经济增长之间的合理动态指标体系。建议进一步加大对世界各国经济发展与土地利用关系的研究,建立中国土地利用与经济发展关系量化指标体系建设。制定全国性经济发展与土地利用之间敏感度量化指标标准体系,如土地与经济增长敏感标准系数,假如超过了标准,则应减少经济发展速度或者减少土地供应规模。这样,不仅可以为政策提供一个能够量化的标准,避免由于一些判断上的失误造成的严重损失。为了使之更加有效,建议国土资源部将此作为一项制度法规提请全国人大审议通过并实施。

三、根据区域经济发展的不同条件,尽快制定全国和各省市区产业用地指南

从前面我们的研究分析中已经看到,工业化的发展过程中,在不同区域土地对经济发展的作用和敏感度是不一样的,这种影响度实际上反映就是区域经济要素作用在变化。例如在珠三角地区土地与经济发展的敏感度已经很小,而对经济发展影响最大的是技术和产业结构的提升,而在环渤海地区,目前对经济发展影响最

大的就是土地和投资,这反映了我国经济发展从珠三角向长三角转移,进而向环渤海转移过程中的土地、投资和产业结构和技术要素的作用在变化。有如在环渤海地区,目前正处在建设用地与GDP之间弹性最强最明显的时期,造成这个结果有三个原因:首先,该地区密集了京、津等大城市和大量高新技术产业,特别是信息技术产业,这种高新技术产业产值高占地少,因此也会使地区GDP对建设用地弹性倾向于很大。其次,环渤海地区目前正处在经济增长最快时期,这与目前山东、天津、北京和东北经济增长速度不断加快是完全相符合的。因此,对于环渤海地区以至全国其他地区来说,发展高附加值、占地需求低的高新技术产业,对当地土地的集约利用和经济持续快速发展具有重要意义。因此,国土资源部门就要根据区域经济发展的现状和动态变化规律,制定我国产业用地指南,一方面是为了实现我国产业结构的整体性调整和提升,另一方面也是为了加快经济增长方式的转化,同时,也可以实现区域经济的均衡发展。目前国土资源部门制定的工业用地指南是非常及时和必要的。但是,应该进一步完善并制定区域性的产业用地指南,这样,才能适应我国区域经济发展的实际。建议在国土资源部制定的产业用地目录基础上,由国土资源部指导各省市制定本省市的产业用地管理目录。并使这种目录成为今后省级土地管理部门土地审批管理的基本条件。

四、通过研究和制定土地审批时的工业用地效率标准,实施对工业用地规模的有效控制

严格控制工业用地规模,加大压缩工业用地政策力度是未来我国土地政策的重点。从我们对百强县的土地利用尤其是近几年

建设用地和耕地变化的现状可以看出,当前我国耕地减少中独立的工矿用地增加比例最大,虽然,这仅仅是百强县的情况,不能完全代表全国,但这则可以从一个侧面反映出我国在土地利用中工业用地的比例是很大的,虽然世界各国经济发展中,尤其是经济高速增长中都要经历先是工业用地的大量增加,然后是住宅用地快速增加的过程,但在这一过程中,我们绝不能放任自流,必须尽可能地减少工业用地无限制扩大。从目前的实际情况来看,由于全国各地竞相建立工业开发区,已经造成了我国大片大片的耕地非农化现象,给我国土地管理带来了严重后患,也给经济发展造成了严重损害。因此,严格控制工业用地规模扩大,是我国土地管理的头等大事,绝不能有任何松懈。为此我们建议抓好以下工作:第一,国土资源部门要制定新增工业用地规模限制指标体系,即根据全国和地区经济发展和社会需求来确定工业用地的新增规模最高限,任何地区都不能超过工业用地的最高限,限制工业用地总规模无限制扩大。第二,从提高工业用地效率、实现我国工业增长方式转变角度出发,尽快制定新批工业用地必须达到的单位面积土地利用效率标准。小于全国和当地制定的工业用地效率标准,不予审批。从工业用地的效率角度限制工业用地总规模和工业用地结构的转化,一些高消耗、高污染、缺乏竞争性的企业、产业和产品将会从源头上受到限制,鼓励高科技、低消耗、低污染企业发展,这也是符合国家产业政策的具体体现,同时也是土地管理高效化的有效措施。例如每亩工业用地的产出必须达到1亿元,那么小于1亿元的工业用地就不给审批。第三,修订和提高工业用地的基准价格标准。前几年,我国各地区都制定了工业用地准地价标准,这些标准,对规范我国工业用地使用和转让行为起到了很大作用,但这些标准随着经济发展和市场环境的变化,已经不适应当前发展实际,需要及时进行修正和完善,因此,国家和省市县要适时地进行工业用地准地价的修改和调整工作,以适应新的发展需要。第四,建议今后在全国范围内对所有工业用地的土地实行公开的市场出让,实行拍卖、招标和挂牌交易,杜绝进行任何形式上的协议出让或者无偿划拨。第五,尽量减少和杜绝片面的依靠土地无偿划拨、降低土地价格等等优惠政策的偏向。任何地区、任何单位都不能以任何理由采取工业用地的无偿划拨行为发生。第六,要积极推进存量土地市场化的进程和速度,将原有无偿利用的土地逐步地纳入到有偿化利用的轨道之中,增加土地市场化的比例和程度,要充分利用我国企业在实施改制、资产重组、收购兼并时机,使土地资产得以显化,提高土地利用的效率。

五、尽快建立土地利用预警系统,为我国宏观经济调控决策提供科学高效的预警机制,积极探索土地参与国家宏观经济调控的新手段新方法

从我们前面的研究可以看出,无论是韩国和日本,还是我国的百强县,也不管是排名差异还是区域差异,甚至是经济发展模式差异,建设用地与经济增长、固定资产投资、产业结构、财政收入等等都存在着密切的关系,这一方面反映了经济发展的各要素对建设用地变化有较强的影响,同时,反过来,我们则可以通过建设用地规模调整变化,调控经济增长速度、固定资产投资、财政收入以及产业结构的优化等等。为此建议从以下三个指标体系来进行土地利用和土地市场预警,并依此作为确定实施土地调控力度大小和选择土地

参与宏观调控的最佳时机的参考。第一,建立土地与经济增长预警指标系数。即研究和制定建设用地调控规模变化与经济增长速度之间比例变化,从而来决定是否对建设用地进行调控。当建设用地变化率与经济增长率系数达到一定数值后,就要调整建设用地规模。第二,建立建设用地变化率与固定资产投资预警指标系数。即研究和制定建设用地规模变化与固定资产投资增长率之间比例变化后,根据情况来判断是否进行建设用地进行调控。第三,建立建设用地变化率与土地价格变化的预警指标系数。即研究和制定建设用地规模变化与土地价格变化率之间比例变化后,根据两者的关系来判断是否进行建设用地进行调控。我们认为,将以上三种宏观预警指标体系相结合,就形成了土地调控的宏观经济的预警指标体系,从而判断和决定是否实施对建设用地规模的调整。当然,通过土地实施宏观调控的手段可以是土地价格调整、土地规模调整、土地使用费、土地税、土地审批、土地法律等等多种工具的综合运用。而在具体操作中,还需要注意区域差异。因为,不同区域土地与经济增长和投资增长变化是不同的,而且,这种差异性也反映了区域经济社会所处的发展阶段不同,既不能用东南沿海地区的政策去要求西部地区,也不能按照西部经济发展实际去要求东部地区。而是要根据不同的区域特点采取不同差别政策,这样才能取得预期的效果。否则,不仅不能起到抑制土地资源浪费和经济增长过快的应有作用,相反,可能还会起到相反作用,甚至会带来其他一些问题。从我们的分析和研究来看,对于珠三角地区,目前建设用地对经济增长及其投资增长的作用已经不是很高,重要的是进行内涵的技术、资本增值和创新扩展,因此,应该严格控制土地非农化规模和速度,而这类地区的土地已经高于警戒性。对于长三角地区,目前的土地同样也要进行总量控制,大规模的建设开发其已经被产业升级和技术创新所替代。环渤海地区目前正好处于经济增长启动期和建设拉动期,因此,适度地进行土地供应对于该地区经济增长是有好处的。而对于其他诸如西部地区、东北等欠发达地去则可以在保持生态平衡、环境优良情况下,适度增加建设用地也是必要的。土地参与经济社会宏观调控除必要的行政与法律手段外,主要途径应该进一步解放思想,大力发展以地价和土地利用税费体系为龙头的市场调控手段,尤其要加强土地利用税费体系在调控土地利用方式中的作用。宏观调控的基本手段包括行政手段、法律手段和市场手段。利用土地手段参与宏观调控是国家调控经济的新思路,也是我国土地的社会主义公有制所决定的。

　　土地参与宏观调控的前提是要有一个相对完善土地交易市场和交易制度。在土地市场制度建设方面主要包括两方面,一是完善地价的市场形成机制,这是建立土地市场的基石和最基本原则。二是以资源税为基础的土地取得、保有、扭转中的土地税费体系,这是保障土地市场健康发展和正确发展的基本保障体系,也是土地参与宏观调控市场手段的着力点。

　　在土地交易市场背景下,土地参与宏观调控的机制或途径就是与国家的产业政策相配合,通过调控土地交易中的税费体系达到参与经济社会宏观调控国家目标的目的。

　　调控土地交易中的税费体系的基本原则与思路是通过与国家产业政策和国土规划相配合,采用鼓励、限制、禁止等原则来调整土地交易中的税费标准,引导和控制土地利用和投资方向,其调控目标是:使土地的宏观经济政策能够影响到微观经济领域,最终引起经济行为的合理流动或调整。

需要注意的是,土地调控不同于货币、财税政策等一般的调控措施。一、它主要是单向的,也就是大家所说的把住"地根闸门",二、它对经济的宏观影响是长期的,而不是一般财税政策的短期经济行为;三、土地调控的目标应该着眼于经济产业结构的改善、经济增长方式的转变等大的经济行为。

六、破解目前建设占用与耕地保护矛盾的钥匙是充分发挥土地集约利用的潜力和水平

通过我们的研究结果可以表明两点,一是农村耕地减少、工业、商业等非农建设用地扩大,是工业化过程中经济发展的必然趋势。而我国目前正处在工业化和城镇化的中期阶段,也就是处在工业化的加速阶段,耕地减少还处在加速时期,在耕地资源有限的形势下,建设占用与耕地保护这对矛盾还没有得到根本缓解。二是与韩国、日本工业化加速时期土地利用的集约度相比,我国土地利用还存在相当大的差距,存在很大的提升空间和潜力。

因此,实现国家提出的"节地"目标,存在两个潜力,一是从数量上,严格限制农用地,尤其是耕地转化建设用地,厉行节约,减少奢侈浪费,目前这个潜力受保障经济发展需求的限制,潜力有限。另一个,也是最主要的节地潜力是大力提升土地的集约利用水平。为了保障经济社会的健康发展,在严格保护耕地的形势下,唯一破解建设占用与耕地保护矛盾的钥匙就是发挥土地集约利用的潜力,而目前也拥有存在这样的潜力。如果将土地集约利用水平提升到韩国工业化加速时期的水平,粗略估计,新增1亩建设用地,相当于目前利用水平下的10亩,如果提升到日本工业化加速时期的水平,相当于目前利用水平下的16亩,潜力与前景十分可观。

七、进一步完善全国土地税收体系,建议对超过社会平均资源消耗量的征收特别资源占用税

合理的土地税收体系,不仅是土地市场健康发展的必要条件,而且是全面发挥土地税制的调节作用,促进经济稳定发展的内在要求。但我国目前的土地税收体系很不合理,一方面是税种多而乱,另一方面,缺乏完整的科学管理体系。因此,进一步完善土地税制不仅必要,而且也极其迫切。在土地税收制度建设中,关键是要从土地资源配置全过程,即从占有、使用、转移、收益等各个环节来建立和完善土地税制,以达到充分发挥土地税收对土地资源合理使用的调节作用,我们要摆脱有些人仅仅是从保障财政收入角度来考虑土地税收,要站在科学优先管理土地的角度来考虑土地税收体系。因此,我们建议,为了强化国土资源的保护意识,政府可考虑设置个人征收赋税,如资源占有税、空地税、土地保有税等;同时还需要强化土地增值税,对一定时期内多次转让的土地交易中的增值部分应从严征税。开征土地财产税,抑制土地过度炒卖,加大囤积土地成本,抑制房地产投资规模过度膨胀。尤其是对超过社会平均资源消耗量的必须征收高额特别资源占用税。我国是一个资源短缺但人口众多的国家,在资源有限的情况下,必须实行公平均等的资源利用政策,资源可以有偿化使用,市场化交易,但财富拥有量并不能成为消耗资源多少的条件,凡是占用和消耗超过人均资源消耗量的超过部分均应征收超额的资源占用消耗税,这才是公平的。例如对于超过社会平均住房面积部分征收高额特别资源占用税,对于别墅类则全部征收高额特别资源占用税,才能

从源头上抑制不合理土地需求的盲目增长。

八、强化法律制度体系建设,加大土地督察力度,建立土地督察的长效机制

实践证明,法律制度的完善是市场经济发展的必然趋势,任何政策与制度都无法替代法律效能,市场经济越发达,法律制度就越要完善,政策调整最易受人为因素影响,而法律最具刚性约束,依法管理土地,是最有效果的。我国目前已经制定一系列的土地法律制度,因此,目前的重点就是不断完善修改和补充法律规定条款,适应新时期土地管理的需要。而对于已经制定的法律,则需要执法督察力度。为此,国土资源部门已经建立起了国土资源督察新型垂直管理体制,我们要让所有人明白,建立土地督察制度和新型土地督察体制,目的是构建新型土地管理与督察的长效机制,而不应仅仅是一种应急或者应对机制。也就是说法律手段、经济手段、市场化方式、行政性手段等等应当体现在平时的土地管理、土地监察之中。强化土地督察,不仅仅是治理土地和房地产市场秩序,落实国家宏观调控政策的具体体现,更重要的是,这是一项关系到我国长远发展的战略性举措。当然在实践中关键是要处理好督察与管理之间的关系。需要与已经建立起来的土地信息系统相结合,形成土地管理督察预警系统;与地方政府及土地管理部门建立通报协商机制和定期的土地管理事后检查、督察机制。从而形成土地管理与督察的事前、事中和事后新型管理机制,实现保护好我国珍贵的国土资源、造福人类的目的。

后　记

　　2003—2012年是中国土地和房地产市场最为惹眼的十年,在这十年里,国家实施了一系列宏观调控政策,出台政策之多、涉及领域之广泛、力度之大,都是历史上无法比拟的。但与以往宏观调控有所不同,国家首次运用土地政策来参与宏观调控,从而使得土地与宏观经济之间的联系更加紧密,正是在这一历史背景下,我们选择了土地高效利用与经济发展之间的关系进行研究,目的在于从量化角度探讨两者之间的内在关系,考察和判断国家宏观调控政策的效果,为国家今后运用宏观调控政策的决策提供参考。可喜的是,经过努力,我们不仅对我国百强县土地与经济发展相关度进行了测度,而且为了能更清楚和全面系统深入地把握土地与经济发展各要素之间的关系,我们还分别进行了区域间、不同经济发展模式之间、不同排名之间的差异比较分析,与此同时,还对日本和韩国40多年时间跨度的土地利用和经济发展之间相关度进行了总体测度、工业化发展过程中不同阶段的相关度进行了测度,并分别进行了全方位的比较分析,从多角度透视反映了土地与经济发展各要素之间的内在关系,通过这种分析,为我们今后进一步深化研究奠定了基础。

　　本书虽然由我负责组织、研究的架构、分工协调并撰写研究报告。但在整个课题研究过程和书稿撰写过程中,很多研究生直接参与其中,尤其是在资料收集整理计算和报告初稿撰写工作,他们是北京师范大学经济与资源管理研究院硕士研究生许再超(第四章、第六章),张坤(第二章),王颖(第三章),郝宇(第五章),金飞、何奎(第七章)。杨婕和梁菁菁也参加了部分资料收集计算等工作。由于他们的积极参与和细心资料收集和计算,才使得本研究和本书在最短时间得以完成,非常感谢他们!龚绍和罗拓对书稿进行了仔细的校对,他们牺牲了很多休息时间,其吃苦精神让我很受感动。

感谢著名经济家李晓西教授在百忙之中为本书撰写了序言,并将此书列入区域经济学校级重点学科建设出版计划。感谢我的恩师、著名经济学家、中国社科院农村发展研究所原所长王贵宸先生,老一辈土地经济学家西北农林科技大学丁荣晃教授,是他们让我获得了经济学知识尤其是土地经济基础理论和研究思维及方法,让我终身受益。

我很庆幸,1993年到1995年间,正是中国第二轮改革开放之时,我从中国社科院博士毕业后到国家土地管理局属下的中国地产咨询中心工作,昔日的领导和同事的关心指导,使我对土地管理研究一直保持着满腔的热情,并一直关注和研究土地与房地产问题。感谢国土资源部中国土地勘查规划院老领导黄小虎研究员对我的关心和指导,感谢昔日同事现中国土地勘测规划院王建春副院长、张建平副院长等在各方面给予的支持。时间如梭,转眼已经10多年了,不想,已经过了不惑之年,回忆起这段难忘的岁月,亲切之感油然而生。

特别要感谢国土资源部土地整理中心国际合作与科技处王军副处长和鞠正山博士自始至终在数据提供上的帮助以及对阶段性

成果提出的宝贵意见和指导。感谢中国土地估价师协会张洁主任的辛勤工作。

  土地高效利用与经济可持续发展是一项关系国家长远发展战略的重要研究内容,涉及自然社会经济各个方面,由于本人知识和能力所限,书中肯定存在着很多问题和不足,欢迎社会各界专家不吝指正。

张 琦
2012年8月于北京师范大学